DICCIONARIO DEL LATÍN JURÍDICO

DISTRIBUIDORES EXCLUSIVOS

LIBRERÍA BOSCH
Barcelona – España

❖ ❖ ❖

EDITORIAL
AL SERVICIO DEL JURISTA
EDITORIAL B. De F.
Montevideo – Uruguay

❖ ❖ ❖

DISTRIBUIDORA Y EDITORA
DeOF
Distribuidora y Editora
Buenos Aires – Argentina

❖ ❖ ❖

Venta y distribución de libros jurídicos y en general...
BIBLIO SERVICES
Librería Jurídica
San Juan de Puerto Rico – Puerto Rico

❖ ❖ ❖

BIBLIOGRÁFICA JURÍDICA PARAGUAY
Asunción – Paraguay

LIBRERÍA DE PORRUA HNOS Y CIA., S.A DE C.V.

EDITORIAL PORRÚA
México D.F. – México

❖ ❖ ❖

SIGLO DEL HOMBRE EDITORES
Santafé de Bogotá – Colombia

❖ ❖ ❖

EDITORA MAX LIMONAD
Sao Paulo – Brasil

❖ ❖ ❖

PAREDES EDITORES
Caracas – Venezuela

❖ ❖ ❖

Distribuidores - Representantes
EDITORA ESCOLANI
Lima – Perú

❖ ❖ ❖

LEER ES CRECER
HISPAMER
Managua – Nicaragua

EDITORIAL JURÍDICA SALVADOREÑA
San Salvador- El Salvador

❖ ❖ ❖

EXPOLIBROS S.A.
Librería Jurídica
"La Especialidad es una Garantía"
EXPOLIBROS
San José de Costa Rica – Costa Rica

❖ ❖ ❖

LIBRERÍA JURÍDICA ONI
Quito – Ecuador

❖ ❖ ❖

GABINETE DE ESTUDIOS CULTURALES
Ciudad de Panamá – Panamá

❖ ❖ ❖

LIVRARIA ALMEDINA
Coimbra – Portugal

❖ ❖ ❖

Centro de Investigaciones Jurídicas
Librería Especializada de Derecho
ADVOCATUS
Santo Domingo – Rep. Dominicana

NELSON NICOLIELLO

Ex Presidente de la Suprema Corte de Justicia del Uruguay. Ex Catedrático de Derecho Civil en la Facultad de Derecho de la República, en Montevideo, y de la Universidad Católica "Dámaso A. Larrañaga", de Montevideo. Gran Cruz de la Orden del Mérito Judicial de Brasilia, República Federal del Brasil

DICCIONARIO DEL LATÍN JURÍDICO

Vocablos, aforismos, reglas, brocardos y sinónimos latinos del lenguaje jurídico, con citas del Derecho positivo relacionadas con ellos, de la Argentina, Brasil, España, Portugal y Uruguay.

J. M. BOSCH EDITOR

EDITORIAL B de F Montevideo Buenos Aires

Julio César Faira - Editor

1999

Rda. Universitat, 11
08007 BARCELONA

I.S.B.N.: 84-7698-546-0
Depósito legal: B.19.139-1999

Printed in Spain

Impreso en España

Impresión: Novagràfik. Puigcerdà, 127. Barcelona

Summa itaque ope, et alacri studio has leges nostras accipite, et vosmetipsos sic eruditos ostendite, ut vos spes pulcherrima foveat, toto legitimo opere perfecto posse etiam rem nostram publicam in partibus eius vobis credendis gubernari.

JUSTINIANO, a los estudiantes de derecho,
en el Preámbulo de las "Institutas".

ÍNDICE GENERAL

APÉNDICE

DERECHO, JUSTICIA Y ABOGACÍA EN ROMA

ADVERTENCIA

Se aconseja la previa y atenta lectura del Prólogo siguiente –lo que a veces suele omitirse por razones comprensibles– antes de ingresar a la lectura del texto central, porque será de verdadero provecho en este caso.

PRÓLOGO

Si bien al latín se le suele llamar "lengua muerta", por no ser actualmente idioma ni dialecto de Estados o naciones y porque tampoco se habla corrientemente, como no sea entre gentes de Iglesia, no es menos cierto que en el lenguaje jurídico, a veces como términos aislados, la costumbre lo desliza frecuentemente en escritos de letrados y, ocasionalmente, en las conversaciones. Como decía Sarmiento*, no se habla latín sino que se dicen "latines". No caben dudas de que su eficacia para transmitir bien y sintéticamente las ideas y los conocimientos ha hecho, si no indispensables, por lo menos de gran utilidad esos "latines" en la vida forense y hasta, para mejor entendimiento, en las relaciones sociales.

También es fácil observar cómo esas costumbres, traicionando las virtudes de la lengua del Lacio, han sido las responsables de varias deformaciones que llegaron a constituir muy cómicos equívocos, iniciados hace mucho tiempo como bromas de estudiantes, pero perpetuados con aparente seriedad en la relación coloquial. Así vemos cómo una afirmación tan sensata como **necesitas caret legge** ("la

* Domingo Faustino Sarmiento (1811-1888): político, militar, educador, escritor y sociólogo argentino.

necesidad carece de ley", expresión del estado de necesidad acogido como eximente o atenuante por la legislación penal) se ha transformado –tan tempranamente que hasta Cervantes se refiere a ello en su entremés "Los habladores"– en el absurdo: "la necesidad tiene cara de hereje". Incluso entre doctores y profesores, se ve con indeseada frecuencia confundir el **statu** (estado o situación estable) con el **status** (situación social) al expresar, por ejemplo, "*status quo*" en lugar de **statu quo**. Sin olvidar el viejo "oh, tiempos de los moros", con que los escolares de antaño traducían, no sabemos si inocentemente, el **o tempora, o mores** (¡qué tiempos, qué costumbres!) de los latinos.

Esta circunstancia y el amistoso pedido de ex discípulos y de nuestro amable editor, nos ha llevado a preparar el presente Diccionario con una finalidad estrictamente práctica (ya que no somos eruditos ni cosa parecida), con la esperanza de no traicionar demasiado las lecciones de quienes fueran nuestros inolvidables profesores. Es probable que a veces se considere excesivamente sencillo lo que se expone: pero se ha de tener presente que esta obra, si bien no descuida a profesionales en Derecho y otros entendidos, ha procurado tener en especial consideración a los estudiantes, tratando de serles fácilmente accesible.

La pronunciación. La escritura.

La pronunciación de las letras latinas, tanto en el lenguaje hablado como en el escrito, ha evolucionado con el tiempo. Durante muchos años se dudó sobre el origen de ella, pareciendo en principio difícil conocer cómo hablaban los antiguos romanos; pero investigaciones hechas por universidades europeas y norteamericanas (particularmente la muy famosa de Oxford), apoyadas en las viejas gramáticas latinas, permitieron hacerse una idea muy aproximada sobre la pronunciación de la época clásica: el habla de Virgilio, Horacio, Séneca, etc.

Con la decadencia del Imperio, el pueblo llano primero, y luego todos los romanos y romanizados, hablaron cambiando muchos términos, por influencia de los países conquistados (Grecia, las Galias, la Península Ibérica, etc.) y por el propio desgaste de todo idioma producido con el decurso del tiempo. Era lo que se llamó el "bajo latín", que se propagó durante la Edad Media, y que ha sido el latín de la Iglesia Católica desde entonces e, influyendo en la evolución del italiano, suele ser el que se utiliza en los medios jurídicos de ese país. Por razones culturales, será la pronunciación que preferiremos en este trabajo, sin perjuicio de recordar lo más relevante del viejo latín.

Las *vocales* no difieren demasiado en este aspecto de las que usamos en español. No obstante, es interesante aclarar lo siguiente:

La **A**, si bien cuando está aislada se pronuncia como en español, si la sigue enlazada (no separada) la E (así: Æ), se pronuncia como una sola vocal: "E". Por ejemplo, **Ægiptus** (Egipto), se dice *"Eguiptus"*; en cambio, si no están enlazadas, se pronuncia cada vocal por separado: **aer** (aire) se dice *"áer"*. En tanto que en la pronunciación latina tradicional de España, incluso estando separadas, se pronuncian como "E": **praemium**, *"premium"*.

En el latín más antiguo, la **A**, seguida de la I conformaban el diptongo **Ai**, de donde **Caisar** (César) se pronunciaba *"Cáisar"*, lo que motivó que los germanos llamaran *"káiser"* a su emperador. Fue en la época imperial que se cambió por "E" (**Cæsar** = *"Késar"*).

De manera semejante, la **O** aislada es igual a la misma vocal española; pero ligada a una E (Œ), se pronuncia como una "E" sorda o gutural, como el diptongo "eu" francés (**pœna** [pena] = *"po[eu]na"*). En tanto que, cuando no están ligadas, ambas vocales se pronuncian por separado (**poeta** = *"po-e-ta")*.

Para algunos gramáticos, en cambio, se habría imitado al griego, y la **O** ligada a la E se pronunciarían como la "I" española (**pœna** = *"poina"*).

En la escritura corriente de los primeros tiempos, se usaba la **U**; en tanto la **V**, con el mismo sonido, se empleaba en las inscripciones de los monumentos. Más tarde, la **U** se confunde con la **V**, y se usan indistintamente. (Esa similitud entre ambos sonidos se reconoció en España, por cuyo motivo a ambas letras se las llama "uve".) Y a diferencia del español, nunca es muda, ni siquiera después de la G ni de la Q: **æque** (igualmente) *"ecue"*. Además, si es seguida de otra **u**, sólo se pronuncia una: **sequuntur**, *"secuntur"*.

Respecto de las *consonantes*, en el latín clásico cuando a la **G** (suave) siguen la **e** o la **i**, se pronuncia igual que con las otras vocales: **general** es *"gueneral"*, y **regina** (reina) se lee *"reguina"*, como en el alemán actual.

Posteriormente, en el bajo latín, en el eclesiástico y en el latín tradicional español –como se hace hoy en el habla forense italiana–, tal vez por influencia visigótica, la **G** seguida de las vocales **e** e **i** se pronuncia de manera similar al francés, al italiano, al catalán y al sonido *"ye"* rioplatense.

La **C**, en la pronunciación clásica, tiene siempre sonido fuerte, similar al de la "K" o al de la misma "C" con la **a**, con la **o** y con la **u**. No tiene, como en España, sonido de "Z" con la **e** ni con la **i**. Por eso, **Marcelo** se pronuncia "*Markelo*" y **escena**, "*eskena*". En los países catalanes, que siguen la tradición romana del Bajo Imperio, se pronuncia como "ch": **pace**, "*pache*".

Seguida de la H, también adquiere sonido fuerte: **pulcher** (limpio, bello) se lee "*púlker*". Esto también cambió en la Edad Media, siguiendo una regla similar a la del castellano que usamos.

De la **H**, poco usual al comienzo de palabra, se cree que, en ese caso, como en otros idiomas (inglés, alemán, etc.) tendría sonido aspirado, similar a una "j", pero pronunciada más suavemente. En otro lugar de la palabra era muda, y así ha perdurado; no cambia el sonido de la consonante que la antecede: **rhythmus** (ritmo) = "*ritmus*".

La **J** no existía en el latín, ni como letra escrita ni como sonido. En su forma escrita se utilizó en la Edad Media, como innovación de los manuscritos góticos: se trataba, en realidad, de una **i** larga, mayúscula o al final de la palabra (de ahí su tilde en forma de punto, como la **i** minúscula). Su sonido de "g" arrastrada o fuerte es también de origen francés, y el que utilizamos actualmente, un aporte árabe. Pero, incluso en el bajo latín, no dejó de ser una **i**, por lo cual no es correcto, cuando se citan palabras latinas, escribir, por ejemplo, "*jus*" (Derecho), sino **ius**, **iudex** (juez), y debe pronunciarse con ese sonido de **i**.

La letra **F**, poco usada, suele sustituirse por las letras **Ph**: **phides**, por fiel, fidelidad, aunque también puede escribirse **fides**, etc.

La **T**, desde sus comienzos, se pronunció como en español, salvo en las palabras terminadas en **tio**, **tia**, cuyo sonido fue *"cio"*, *"cia"*: **vocatio** (vocación) = *"vocacio"*; **justitia**, *"justicia"*.

La **Y** se adoptó de una letra similar griega –de ahí su nombre de "i griega"– con su sonido en esa lengua, similar al de la "u" francesa y al de la "ü" alemana, no al de nuestra "i".

Acentos. Tildes.

En la escritura latina, no se utilizó ninguno de los signos auxiliares que conocemos: ni el tilde que indica el acento de pronunciación, ni la diéresis, ni los puntos, ni las comas, ni los indicadores de exclamación o de interrogación, etc., como fue corriente en las escrituras primitivas. Esto, en general, fue introducido durante el Bajo Imperio –para facilitar la lectura de los textos clásicos y religiosos– cuando ya comenzaban a hablarse habitualmente las nuevas lenguas romances y góticas, siguiendo iniciativas de los gramáticos griegos de Alejandría.

Cabe agregar que, desde el punto de vista prosódico, los antiguos griegos y romanos distinguían entre las sílabas largas (más acentuadas) y las cortas (menos), en consideración al tiempo que llevaba pronunciarlas. En el latín, sólo por excepción hubo palabras agudas: por ello, las bisílabas eran casi siempre graves o llanas, y las trisílabas o de más sílabas, muchas veces esdrújulas.

Ordenación de este trabajo y consejos para su empleo.

A diferencia de otros repertorios similares, en el nuestro existe alguna dificultad en la ordenación alfabética de sus palabras y definiciones, que deberá tenerse presente.

El Diccionario no compila sólo vocablos, sino, además, reglas, aforismos y otras manifestaciones extensas. Respecto de los **vocablos**, la dificultad no radica en su mera ordenación, sino en que los mismos no tienen una sola expresión: particularmente por la importancia de sus declinaciones. En español y en otros idiomas, la función de los vocablos, en las cláusulas, depende, normalmente, de su colocación, si se usa la construcción directa: *sujeto-verbo-complemento,* y, además, de los artículos, conjunciones, preposiciones y pronombres, que complementan lo que no depende de la sintaxis. Pero en el latín no se conocían los artículos y había gran libertad sintáctica: predominaba la construcción indirecta, y la elegancia en el decir o en el escribir era consecuencia de la habilidad con la que se ejercitara esa libertad formal. Por ello, la función de las palabras –particularmente de los sustantivos– resultaba de su declinación. La circunstancia de que los vocablos no tuvieran una sola enunciación sino las varias de su declinación, habría complicado su colocación en el orden alfabético o hubiera llevado a una multiplicidad confusa, por lo que se ha optado, como palabra de entrada o guía, por su nominativo; sin perjuicio de proceder de otro modo en caso de necesidad o de conveniencia.

Este Diccionario es, a un tiempo, vocabulario y repertorio. La mayor duda se relacionaba con las formulaciones extensas de los **aforismos**, los **brocardos** y las **máximas**, tan útiles cuanto usuales en el lenguaje forense. En este caso, se ha preferido colocarlos tomando su primera palabra en el orden alfabético, presumiendo que de esa forma ha de ser ubicado cada ejemplo por el lector. Pero como no siempre esa primera palabra responde a la idea principal del texto, al final de la obra se ha agregado un Índice Temático con las palabras más usuales en el lenguaje jurídico, indicándose a continuación –con la cita del número que les corresponde en el texto– en qué regla, brocardo o aforismo se halla ese término o, cuanto menos, su concepto.

Para mayor claridad, cada traducción agrega sus sinónimos, cuando esto se estima pertinente. Método para expresar mejor las acepciones y definiciones, que fuera utilizado en el primer Diccionario de la Real Academia Española de la Lengua.

Se advertirá, asimismo, que los vocablos aislados, cuando no recogen ni aproximadamente el que tienen en otras lenguas, lo que puede motivar complejidades para el lector que maneja otros idiomas, agregan su significado en los más conocidos de la región: el portugués, el inglés y el francés.

Por lo demás –como demostración de la influencia del Derecho latino en las soluciones jurídicas posteriores, como para que, con su comparación con redacciones más familiares también se hagan más comprensibles los viejos conceptos– cuando se ha visto corresponder, se citan los artículos similares de las leyes rioplatenses, españolas, portuguesas y brasileñas; con lo que el lector tiene, además del Diccionario, una recopilación de lo más reciente en sus normas nacionales, y un breve muestrario de Derecho comparado que, seguramente, le será útil.

Nos hemos remitido a los códigos civiles en vigencia en esos países, por ser el Derecho civil la más notable creación de los latinos, a cuya cultura le debe precisamente el llamarse "civil" (Derecho de la ciudad –el Estado Romano por antonomasia– y de los ciudadanos: **cives**).

Porque así como el latín no es, contra lo que se dice, "una lengua muerta", tampoco el Derecho romano es un "Derecho extinto".

Por fin, en algunos casos, entre paréntesis y al lado del término dudoso, hemos indicado su pronunciación. Aunque deberá recordarse que ésta ha variado desde los tiempos primitivos –para los que se escogió la indicada por los estudios modernos– hasta la medieval, hoy conservada en el latín religioso y en algunos ambientes jurídicos europeos, así indicada cuando su uso está muy generalizado.

El amable consultante de este trabajo hará bien, en consecuencia, en buscar las explicaciones siguiendo el orden alfabético de su primera palabra y, cuando ella no refleje exactamente el concepto que se procura, completar esa búsqueda acudiendo al Índice Temático.

* * *

Seguramente no está de más agregar que, siendo el latín, incluso el jurídico, sintético pero notoriamente rico, y procurando esta obra una sencilla finalidad de divulgación, no hallará el lector la totalidad de las expresiones en esta lengua sino las más usuales y necesarias.

EL AUTOR

ABREVIATURAS

adj.	adjetivo.
adv.	adverbio.
art.	artículo.
C.C.arg.	Código Civil argentino.
C.C.bras.	Código Civil brasileño.
C.C.esp.	Código Civil español.
C.Com.port.	Código de Comercio portugués.
C.Com.urug.	Código de Comercio uruguayo.
C.C.port.	Código Civil portugués.
C.C.urug.	Código Civil uruguayo.
C. del N.urug.	Código del Niño (uruguayo).
C.G.P.urug.	Código General del Proceso uruguayo.
conj.	conjunción.
conjug. verbal	conjugación verbal.
Const.arg.	Constitución argentina.
Const.bras.	Constitución brasileña.
Const.esp.	Constitución española.
Const.port.	Constitución portuguesa.
Const.urug.	Constitución uruguaya.
C.P.bras.	Código Penal brasileño.
C.P.C.bras.	Código del Proceso Civil brasileño.
C.P.C.C.N.arg.	Código Procesal Civil y Comercial de la Nación argentino.
C.P.C.port.	Código del Proceso Civil portugués.
C.P.esp.	Código Penal español.
C.P.P.bras.	Código del Proceso Penal brasileño.
C.P.P.port.	Código del Proceso Penal portugués.
C.P.P.urug.	Código del Proceso Penal uruguayo.
C.P.urug.	Código Penal uruguayo.
inc.	inciso.
indef.	indefinido.
Lóg.	Lógica.

num.	numeral.
parágr.	parágrafo.
part.	participio.
prep.	preposición.
pron.	pronombre.
pronunc.	pronunciación.
sust.	sustantivo.
verb.	verbo.
vocat.	vocativo.

A

❖ **Ab** (delante de vocal) y **abs** (delante de consonantes).
Prep.: de, dónde, por.

❖ **Ab absurdo**
Lóg.: argumento por el absurdo.

❖ **Ab abusu ad usum non valet consequentia** (pronunc.: [1]
″*consecuencia*″).
Del abuso al uso no hay consecuencia válida.

❖ **Ab actu ad posse valet illatio** (pronunc.: "*ilacio*"). [2]
Corresponde inferir lo posible de los hechos.

C.C.esp. *Art. 1253:*

″Para que las presunciones no establecidas por la ley sean apreciables como medio de prueba, es indispensable que entre el hecho demostrado y aquel que se trate de deducir haya un enlace preciso y directo según las reglas del criterio humano".

C.C.urug. *Art. 1600:*

"Las presunciones son consecuencias conjeturales que la ley o el magistrado sacan de un hecho conocido a otros desconocidos".

❖ **Ab æterno**

Adv.: Desde la eternidad. Desde siempre. Desde hace mucho tiempo.

❖ **Ab alio spectes alteri quod feceris.** [3]

Quien perjudica a otro espere lo mismo.

❖ **Aberratio** (pronunc.: "*aberracio*").

Aberración, desvío, error.

❖ **Aberratio** (pronunc.: "*aberracio*") **itus**

Acto o golpe erróneo. Acto que no tiene eficacia o tiene un efecto contrario al buscado.

❖ **Abigeatus**

Hurto. Robo de ganado. Abigeato. Ver: "Furtum".

❖ **Ab intestato** [4]

Sust. y adj.: intestado. Sucesión cuando el difunto no dejó testamento.

C.C.arg. *Art. 3545:*

"Las sucesiones intestadas corresponden a los descendientes del difunto, a sus ascendientes, al cónyuge supérstite y a los parientes colaterales dentro del cuarto grado inclusive, en el orden y según las reglas establecidas en este Código. No habiendo sucesores, los bienes corresponden al Estado nacional o provincial".

C.C.bras. *Art. 1574.*

C.C.esp. *Art. 658:*

"La sucesión se defiere por la voluntad del hombre manifestada en testamento y, a falta de éste, por disposición de la ley. La primera se llama testamentaria y la segunda, legítima [...]".

C.C.port. *Art. 2131.*

C.C.urug. Art. 1011:

"La sucesión intestada tiene lugar: 1º) Cuando uno muere sin testamento o con testamento nulo, o con testamento que perdió después su fuerza, aunque al principio fuese válido. 2º) Cuando el testamento no contiene institución de heredero en todo o en alguna parte de los bienes. 3º) Cuando falta la condición puesta a la institución de heredero o el instituido muere antes que el testador, o es incapaz, o indigno, o repudia la herencia; fuera de los casos de sustitución y acrecimiento con arreglo a este Código. Si el descendiente que repudia tuviese hijos o descendientes y hubiese otros herederos testamentarios, regirá lo dispuesto en el artículo 848".

❖ **AB IRATO** [5]

Adv.: Con ira. Coléricamente. Acto realizado con impulso de cólera.

C.P.esp. Parágr. 1, Art. 21:

"Son circunstancias atenuantes: [...] 3º) La de obrar por causas o estímulos tan poderosos que hayan producido arrebato, obcecación u otro estado pasional de entidad semejante".

C.P.urug. Art. 46:

"Atenúan el delito, cuando no hubieran sido especialmente contempladas por la ley al determinar la infracción: [...] 11º) El haber obrado bajo el impulso de la cólera, producida por un hecho injusto, o el haber cometido el delito en estado de intensa emoción, determinada por una gran desventura".

❖ **AB OMNI NEGOTIO** (pronunc.: "*negocio*") **FRAUS ABESTO.**

De todo negocio debe excluirse el fraude.

❖ **ABORTIO** (pronunc.: "*aborcio*"). [6]

Sust.: aborto provocado.

C.P.bras. Arts. 124 a 128.

C.P.urug. Art. 325:

"La mujer que causare su aborto o lo consintiera será castigada con prisión, de tres a nueve meses".

C.P.esp. Parágr. 1, Art. 144:

"El que produzca el aborto de una mujer sin su consentimiento, será castigado con la pena de prisión de cuatro a ocho años e inhabilitación especial para ejercer cualquier profesión sanitaria, o para prestar servicios de toda índole en clínicas, establecimientos o consultorios ginecológicos, públicos o privados de tres a diez años. Las mismas penas se impondrán al que practique el aborto habiendo obtenido la anuencia de la mujer mediante violencia, amenaza o engaño".

Art.145:

"1) El que produzca el aborto de una mujer, con su consentimiento, fuera de los casos permitidos por la ley, será castigado con la pena de prisión de uno a tres años e inhabilitación especial para ejercer cualquier profesión sanitaria, o para prestar servicios de toda índole en clínicas, establecimientos o consultorios ginecológicos, públicos o privados por tiempo de uno a seis años. 2) La mujer que produjere su aborto o consintiere que otra persona se lo cause, fuera de los casos permitidos por la ley, será castigada con la pena de prisión de seis meses a un año, o multa de seis a veinticuatro meses".

❖ **ABROGATIO** (pronunc.: *"abrogacio"*).

Abrogación. Derogación completa de una norma.

❖ **ABSENS** [7]

Ausente.

C.C.bras. *Art. 10.*

C.C.esp. *Art. 183:*

"Se considerará en situación de ausencia legal al desaparecido de su domicilio o de su última residencia: 1º. Pasado un año desde las últimas noticias, o a falta de éstas, desde su desaparición, si no se hubiese dejado apoderado con facultades de administración de todos sus bienes [...]".

C.C.port. *Art. 89.*

C.C.urug. *Art. 50:*

"La ley sólo considera ausente para los efectos de este Título, al individuo cuya residencia actual se ignora, o de quien no se tiene noticias, y cuya existencia es por consiguiente dudosa".

***Ley argentina* 14.394**, *art. 15:*

"Cuando una persona hubiere desaparecido del lugar de su domicilio o residencia, sin que de ella se tengan noticias y sin haber dejado apoderado, podrá el juez, a instancia de parte interesada, designar un curador a sus bienes. Siempre que el cuidado de éstos lo exigiere. La misma regla se observará si, existiendo apoderado, sus poderes fueren insuficientes, no desempeñare convenientemente el mandato o éste hubiere caducado".

❖ **ABSENTIA** (pronunc.: *"absencia"*) **LONGA EST MORS ÆQUIPARATUR.**

La ausencia larga se equipara a la muerte.

❖ **ABSIT INIURI VERBIS**

Adv. y adj.: Dicho sin ofensa.

❖ **ABSOLVERE**

Verb.: Absolver, desatar, acabar, perfeccionar.

❖ **AB UNO NON FIT USUS**

Un solo hecho no configura el uso.

❖ **AB URBE CONDITA**

Después de fundada la ciudad. Base que se tomaba para establecer las fechas, contando a partir de la fundación de Roma.

❖ **ABUSUS NON EST USUS, SED CORRUPTELA.**

El abuso no es uso, es corruptela.

❖ **ABUSUS NON TOLLIT USUM.**

El abuso no perjudica el uso normal. El abuso de una cosa no impide que esta sea buena en sí misma.

❖ **Ab utraque parte**

Adv.: De una y otra parte.

❖ **Abyssus**

Sust.: Abismo, sima.

❖ **Acceptilatio** (pronunc.: *"aceptilacio"*). [8]

Aceptilación. Remisión de la deuda. Recibo fingido del pago.

C.C.arg. *Art. 877:*

"Habrá remisión de la deuda cuando el acreedor entregue voluntariamente al deudor el documento original en que constare la deuda, si el deudor no alegare que la ha pagado".

C.C.esp. *Art. 1187:*

"La condonación podrá hacerse expresa o tácitamente. Una y otra estarán sometidas a los preceptos que rigen las donaciones inoficiosas. La condonación expresa deberá, además, ajustarse a las formas de la donación".

C.C.port. *Art. 863.*

C.C.urug. *Art. 1517:*

"No hay forma especial para hacer la remisión aunque la deuda conste en un documento público. La remisión puede ser expresa o tácita. Expresa es, cuando el acreedor declara que perdona la deuda, o pacta con el deudor que nunca la reclamará. Tácita, cuando ejecuta algún acto que haga presumir la intención de remitir la deuda".

❖ **Accesorium sequito principale.**

Lo accesorio sigue la suerte de lo principal.

❖ **Accipere**

Verb.: Recibir, aceptar.

❖ **Accipiens**

El que recibe una cosa en depósito. **Tradens**, el que entrega la cosa (ver este vocablo).

❖ **ACER - ACRE**
Adj.: Agudo, fuerte, severo, violento.

❖ **ACERBUS**
Adj.: Amargo, cruel, áspero.

❖ **A CONTRARIIS**
Argumento a contrario.

❖ **A CONTRARIO SENSU**
Adv.: En sentido contrario. Consecuencia contraria a lo afirmado o negado en una premisa.

❖ **ACTA PUBLICA PROBANT SE IPSA.** [9]
Los documentos públicos prueban por sí mismos.

C.C.arg. Art. 994:

"Los instrumentos públicos hacen plena fe, no sólo entre las partes, sino contra terceros, en cuanto al hecho de haberse ejecutado el acto, de las convenciones, disposiciones, pagos, reconocimientos, etc., contenidos en ellos".

C.C.esp. Art. 1218:

"Los documentos públicos hacen prueba, aun contra tercero, del hecho que motiva su otorgamiento y de la fecha de éste. También harán prueba contra los contratantes y sus causahabientes, en cuanto a las declaraciones que en ellos hubiesen hecho los primeros".

C.C.port. Art. 370.

C.C.urug. Art. 1576:

"El instrumento público produce el efecto de probar plenamente las obligaciones y descargos en él contenidos respecto de los otorgantes y de las personas a quienes dichas obligaciones y descargos se transfieran por título universal o singular".

❖ **ACTIO** (pronunc.: *"accio"*).
Sust.: Acción jurídica.

❖ **ACTIO** (pronunc.: *"accio"*) **AD EXHIBENDUM** [10]

Acción exigiendo la exhibición de la cosa.

C.G.P.urug. *Art. 309:*

"Además de otras de la misma naturaleza, podrá solicitarse como diligencias preparatorias: [...] 2) La exhibición de la cosa mueble que se hubiese de reivindicar, así como su secuestro, si correspondiere; la del testamento, cuando se creyere heredero, legatario o albacea; la de los libros de comercio cuando corresponda y demás documentos pertenecientes a la sociedad, comunidad o asociación; la rendición de cuentas por quien se hallare legalmente obligado a rendirlas, en cuyo caso se seguirá el procedimiento de los artículos 332 y 333".

C.P.C.C.N.arg. *Art. 325:*

"[Trámite de la exhibición de cosas e instrumentos]. La exhibición o presentación de instrumentos se hará en el tiempo, modo y lugar que determine el juez, atendiendo a las circunstancias. Cuando el requerido no los tuviese en su poder deberá indicar, si lo conoce, el lugar en que se encuentren o quien los tiene".

❖ **ACTIO** (pronunc.: *"accio"*) **ADVERSUS IUDICEM SUAM FECIT** (pronunc.: *"fékit"*).

Acción contra el juez que tiene interés propio en el pleito. Recusación.

❖ **ACTIO** (pronunc.: *"accio"*) **AUCTORITATIS** [11]

Acción de garantía o en garantía.

C.G.P.urug. *Art. 51:*

"El demandado, en el plazo para contestar, y sin perjuicio de hacerlo, podrá solicitar el emplazamiento de un tercero en garantía o de aquel respecto al cual considera que la controversia es común o a quien la sentencia puede afectar. El emplazado no podrá objetar la procedencia de su emplazamiento y deberá comparecer; tendrá los mismos derechos, deberes y cargas del demandado".

C.P.C.port. *Art. 28.*

❖ ACTIO (pronunc.: *"accio"*) **BONORUM VI RAPTORUM**

Acción para reclamar los bienes robados u objeto de rapiña.

❖ ACTIO (pronunc.: *"accio"*) **CERTÆ CREDITŒ PECUNIÆ**

Acción reclamando el pago de suma cierta prestada o debida, de dinero.

❖ ACTIO (pronunc.: *"accio"*) **DAMNI INFECTI** [12]

Acción reclamando la indemnización de daños y perjuicios. Acción reparatoria.

C.C.esp. *Art. 1902:*

"El que por acción u omisión causa daño a otro, interviniendo culpa o negligencia, está obligado a reparar el daño causado".

C.C.port. *Art. 483.*

C.C.urug. *Art. 1319:*

"Todo hecho ilícito del hombre que causa a otro un daño, impone a aquel por cuyo dolo, culpa o negligencia ha sucedido, la obligación de repararlo [...]".

❖ ACTIO (pronunc.: *"accio"*) **DE EFFUSIS ET DEIECTIS** [13]

Acción por reparación del daño causado por cosas arrojadas o caídas.

C.C.esp. *Art. 1907:*

"El propietario de un edificio es responsable de los daños que resulten de la ruina de todo o parte de él, si ésta sobreviniere por falta de las reparaciones necesarias".

Art. 1910:

"El cabeza de familia que habita una casa o parte de ella, es responsable de los daños causados por las cosas que se arrojaren o cayeren de la misma".

C.C.port. *Art. 493.*

C.C.urug. Art. 1330:

"El daño causado por una cosa que cae o se arroja de la parte superior de un edificio, es imputable a todos los que habitan la misma parte del edificio, y la indemnización se dividirá entre todos ellos, a menos que se pruebe que el daño se debe a la culpa o dolo de alguna persona exclusivamente, en cuyo caso será responsable ésta sola".

❖ **ACTIO** (pronunc.: *"accio"*) **IN PERSONAM**

Acción personal.

❖ **ACTIO** (pronunc.: *"accio"*) **IN REM SCRIPTA**

Acción real.

❖ **ACTIO** (pronunc.: *"accio"*) **IN REM VERSO**

Acción de vuelta por la cosa: por enriquecimiento sin causa.

❖ **ACTIO** (pronunc.:*"accio"*) **NIHIL ALIUD EST QUAM IUS PERSEQUENDI IN IUDICIO QUOD SIBI DEBETUR.** [14]

Acción no es sino el derecho de reclamar en juicio lo que nos deben ["Institutas"].

C.P.C.port. Art. 2, 2.

Ex-C.P.C.urug. Art. 240:

"Acción es el medio legal de pedir judicialmente lo que es nuestro o se nos debe".

❖ **ACTIO** (pronunc.: *"accio"*) **QUANTI MINORIS** [15]

Acción para disminuir el precio de lo comprado, por vicios redhibitorios. Acción estimatoria.

C.C.arg. Art. 2174:

"En el caso del artículo anterior*, el comprador tiene la acción redhibitoria para dejar sin efecto el contrato, volviendo la cosa al vendedor, restituyéndole éste el precio pagado, o la acción para que se rebaje del precio el menor valor de la cosa por el vicio redhibitorio".

* Vicios o defectos ocultos.

C.C.esp. Art. 1486:

"En los casos de los dos artículos anteriores [cuando el vendedor ignorase los vicios o éstos hacen impropio lo vendido] el comprador podrá optar entre desistir del contrato, abonándosele los gastos que pagó, o rebajar una cantidad proporcional del precio a juicio de peritos. Si el vendedor conocía los vicios o defectos ocultos de la cosa vendida y no los manifestó al comprador, tendrá éste la misma opción y además se le indemnizará de los daños y perjuicios si optare por la rescisión".

C.C.port. Art. 911.

❖ **ACTORE NON PROBENTE, REUS ABSOLVITUR.** [16]

Si el actor no prueba, se absuelve al demandado.

❖ **ACTORI INCUMBIT ONUS PROBANDI.** [17]

Al actor corresponde la carga o deber de la prueba [sobre los hechos que afirma]. Ver: "Onus probandi".

❖ **ACTOR SEQUITUR FORUM REI.** [18]

Al actor le corresponde seguir el fuero del demandado.

❖ **ACTUM**

Sust.: Obligación.

❖ **ACTUM OMISSA FORMA LEGIS** (pronunc.: *"leguis"*) **CORRUIT.** [19]

La omisión de la forma legal invalida el acto.

❖ **AD**

Prep.: Hacia, para, contra, cerca de.

❖ **AD ASTRA**

Adv.: Hacia las estrellas.

❖ **AD AUGUSTA PER ANGUSTA.**

Hacia lo augusto por lo angosto: llevar el éxito a través de las dificultades.

❖ **AD CALENDAS GRÆCAS**

Para las calendas griegas. Como las calendas era una forma de medir el tiempo (el primer día de cada mes) entre los romanos, que no conocían los griegos, decir "Hasta las calendas griegas" era como decir hasta nunca.

❖ **AD CORPUS**

Adv.: Venta de un inmueble determinado por un solo precio, sin previo examen.

❖ **ADDEMPTIO** (pronunc.: *"adempcio"*). [20]

Sust.: Revocación de contrato.

❖ **ADDENDA**

Sust.: Adición, agregado o complemento a lo escrito.

❖ **ADDICERE**

Verb.: Atribuir, acreditar, certificar.

❖ **ADDICTIO** (pronunc.: *"adiccio"*).

Sust.: Atribución. Adjudicación. Decisión judicial por la que el juez adjudica el bien litigado a una parte: "**Addictio bonorum**".

❖ **AD EFECTUM VIDENDI**

Adv.: A los efectos de verlo. Para tenerlo a la vista.

❖ **AD EFESIOS**

Adv.: Disparatadamente contra el debido objeto. Es seguramente el origen del vocablo español "adefesio".

❖ **ADEO** (pronunc.: *"ádeo"*).

Adv.: Tanto, muy, ciertamente, de tal modo que.

❖ **AD EXCLUDENDUM** [21]

Adv.: Por exclusión. Excluyendo la pretensión de otra persona. Por excepción.

❖ **AD FERENDA MATRIMONII ONERA.** [22]

Para soportar las cargas del matrimonio. Dote.

❖ **AD HOC**

Adv.: Para eso. Lo que se dispone para un fin particular y no otro. Por ejemplo: "secretario ad hoc".

❖ **AD HOMINEM** (pronunc.: *"hóminem"*).

Argumento apoyado en los hechos y opiniones del propio adversario y que contraría su posición.

❖ **AD HONOREM**

Adv.: Por motivo de honor. Por causa de honor. Honorario. Ejemplo: "profesor ad honórem".

❖ **AD HUC**

Adv.: Aún, todavía, hasta ahora.

❖ **ADICIO - ADICERE**

Verb.: Añadir, adicionar, sumar, unir.

❖ **ADIETUS SOLUTIONIS** (pronunc. *"solucionis"*) **GRATIA** (pronunc.: *"gracia"*). [23]

Adj.: Persona autorizada por otra para recibir un pago, gratuitamente.

C.C.arg. *Art. 727:*

"El pago puede hacerse también por un tercero con asentimiento del deudor y aun ignorándolo éste, y queda la obligación extinguida con todos sus accesorios y garantías. En ambos casos, el que hubiese hecho el pago puede pedir al deudor el valor de lo que hubiese dado en pago. Si hubiese hecho el pago antes del vencimiento de la deuda, sólo tendrá derecho a ser reembolsado desde el día del vencimiento".

C.C.bras. *Arts. 930 y 931.*

C.C.esp. *Art. 1158:*

"Puede hacer el pago cualquier persona, tenga o no interés en el cumplimiento de la obligación, ya lo conozca y lo apruebe, o ya lo ignore el deudor. El que pagare por cuenta de otro podrá reclamar del deudor lo que hubiese pagado, a no haberlo hecho contra su expresa voluntad. En este caso sólo podrá repetir del deudor aquello en que le hubiera sido útil el pago".

C.C.urug. *Art. 1450, inc. 2:*

"La paga puede también hacerse por un tercero, no interesado, que obre consintiéndolo expresa o tácitamente el deudor [...]".

❖ **AD IMPOSSIBILIA NEMO TENETUR.** [24]

Nadie está obligado a hacer lo imposible

C.C.arg. *Art. 888:*

"La obligación se extingue cuando la prestación que forma la materia de ella,viene a ser física o legalmente imposible sin culpa del deudor".

C.C.esp. *Art. 1272:*

"No podrán ser objeto de contrato las cosas o servicios imposibles".

C.C.port. *Art. 790.*

C.C.urug. *Art. 1283:*

"[...] Los hechos [objeto de los contratos] han de ser posibles, determinados y en su cumplimiento han de tener interés los contrayentes".

Art.1408:

"La condición de cosa físicamente imposible, contraria a las buenas costumbres o prohibida por las leyes, es nula e invalida la condición que de ella depende".

❖ **AD INSTAR**

Adv.: A semejanza de, al modo de.

❖ **ADISPISCIMUR POSSESIONEM CORPORE ET ANIMO, NEQUE PER SE CORPORE.** [25]

La posesión se adquiere con el cuerpo y con el ánimo; no sólo con la intención o con sólo el cuerpo.

C.C.arg. *Art. 2373:*

"La posesión se adquiere por la aprehensión de la cosa con la intención de tenerla como suya: salvo lo dispuesto sobre la adquisición de las cosas por sucesión".

C.C.bras. *Art. 485 y siguientes.*

C.C.esp. *Art. 430:*

"Posesión natural es la tenencia de una cosa o el disfrute de un derecho por una persona. Posesión civil es esa misma tenencia o disfrute unidos a la intención de haber la cosa o derecho como suyos".

C.C.port. *Art. 1251.*

C.C.urug. *Art. 646:*

"La posesión es la tenencia de una cosa o el goce de un derecho por nosotros mismos con ánimo de dueños o por otro en nombre nuestro".

❖ **ADIUDICATIO** (pronunc.: *"adiudicacio"*).

Sust.: Fórmula en el Derecho latino para adjudicar una cosa o un derecho.

Portugués: adjudicaçâo; inglés: adjudgment; francés: décernement.

❖ **AD IURA RENUNTIATA** (pronunc.: *"renunciata"*) **NON DATUR REGRESSUS.** [26]

Renunciados los derechos, no hay lugar a restitución.

❖ **AD LIBITUM**

Adv.: A voluntad. Libremente. Liberalmente. A gusto.

❖ **Ad litem**
Adj.: Para el juicio. Facultad o poder que se otorga exclusivamente para procesos judiciales.

❖ **Admodum**
Adv.: Bastante, muy mucho.

❖ **Ad nutum**
A voluntad. Resolución tácita. Resolución en un solo sentido, por la sola voluntad resolutoria, sin otro fundamento.

❖ **Adoptio** (pronunc.: *"adopcio"*).
Sust.: Adopción.
Portugués: adopçâo; inglés: adoption; francés: adoption, affiliation.

❖ **Adoptio naturam imitatur.** [27]
La adopción imita a la naturaleza. La adopción se ha hecho imitando a la naturaleza.

❖ **Adoptio non ius sanguinis, sed ius agnationis** (pronunc.: *"agnacionis"*) **adfert.** [28]
La adopción no constituye derecho de consanguinidad sino de agnación.

❖ **Ad pedem litteræ**
Adv.: Al pie de la letra. Literal.

❖ **Ad personam**
Adv.: Para una persona. Para persona determinada.

❖ **Ad probationem** [29]
Adv.: Para la prueba. A los efectos de la prueba.

❖ **AD QUEM** (pronun.: *"cuem"*).

Pron.: Al cual. Juez al que se solicita una diligencia. Juez de Alzada. Día final de un término.

❖ **AD REFERENDUM** [30]

Adv.: A referendo. Con la condición de ser ratificado. Aceptar una propuesta con la condición de ser aprobada por quien corresponda.

C.C.arg. *Art. 2304:*

"Cuales quiera que sean las circunstancias en las cuales una persona hubiere emprendido los negocios de otra, la ratificación del dueño del negocio equivale a un mandato, y le somete para con el gestor a todas las obligaciones del mandante. La ratificación tiene efecto retroactivo al día en que la gestión principió".

C.C.bras. *Art. 1343.*

C.C.esp. *Art. 1259:*

"Ninguno puede contratar a nombre de otro sin estar por éste autorizado o sin que tenga por la ley su representación legal. El contrato celebrado a nombre de otro por quien no tenga autorización o representación legal será nulo, a no ser que lo ratifique la persona a cuyo nombre se otorgue antes de ser revocado por la otra parte contratante".

C.C. port. *Art. 469.*

C.C.urug. *Art. 2058:*

"El mandato no se perfecciona hasta la aceptación del mandatario. La aceptación puede ser tácita, que es la que resulta de haberse empezado a ejecutar el encargo por el mandatario".

❖ **ADSERTOR**

Sust. y adj.: El que afirma algo en juicio.

❖ **AD SOLEMNITATEM** [31]

Adv.: Con solemnidad. Requisito exigido por la ley para darle validez a un acto o contrato.

C.C.arg. *Art. 12:*

"Las formas y solemnidades de los contratos y de todo instrumento público, son regidas por las leyes del país donde se hubieren otorgado".

C.C.urug. *Art.1252:*

"El contrato se llama solemne, cuando está sujeto a la observancia de ciertas formalidades especiales, de manera que sin ellas no produce ningún efecto civil (art. 1578); consensual cuando obliga por el simple consentimiento de las partes; y se llama real cuando la obligación principal que nace de él supone necesariamente la tradición de la cosa. Antes de la tradición, la promesa aceptada de entregar o recibir la cosa sobre que versare el contrato, entra en la clase de los contratos consensuales".

❖ **ADSTIPULATIO** (pronunc.: *"adstipulacio"*).

Sust.: Estipulación. Accesoria en un contrato.

Portugués: estipulação; inglés: stipulation, agreement; francés: stipulation.

❖ **AD SUBSTANTIAM** (pronunc.: *"substánciam"*).

Adv.: Con importancia sustancial. Cláusula en un contrato que no tiene sólo importancia probatoria, sino que, sin ella, el negocio es nulo.

❖ **ADSUM**

Verb.: Estar presente, cercano. Vigilar.

❖ **ADTEMPTATA PUDICITIA** (pronunc.: *"pudicicia"*) [32]

Atentado al pudor. Violencia sexual.

C.P.bras. *Art. 214.*

C.P.esp. *Parágr. 1, Art. 178:*

"El que atentare contra la libertad sexual de otra persona, con violencia o intimidación, será castigado como culpable de agresión sexual con la pena de prisión de uno a cuatro años".

C.P.urug. Art. 273:

"[Atentado violento al pudor] Comete atentado violento al pudor, el que, por los medios establecidos en el artículo anterior, o aprovechándose de las circunstancias en él enunciadas, realizara sobre persona del mismo o diferente sexo, actos obscenos, diversos de la conjunción carnal, u obtuviera que ésta realizare dichos actos sobre sí mismo o sobre la persona del culpable o de un tercero. Este delito se castiga con la pena de la violación, disminuida de un tercio a la mitad".

❖ **ADULTERIUM**

Adulterio. En el Derecho romano, era un delito si lo cometía la mujer casada, pero no en el caso de un hombre.

❖ **ADULTERIUM, QUIA ILLE AD ALTERAM, ILLA AD ALTERUM SE CONFERUNT.**

Hay adulterio si él se une a otra o si ella se une a otro.

❖ **ADULTERIUM SINE MALO DOLO NON COMMITTITUR.**

Sin mala fe no se comete adulterio [según el jurista Gayo, en el "Digesto"].

❖ **AD USUM**

De acuerdo con el uso, con las costumbres.

❖ **ADVOCATI NON ULTRA QUAM LITIUM** (pronunc.: *"lícium"*) **POSCIT UTILITAS IN LICENTIAM** (pronunc.: *"likénciam"*) **CONVICIANDI ET MALIDICENDI TEMERITATI PRORRUMPANT.**

Los abogados no deben emplear temerariamente ultrajes y maldiciones, sin que tenga que ver con la utilidad del proceso.

❖ **ADVOCATI, SI PER EOS NON STETERIT QUOMINUS CAUSAM AGANT, HONORARIA REDDERE NON DEBENT.**

Los abogados no deben devolver los honorarios, si no

dieron motivo para que se menoscabase la defensa de la causa [opinión del jurista romano Paulo].

❖ **ADVOCATORUM ERROR LITIGANTIBUS NON NOCET.**
El error del abogado no perjudica al litigante.

❖ **ADVOCATUS**
Sust.: Abogado. Patrocinante. Defensor.
Portugués: advogado; inglés: lawyer, advocate; francés: avocat.

❖ **ÆDIFICARE**
Verb.: Edificar, fabricar.

❖ **ÆDIFICIUM SOLO CEDIT ET IUS SOLI SEQUITUR.**
El edificio cede al suelo y sigue su derecho. Ver: "Omne quod inaedificatur...".

❖ **ÆDILES**
Sust.: Ediles, concejales.

❖ **ÆGER** (pronunc.: *"éguer"*).
Sust. y adj.: Enfermo.

❖ **ÆQUARE** (pronunc.: *"ecuare"*).
Verb.: Igualar, allanar.

❖ **ÆQUE** (pronunc.: *"ecue"*).
Adj.: Igualmente.

❖ **ÆQUITAS** (pronunc.: *"écuitas"*).
Sust.: Equidad.

❖ **ÆQUITAS IN DUBIO PRAEVALET** (pronunc.: *"écuitas in dubio preválet"*).
En caso de duda prevalece la equidad.

❖ **ÆQUITAS PRAEFETUR RIGORI** (pronunc.: *"écuitas prefétur rigori"*).
Es preferible la equidad al rigor.

❖ **ÆQUITAS SEQUITUR LEGEM** (pronunc.: *"écuitas secuítur léguem"*).
La equidad sigue a la ley.

❖ **ÆQUUM ACCIPUTUR EX DIGNITATE EIUS, QUI FUNERATUS EST, EX CAUSA, EX TEMPORE ET EX BONAFIDE.** [33]
La equidad ordena que los gastos funerarios correspondan a la dignidad del causante, a las circunstancias, a la época y a la buena fe [según el "Digesto"].

❖ **ÆQUUM EST, UT CUIUS PARTICIPAVIT LUCRUM, PARTICIPET ET DAMNUM.** [34]
Es equitativo que quien participa de las ganancias también participe de las pérdidas [según el jurista romano Ulpiano].

C.C.arg. *Art. 1648:*

"Habrá sociedad cuando dos o más personas se hubiesen mutuamente obligado, cada una con una prestación, con el fin de obtener alguna utilidad apreciable en dinero, que dividirán entre sí, del empleo que hicieren de lo que cada uno hubiere aportado".

C.C.bras. *Art. 1372.*

C.C.esp. *Art. 1665:*

"La sociedad es un contrato por el cual dos o más personas se obligan a poner en común dinero, bienes o industria, con ánimo de partir entre sí las ganancias".

C.Com.port. *Arts. 20 y 21.*

C.Com.urug. *Art. 470, inc. 1:*

"Las ganancias y pérdidas se dividen entre los socios aprorrata de sus respectivos capitales, a no ser que otra cosa se hubiere estipulado en el contrato [...]".

❖ **ÆQUUM EST UT FRAUS IN SUUM AUCTOREM RETORQUÆTUR**. [35]
Es justo que el fraude recaiga sobre su autor.

❖ **ÆQUUS** (pronunc.: *"ecus"*).
Justo. Lo justo. Equitativo.

❖ **ÆRARIUM**
Sust.: Erario, patrimonio.

❖ **AES ALIENUM**
Sust.: Dinero ajeno. Pasivo patrimonial.

❖ **AES ET LIBRA**
Sust.: El cobre y la balanza [requisito exigido para determinados actos y acciones].

❖ **ÆTAS**
Sust.: Edad. Medida de la vida humana.

❖ **ÆVUM**
Evo. Lapso extenso. Siglo.

❖ **A FACTO AD IUS NON DATUR CONSEQUENTIA** (pronunc.: *"consecuencia"*). [36]
Del hecho al derecho no hay consecuencia.

❖ **AFFECTIO** (pronunc.: *"afeccio"*).
Afecto, amor, simpatía. Inclinación, vocación.

❖ **AFFECTIO MARITATIS** [37]
Amor conyugal. Matrimonio.

❖ **AFFECTIO SOCIETATIS** [38]
Adhesión a la sociedad. Propósito de compartir ganancias y pérdidas.

❖ **AFFIDAVIT**

Conjug. verbal: Ha atestiguado. Declaración jurada. Juramento sobre valores a los efectos impositivos. Este término no fue conocido por los antiguos romanos, sino que se introdujo durante la Edad Media.

❖ **AFFINITAS, AFFINITATEM NON GENERAT. AFFINITAS NON PARIT AFFINITATEM.**

Ambas: La afinidad no produce [a su vez] afinidad.

C.C.arg. *Art. 364:*

"El parentesco por afinidad no produce parentesco alguno para los parientes consanguíneos de uno de los cónyuges en relación a los parientes consanguíneos del otro cónyuge".

❖ **AFFINITAS EST CIVILE VINCULUM EX NUPTIIS ET SPONSALIBUS DESCENDENS.**

La afinidad es un vínculo civil que deriva del matrimonio y de los esponsales.

C.C.port. *Art. 1584.*

❖ **AFFIRMANTI INCUMBIT PROBATIO** (pronunc.: "*probacio*"). [39]

A quien afirma le corresponde probar.

C.G.P.urug. *Art. 137:*

"[Necesidad de la prueba] Corresponde probar los hechos que invoquen las partes y sean controvertidos. También requieren prueba los hechos, aun admitidos, si se tratare de cuestiones indisponibles".

C.P.C.bras. *Art. 333.*

C.P.C.C.N.arg. *Art. 377:*

"[Carga de la prueba] Incumbirá la carga de la prueba a la parte que afirme la existencia de un hecho controvertido o de un precepto jurídico que el juez o el tribunal no tenga el deber de conocer. Cada una de las partes deberá probar el presupuesto de hecho de la norma o normas que invocare como fundamento de su pretensión, defensa o excepción. Si la ley extranjera invocada por alguna de las partes no hubiere sido probada, el juez podrá investigar su existencia y aplicarla a la relación jurídica materia del litigio".

C.P.C.port. Art. 516.

❖ **A FORTIORI**

Adv.: Además, con mayor razón.

❖ **AGENDO NEMO CAUSAM SUAM FACIT DETERIOREM.**

Accionando, nadie perjudica su derecho.

❖ **AGENS** (pronunc.: *"águens"*).

Sust. y adj.: Agente, accionante.

❖ **AGER** (pronunc.: *"águer"*).

Sust.: Terreno, campo, suelo.

❖ **AGERE** (pronunc.: *"águere"*).

Verb.: Hacer, obrar, empujar, pasar, accionar en juicio.

❖ **AGERE** (pronunc.: *"águere"*) **NON VALENTI NON CURRIT PRAESCRIPTIO** (pronunc.: *"prescripcio"*).

Contra quien no puede accionar, no corre la prescripción.

❖ **AGNATI**

Sust.: Agnados. Parientes por vía indirecta generalmente sobrinos [en el Derecho romano, parientes del padre] que reconocen un antepasado común.

❖ **A IURE SUO, NEMO RECEDERE PRÆSUMITUR.**

Se presume que nadie renuncia a su derecho.

❖ **A LATERE**

Adv.: Adjunto. Al lado de.

❖ **ALEA** (pronunc.: *"álea"*). [40]

Sust.: Fortuna, suerte. Lo que depende del azar, como los contratos aleatorios.

C.C.arg. *Art. 2051:*

"Los contratos serán aleatorios cuando sus ventajas o pérdidas para ambas partes contratantes, o solamente para una de ellas, dependan de un acontecimiento incierto".

C.C.bras. *Art. 1118.*

C.C.esp. *Art. 1790:*

"Por el contrato aleatorio, una de las partes, o ambas recíprocamente, se obligan a dar o hacer alguna cosa en equivalencia de lo que la otra parte ha de dar o hacer para el caso de un acontecimiento incierto, o que ha de ocurrir en tiempo indeterminado".

C.C. port. *Art. 1231 y siguientes.*

C.C.urug. *Art. 1250:*

"El contrato oneroso se llama conmutativo cuando cada una de las partes se obliga a dar o hacer una cosa que se mira como equivalente a lo que la otra debe dar o hacer a su vez; y si el equivalente consiste en una contingencia incierta de ganancia o pérdida, se llama aleatorio".

❖ **ALIA, ALIAS**

Adv.: O sea, de otro modo, llamado.

❖ **ALIBI**

Sust.: Coartada.

❖ **ALIENABILE, ERGO PRÆSCRIPTIBILE.** [41]

Si es enajenable, por tanto, puede prescribirse.

❖ **ALIENATIO** (pronunc.: *"alienacio"*) **CUM FIT, CUM EA CAUSA DOMINIUM TRANSFERIMUS QUA ESSET FUTURA, SI APUD NOS EA RES MAXSISSET.** [42]

Con la enajenación, transferimos el dominio como si la

cosa hubiese permanecido en nuestro poder [según el jurista latino Pomponio].

❖ **ALIENATIO** (pronunc. *"alienacio"*) **EST OMNIS ACTUS PER QUEM DOMINIUM TRASFERTUM.** [43]

Enajenación es todo acto por el cual se transfiere la propiedad.

❖ **ALIENATIONIS** (pronunc.: *"alienacionis"*) **VERBUM ETIAM** (pronunc.: *"éciam"*) **USUCAPIONEM CONTINET.** [44]

La palabra "enajenación" contiene también el concepto de prescripción.

❖ **ALIENI IURIS**

Ajeno al Derecho. Sin capacidad jurídica. No autónomo.

❖ **ALIENUS**

Sust. y adj.: Ajeno, extraño, extranjero.

❖ **ALIENUS DOLUS NOCERE ALTERI NON DEBET.** [45]

El dolo de una persona no puede perjudicar a las demás.

❖ **A LIMINE, IN LIMINE** [46]

Adv.: Desde el umbral. Dícese del rechazo de una demanda o de un recurso, sin más trámite, desde su presentación, por ser contrario a Derecho.

C.G.P.urug. *Art. 24:*

"El tribunal está facultado: 1) Para rechazar in límine la demanda cuando fuere manifiestamente improponible, cuando carezca de los requisitos formales exigidos por la ley o cuando se ejercite una pretensión especialmente sujeta a término de caducidad y éste haya vencido [...]".

C.P.C.port. *Art. 234.*

❖ **ALIQUA**

Adv.: En algún lugar, parte de algo, algo, alguno.

❖ **ALIQUI DARE, ALIQUI RETINERI.** [47]

Dar algo y obtener algo [prestaciones recíprocas].

C.C.arg. Art. 510:

"En las obligaciones recíprocas, uno de los obligados no incurre en mora si el otro no cumple o no se allana a cumplir la obligación que le es respectiva".

C.C.bras. Art. 1092.

C.C.esp. Art. 1274:

"En los contratos onerosos se entiende oír causa, para cada parte contratante, la prestación o promesa de una cosa o servicio por la otra parte; en los remuneratorios, el servicio o beneficio que se remunera, y en los de pura beneficencia, la mera liberalidad del bienhechor".

C.C.urug. Art. 1248:

"El contrato se llama unilateral cuando impone obligación a una de las partes solamente; y bilateral o sinalagmático cuando impone a las dos partes obligaciones recíprocas".

❖ **ALIUD EST IUDICIUM, ALIUD EST ARBITRIUM.** [48]

Una cosa es el juicio; otra, el arbitraje.

❖ **ALIUD PRO ALIO** [49]

Una cosa por otra. Permuta.

C.C.arg. Art. 1485:

"El contrato de trueque o permutación tendrá lugar cuando uno de los contratantes se obligue a transferir a otro la propiedad de una cosa, con tal que éste le dé la propiedad de otra cosa".

C.C.bras. Art. 1164.

C.C.esp. Art. 1538:

"La permuta es un contrato por el cual cada uno de los contratantes se obliga a dar una cosa para recibir otra".

C.C.urug Art. 1769:

"La permuta o cambio es un contrato por el cual los contrayentes se obligan a dar una cosa por otra".

❖ **ALIUD PRO ALIO INVITO CREDITORI SOLVI NON POTEST.**
No se puede dar en pago otra cosa que la debida, sin conocimiento del acreedor [según el jurista Paulo].

❖ **ALIUS**
Adj.: Uno, otro.

❖ **ALTERIS AUT NEGLIGENTIA** (pronunc.: *"negligencia"*) **AUT CUPIDITAS HUIC QUI DILIGENS PUIT, NOCERE NON DEBET.** [50]
La negligencia o codicia de otro no debe perjudicar al diligente.

❖ **ALTERIUS CULPA NOBIS NOCERE NON DEBET.** [51]
La culpa de uno no debe dañar a otro que no tuvo parte.

❖ **ALTERUM NON LÆDERE**
No perjudicar a los demás [según Justiniano en sus "Institutas"].

❖ **ALTERUM NON LÆDERE; SUUM CUIQUE TRIBUERE.** [52]
No perjudicar a los demás; dar a cada uno lo suyo.

❖ **ALTERUTER**
Adj. y pron.: Uno u otro. Uno de los dos.

❖ **AMBIGUA INTENTIO** (pronunc.: *"intencio"*) **ITA ACCIPIENDA EST, UT REI SALVA ACTORI SIT.** [53]
La manifestación ambigua de voluntad debe interpretarse a favor del actor [según el jurista Paulo].

C.C.bras. *Art. 85.*

C.C.esp. *Art. 1284:*

"Si alguna cláusula de los contratos admitiere diversos sentidos, deberá entenderse en el más adecuado para que produzca efecto".

C.C.port. *Art. 237.*

C.C.urug. Art. 1298:

"Habiendo ambigüedad en las palabras, debe buscarse más bien la intención común de las partes que el sentido literal de los términos".

❖ **AMBITUS**

Sust.: Delito electoral. Acaparamiento ilícito de los votos. Proviene del verbo "ambire": andar cerca o en busca de los votos.

❖ **AMICUS PLATO SED MAGIS** (pronunc.: *"maguis"*) **AMICA VERITAS.**

Traducción latina de una frase en griego atribuida a Aristóteles: "Soy amigo de Platón pero soy más amigo de la verdad".

❖ **ANALOGIA** (pronunc.: *"analoguía"*) **IURIS**

Analogía jurídica. Del griego αναλογια.

❖ **ANALOGIA** (pronunc.: *"analoguía"*) **LEGIS** (pronunc.: *"leguis"*).

Analogía de las leyes.

***C.C.arg.** Art. 16:*

"Si una cuestión civil no puede resolverse ni por las palabras ni por el espíritu de la ley, se atenderá a los principios de leyes análogas y si aún la cuestión fuese dudosa, se resolverá por los principios generales del derecho, teniendo en consideración las circunstancias del caso".

***C.C.bras.** Art. 4.*

***C.C.esp.** Disposiciones Transitorias 13:*

"Los casos no comprendidos directamente en las disposiciones anteriores, se resolverán aplicando los principios que les sirven de fundamento".

***C.C.port.** Art. 10.*

C.C.urug. Art. 16:

"Cuando ocurra un negocio civil, que no pueda resolverse por las palabras ni por el espíritu de la ley de la materia, se acudirá a los fundamentos de las leyes análogas; y si todavía subsistiere la duda, se ocurrirá a los principios generales de derecho y a las doctrinas más recibidas, consideradas las circunstancias del caso".

❖ **ANATOCISMUS** [54]

Sust.: Anatocismo: cobro de intereses sobre intereses en las deudas de dinero. Capitalización de los intereses impagos.

C.C.arg. Art. 623, según ley 23.928:

"No se deben intereses de los intereses, sino por convención expresa que autorice su acumulación al capital con la periodicidad que acuerden las partes; o cuando liquidada la deuda judicialmente con los intereses, el juez mandase pagar la suma que resultare y el deudor fuese moroso en hacerlo. Serán válidos los acuerdos de capitalización de intereses que se basen en la evolución periódica de la tasa de interés de plaza".

C.C.bras. Art.993.

C.C.esp. Art. 1109:

"Los intereses vencidos devengan el interés legal desde que son judicialmente reclamados, aunque la obligación haya guardado silencio sobre este punto. En los negocios comerciales se estará a lo que dispone el Código de Comercio. Los Montes de Piedad y Cajas de Ahorro se regirán por sus reglamentos especiales".

C.C.port. Art. 560.

C.C.urug. Art. 2215:

"Los intereses no pueden producir intereses sino por una convención especial".

❖ **ANCILLA** (pronunc.: *"ancila"*).

Sust. y adj.: Esclava, sirvienta.

❖ **AN DEBEATUR** [55]

Adv.: Lo que se debe. Un resarcimiento dado, o una cierta pretensión.

❖ **AN ET QUANTUM DEBEATUR.** [56]

En cuanto se deba. Si se debe.

❖ **ANGARIE**

Sust.: Angaría. Impuesto. Contribución obligatoria.

❖ **ANIMI IUDICIUM**

Sust.: Discernimiento, intención.

❖ **ANIMUS** [57]

Sust.: Ánimo. Intención. Motivo subjetivo. Elemento intencional de los actos jurídicos.

C.C.arg. *Art. 4015, según ley 17.711:*

"Prescríbese también la propiedad de cosas inmuebles y demás derechos reales por la posesión continua de veinte años, con ánimo de tener la cosa para sí, sin necesidad de título y buena fe por parte del poseedor, salvo lo dispuesto respecto a las servidumbres, para cuya prescripción se necesita título".

C.C.bras. *Art. 485.*

C.C.esp. *Art. 430:*

"Posesión natural es la tenencia de una cosa o el disfrute de un derecho por una persona. Posesión civil es esa misma tenencia o disfrute unidos a la intención de haber la cosa o derecho como suyos".

C.C.port. *Art. 1263.*

C.C.urug. *Art. 646:*

"La posesión es la tenencia de una cosa o el goce de un derecho por nosotros mismos con ánimo de dueños o por otro en nombre nuestro".

❖ ANIMUS CONTRAHENDI [58]

Intención o voluntad de contratar. Propuesta, promesa, consentimiento.

C.C.arg. *Art. 946:*

"Los actos jurídicos son unilaterales o bilaterales. Son unilaterales cuando basta para formarlos la voluntad de una sola persona, como el testamento. Son bilaterales si requieren el consentimiento unánime de dos o más personas".

C.C.esp. *Art. 1258:*

"Los contratos se perfeccionan por el mero consentimiento, y desde entonces obligan, no sólo al cumplimiento de lo expresamente pactado, sino también a todas las consecuencias que, según su naturaleza, sean conformes a la buena fe, al uso y a la ley".

C.C.port. *Art. 228.*

C.C.urug. *Art. 1262:*

"No habrá consentimiento obligatorio sin que la propuesta de una parte haya sido aceptada por la otra. La propuesta consiste en la manifestación que hace una de las partes de querer constituirse en alguna obligación para con la otra. En los contratos bilaterales, la primera propuesta importa aceptación anticipada de la segunda; y la aceptación de aquélla importa segunda propuesta".

❖ ANIMUS REM SIBI HABENDI [59]

Intención de tener una cosa como propia. Ánimo de apropiarse.

C.C.arg. *Art. 2351:*

"Habrá posesión de las cosas cuando alguna persona, por sí o por otro, tenga una cosa bajo su poder, con intención de someterla al ejercicio de un derecho de propiedad".
Ver las restantes citas en "Animus".

❖ ANNATA

Sust.: Renta, fruto o servicio que se paga anualmente.

❖ **A NON DOMINO**

Adv. y adj.: Adquirido como sin dueño. Cuando el que transfiere no es propietario, ya que nadie puede dar más de lo que tiene; o cosa que proviene de quien no es dueño.

❖ **A NOVO** [60]

Adv.: De nuevo. Ejemplo: remitir el tribunal superior a otro tribunal diferente del de primera instancia el proceso, para que vuelva a sentenciarlo, como en el caso de casación por la forma.

C.G.P.urug. *Art. 277.2:*

"Si la sentencia se casare por vicio de forma, la Suprema Corte de Justicia anulará el fallo y remitirá el proceso al tribunal que deba subrogar al que se pronunció, a fin de que continúe conociendo desde el punto en que se cometió la falta que dio lugar a la nulidad, sustanciándolo con arreglo a derecho".

C.P.C.port. *Art. 715.*

❖ **ANTICHRESIS** (pronunc.: *"anticresis"*).

Sust.: Anticresis. Contrato mediante el cual se recibe un bien inmueble en garantía, pudiéndose cobrar únicamente con sus frutos.

C.C.arg. *Art. 3239:*

"La anticresis es el derecho real concedido al acreedor por el deudor, o un tercero por él, poniéndole en posesión de un inmueble, y autorizándolo a percibir los frutos para imputarlos anualmente sobre los intereses del crédito, si son debidos; y en caso de exceder, sobre el capital, o sobre el capital solamente si no se deben intereses".

C.C.bras. *Art. 756.*

C.C.esp. *Art. 1881:*

"Por la anticresis, el acreedor adquiere el derecho de percibir los frutos de un inmueble de su deudor con la obligación de aplicarlos al pago de los intereses, si se debieren, y después al del capital de su crédito".

C.C.urug. Art. 2249:

"La anticresis es un contrato por el que se entrega al acreedor una cosa raíz para que se pague con sus frutos".

❖ **ANTIQUO IURE UTOR**

Prefiero la ley antigua. O sea: voto en contrario una nueva propuesta.

❖ **APEX IURIS** [61]

Sust. y adj.: La sutileza del Derecho. Argumentación jurídica maliciosa o capciosa.

❖ **APICES IURIS, NO SUNT IURA.** [62]

Las sutilezas jurídicas no constituyen el Derecho.

❖ **APOCHA** (pronunc.: *"ápoca"*).

Sust.: Recibo.

❖ **A POSTERIORI**

Adv.: Después de, ulteriormente. Ver: "A priori".

❖ **A POTIORI**

Adv.: Por lo más poderoso. Por el argumento más fuerte en un razonamiento.

❖ **APPARITORES**

Sust.: Alguaciles. Oficiales de justicia.

❖ **APPELATIO**

Sust.: Apelación. Recurso de alzada ante el juez superior.

❖ **A PRIMORDIO TITULO, SEMPER POSTERIOR FORMATUR EVENTUS.**

Un acontecimiento posterior se aclara por el título primitivo.

❖ **A priori**

Adv.: Conjetura que se apoya en una hipótesis y no en un hecho anterior.

❖ **Apud**

Adv.: Junto a, en casa de, en presencia de, en, en el libro de.

❖ **Apud acta** [63]

Adv.: En el mismo documento, dentro del expediente.

❖ **A quo**

Sust. y pron.: Del cual, magistrado contra el cual se recurre ante el superior. **Díes a quo**: día inicial de un término. Ver: "Ad quem".

❖ **Arbiter est qui inter partis iudicis assumit officium, non qui amicabiliter componit.** [64]

El árbitro interviene en función de juez, no como amigable componedor [según el glosador medieval Bártolo].

❖ **Arbiter nihil extra compromissum facere potest.** [65]

El árbitro nada puede hacer fuera del compromiso.

C.G.P.urug. Art. 499:

"Contra el laudo arbitral no habrá más recurso que el de nulidad, que corresponderá en los casos siguientes: [...] 2. Por haberse expedido sobre puntos no comprometidos [...]".

C.P.C.C.N.arg. Art. 754:

"Los árbitros pronunciarán su fallo sobre todas las pretensiones sometidas a su decisión, dentro del plazo fijado en el compromiso, con las prórrogas convenidas por los interesados en su caso. Se entenderá que han quedado también sometidas las cuestiones meramente accesorias y aquellas cuya sustanciación ante los árbitros hubiese quedado consentida".

❖ **ARBITRIUM**

Sust.: Arbitrio. Laudo arbitral. Arbitraje.

❖ **ARBITRIUM BONI VIRI**

Arbitraje de un hombre bueno, de buena fe, correcto. Como en el Derecho francés, resoluciones del "prud'homme".

❖ **ARGENTARIUS** (pronunc.: *"arguentarius"*). [66]

Sust.: [de "argentus": plata]. Banquero.

❖ **ARRHA** [67]

Sust.: Arra. Suma de dinero que consigna el adquirente al vendedor a título de garantía.

❖ **ARRHA IN SIGNUM CONSENSI INTERPOSIT DATA.** [68]

Las arras se conceden en señal de consentimiento.

C.C.arg. Art. 1189:

"Si en el instrumento público se hubiese estipulado una cláusula penal, o el contrato fuese hecho dándose arras, la indemnización de las pérdidas e intereses consistirá en el pago de la pena, y en el segundo en la pérdida de la señal, o su restitución con otro tanto".

C.C.esp. Art. 1454:

"Si hubiesen mediado arras o señal en el contrato de compra y venta, podrá rescindirse el contrato allanándose el comprador a perderlas, o el vendedor a devolverlas duplicadas".

C.C.port. Art. 442.

❖ **ARS**

Sust.: Arte, artificio, trabajo creador.

❖ **ARS LONGA, VITA BREVE**

El arte es largo; la vida, breve. O sea: la creación humana es muy amplia; la vida es corta.

❖ **ARTICULO MORTIS, IN** [69]

En inminente peligro de muerte. Matrimonio celebrado en caso de peligro de muerte. Matrimonio "in extremis".

❖ **A SIMILI**

Adv.: A semejanza. Por igual razón.

❖ **ASPICERE**

Verb.: Mirar, contemplar.

❖ **ASSUMSIT**

Demanda por incumplimiento de contrato.

❖ **AST - AT**

Conj.: Pero, por el contrario, sin embargo.

❖ **ATQUE**

Conj.: Y (delante de vocal).

❖ **AUCTORITAS**

Sust.: Autoridad. Autorización. Validez y legitimidad de un acto o documento. Poder de convalidar y legitimar. Poder del magistrado.

❖ **AUDIATUR ALTERA PARS** [70]

Oída la contraparte.

Const.urug. *Art. 66:*

"Ninguna investigación parlamentaria o administrativa sobre irregularidades, omisiones o delitos, se considerará concluida mientras el funcionario inculpado no pueda presentar sus descargos y articular su defensa".

❖ **AUDIATUR ET ALTERA PARS.** [71]

Y oída la contraparte. Que se oiga a la otra parte.

❖ **AUDIT ALTERAM PARTEM** [72]

Adv.: Oye u oyendo a la otra parte.

❖ **AUDITUS**

Sust: y adj.: Oído.

❖ **AUT CEDAT AUT SOLVET.** [73]

Que cada uno ceda sus bienes o que pague.

C.C.port. Art. 831.

C.C.urug. Art. 2359:

"La cesión de bienes es el abandono voluntario que el deudor hace de todos los suyos al acreedor o acreedores cuando, a consecuencia de accidentes inevitables, no se halle en estado de pagar sus deudas".

❖ **AUTIO** (pronunc.: *"aucio"*) **HASTÆ** [74]

Adv.: Bajo "hasta". Subasta, remate. El "hasta" era la lanza que en Roma se colocaba como signo de que el predio o la cosa señalada se remataban: o sea estaban "bajo hasta, sub-hasta".

❖ **AUT VERBA AUT RE** [75]

Por las palabras o por los hechos.

B

❖ **Baccalaureus**
Sust.: Bachiller. Persona que ha completado el primer grado académico o la enseñanza secundaria.

❖ **Baccinum**
Sust.: Bacinilla. Fuente pequeña.

❖ **Baculum**
Sust.: Báculo, cayado, palo.

❖ **Beatus**
Sust. y adj.: Beato, dichoso.

❖ **Beatus qui possidet.**
Voc.: Feliz el que posee.

❖ **Belligerans** (pronunc.: *"beliguerans"*).
Sust. y adj.: Beligerante. Que está en guerra.

❖ **Bellum** (pronunc.: *"bélum"*).
Sust.: Guerra.

❖ **Bellum omnium erga omnes**

Guerra de todos contra todos. Falta de solidaridad de los seres humanos. Ver: "Homo homini lupus".

❖ **Beneficia non obtruduntur.**

Los beneficios no se obtienen por la fuerza.

❖ **Beneficium restitutionis** (pronunc.: *"restitucionis"*) **transit ad heredes.** [76]

El beneficio de restitución se transmite a los herederos.

C.C.arg. Art. 58:

"Este Código protege a los incapaces, pero sólo para el efecto de suprimir los impedimentos de su incapacidad, dándoles la representación que en él se determina y sin que se les conceda el beneficio de restitución, ni ningún otro beneficio o privilegio".

C.C.esp. Art. 978:

"Estará además obligado el viudo o viuda, al repetir matrimonio, a asegurar con hipoteca: 1º. La restitución de los bienes muebles no enajenados en el estado en que estuvieren al tiempo de su muerte [...]".

C.C.port. Art. 473.

❖ **Benigna iuris interpretatione** (pronunc.: *"interpretacione"*). [77]

Interpretación amplia o benigna de la ley.

❖ **Benignius leges** (pronunc.: *"legues"*) **interpretandae sunt.** [78]

Las leyes deben interpretarse amplia o benignamente.

❖ **Bibo - bibere**

Verb.: Beber.

❖ **Bimus**

Adj.: Que tiene dos años.

❖ **BIPERTIRE**
Verb.: Bipartir. Dividir en dos partes.

❖ **BIS DE EADEM RE NE SIT ACTIO** (pronunc.: *"accio"*). [79]
No debe repetirse la acción relativa a un mismo acto. Ver: "Non bis in eadem".

❖ **BIS PECCAT QUI CRIMEN NEGAT.**
Delinque dos veces quien niega su delito.

❖ **BONA - BONORUM**
Adj. y Sust.: Buena, bienes.

❖ **BONÆ FIDEI POSSESSOR LOCO DOMINI EST, ET BONA FIDES ET TANTUNDEM PRÆSTAT QUANTUM VERITAS DOMINO.** [80]
El poseedor de buena fe está en el lugar del dueño, porque ella le da tanto derecho como el verdadero dominio al propietario.

❖ **BONA FIDEI IUDICIO EXCEPTIONES** (pronunc.: *"excepciones"*) **PACTI INSSUNT.**
Las excepciones a lo pactado deben ser interpretadas de buena fe.

❖ **BONA FIDEI POSSESSOR SUOS FACIT FRUTUS CONSUMPTOS.** [81]
El poseedor de buena fe hace suyos los frutos consumidos.

C.C.arg. *Art. 2358:*

"La buena fe del poseedor debe existir en el origen de la posesión, y en cada hecho de la percepción de los frutos, cuando se trate de frutos percibidos".

C.C.esp. *Art. 451:*

"El poseedor de buena fe hace suyos los frutos percibidos mientras no sea interrumpida legalmente la posesión. Se entienden percibidos los frutos naturales e industriales desde que se alzan o separan. Los frutos civiles se consideran producidos por días, y pertenecen al poseedor de buena fe en esa proporción".

C.C.urug. Art. 694:

"El poseedor de buena fe hace suyos los frutos, y sólo debe restituir los percibidos después de la contestación a la demanda [...]".

❖ **Bona fides** [82]

Buena fe.

C.C.esp. Art. 433:

"Se reputa poseedor de buena fe al que ignora que en su título o modo de adquirir exista vicio que lo invalide [...]".

C.C.port. Art.1260.

C.C.urug. Art. 1207:

"La buena fe consiste en creer que aquel de quien se recibe la cosa es dueño y puede enajenarla con arreglo a lo dispuesto en el art. 693. La buena fe se presume, mientras no se pruebe lo contrario,y basta que haya existido al tiempo de la adquisición".

❖ **Bona fides est ilæsa** (pronunc.: *"ilesa"*) **conscientia** (pronunc.: *"conciencia"*) **putantis rem suam esse.** [83]

La buena fe es la sincera convicción de creer que la cosa es suya. Ver: "Bona fides".

❖ **Bona fiscalis** [84]

Bienes fiscales.

C.C.arg. Art. 2339:

"Las cosas son bienes públicos del Estado general que forma la Nación, o de los Estados particulares de que ella se compone, según la distribución de los poderes hecha por la Constitución Nacional; o son bienes privados del Estado general o de los Estados particulares".

C.C.bras. Art. 65, III.

C.C.esp. art. 339:

"Son bienes de dominio público: 1º. Los destinados al uso público, los canales, ríos, torrentes, puertos y puentes construidos por el Estado, las riberas, playas, radas y otros análogos".

C.C.urug. Art. 477:

"Los bienes de propiedad nacional, cuyo uso pertenece a todos los habitantes del Estado, se llaman bienes nacionales de uso público o bienes públicos del Estado. Los bienes de propiedad nacional cuyo uso no pertenece generalmente a los habitantes, se llaman bienes privados del Estado o bienes fiscales".

❖ **Bona intelliguntur cuiusque, quæ deducto aere alieno supersunt.**

Se entiende por bienes de cada uno, los que quedan, deducidas las deudas [según el jurista romano Paulo, en el "Digesto"].

❖ **Bona quæ non moveri possunt** **[85]**

Bienes que no pueden ser movidos. Inmuebles.

C.C.arg. Art. 2314:

"Son inmuebles por su naturaleza las cosas que se encuentran por sí mismas inmovilizadas, como el suelo y todas las partes sólidas o fluidas que forman su superficie y profundidad: todo lo que está incorporado al suelo de una manera orgánica, y todo lo que se encuentra bajo el suelo sin el hecho del hombre".

C.C.bras. Art. 43.

C.C.esp. Art. 334:

"Son bienes inmuebles: 1º. Las tierras, edificios, caminos y construcciones de todo género adheridas al suelo [...]".

C.C.urug. Art. 463:

"Inmuebles o fincas o bienes raíces son las cosas que no se pueden transportar de un lugar a otro, como las tierras, las minas y los edificios. Las casas y heredades se llaman predios o fundos".

❖ **BONA QUÆ TANGI** (pronunc.: *"tangui"*) **NON POSSUNT EST QUAE IN IURE CONSISTENT.** [86]

Los bienes que no se pueden tocar [incorporales] consisten en derechos.

C.C.urug. *Art. 471:*

"Los bienes incorporales son derechos reales o personales".

❖ **BONARUM GESTIUM** (pronunc.: *"guéstium"*).

Gestión de negocios. Administración de bienes.

❖ **BONI MORES**

Buenas costumbres.

C.C.arg. *Art. 953:*

"El objeto de los actos jurídicos deben ser cosas que estén en el comercio, o que por un motivo especial no se hubiese prohibido que sean objeto de algún acto jurídico o hechos que no sean imposibles, ilícitos, contrarios a las buenas costumbres o prohibidos por las leyes, o que se opongan a la libertad de las acciones o de la conciencia, o que perjudiquen los derechos de un tercero. Los actos jurídicos que no sean conformes a esta disposición, son nulos como si no tuviesen objeto".

C.C.bras. *Art. 395.*

C.C.esp. *Art. 1271:*

"[...] Pueden ser igualmente objeto de contrato todos los servicios que no sean contrarios a las leyes o a las buenas costumbres".

C.C.urug. *Art. 11:*

"No pueden derogarse por convenios particulares, las leyes en cuya observancia están interesados el orden público y las buenas costumbres".

❖ **BONITAS**

Bondad. Calidad de bueno.

❖ **BONORUM CESSIO** (pronunc.: *"kesio"*).

Cesión de bienes [del deudor].

C.C.arg. Art. 779:

"El pago queda hecho cuando el acreedor recibe voluntariamente por pago de la deuda alguna cosa que no sea dinero, en sustitución de lo que se le debía entregar o del hecho que se le debía prestar".

C.C.esp. Art. 1175:

"El deudor puede ceder sus bienes a los acreedores en pago de sus deudas. Esta cesión, salvo pacto en contrario, sólo libera a aquél de responsabilidad por el importe líquido de los bienes cedidos. Los convenios que sobre el efecto de la cesión se celebren entre el deudor y sus acreedores se ajustarán a las disposiciones del Título XVII de este Libro y a lo que establece la Ley de Enjuiciamiento Civil".

C.C.port. Art. 831.

C.C.urug. Art. 2359:

"La cesión de bienes es el abandono voluntario que el deudor hace de todos los suyos al acreedor o acreedores cuando, a consecuencia de accidentes inevitables, no se halle en estado de pagar sus deudas".

❖ **BONORUM VENDITIO** (pronunc.: *"vendicio"*). [87]

Venta forzada de bienes. Ejecución de los bienes del deudor.

❖ **BONUS IUDEX VARIE EX PERSONIS CUASISQUE CONSTITUET.**

El buen juez juzga de manera diferente según las personas y las situaciones ["Digesto"].

❖ **BONUS PATER FAMILIÆ**

Sust. y adj.: Buen padre de familia.

C.C.esp. Art. 1889:

"El gestor oficioso debe desempeñar su encargo con toda la diligencia de un buen padre de familia, e indemnizar los perjuicios que por su culpa o negligencia se irroguen al dueño de los bienes o negocios que gestione. Los tribunales, sin embargo, podrán moderar la importancia de la indemnización según las circunstancias del caso".

C.C.urug. Art. 1310:

"El agente oficioso está obligado a emplear en la gestión todos los cuidados de un buen padre de familia, y será responsable de los perjuicios que por su culpa o negligencia resulten al dueño de los bienes o negocio que tomó a su cargo. Los tribunales, sin embargo, podrán moderar la indemnización según las circunstancias del caso".

❖ **Bos - bovis**

Sust.: Bovino, buey, vaca.

❖ **Brevi manu**

Adv.: Mano a mano. Por propia mano.

❖ **Brevis temporis spatio** (pronunc.: *"spacio"*).

En breve espacio de tiempo. En poco tiempo.

❖ **Brevitas**

Sust. y adv.: Brevedad.

❖ **Brevitatis causæ**

Adv.: Por razones de brevedad.

❖ **Brocardi - broccardo**

Sust.: Brocardos. Máximas jurídicas en latín. Por el glosador medieval alemán, del siglo XII, Burckhard.

❖ **Bulla** (pronunc.: *"bula"*).

Bula papal. Billete. Medalla. Sello de lacre o plomo de un documento.

C

❖ **Caducus**
Adj.: Caduco. Lo que caduca. Viejo, anciano.

❖ **Cæcus** (pronunc.: *"kecus"*).
Sust. y adj.: Ciego.

❖ **Cædes**
Sust.: Lesión, herida, golpe.

❖ **Caens**
Adj.: Que cae. Decadente. Que caduca.

❖ **Calamo currente**
Adv: Al correr de la pluma. Escribir en forma rápida e improvisadamente.

❖ **Calamus**
Sust.: Caña, flauta. Pluma para escribir.

❖ **Callidus** (pronunc.: *"cálidus"*).
Adj.: Diestro, hábil, sagaz.

❖ **Calumnia est quævit versutia, qua alteroter litigantibus adversarium suum circunvenire conatur.** [88]

La calumnia es toda clase de astucias [chicanas] con las que un litigante procura demorar a su adversario.

❖ **Calumniari est falsa crimina intendere.** [89]

Calumniar es atribuir falsamente a otro un delito [según el jurista latino Marciano].

C.P.bras. *Art. 138.*

C.P.esp. *Parágr. 1, Art. 205:*

"Es calumnia la imputación de un delito hecha con conocimiento de su falsedad o temerario desprecio hacia la verdad".

C.P.urug. *Art. 179:*

"[Calumnia y simulación de delito] El que a sabiendas denuncia a la autoridad, policial o judicial, o a un funcionario público el cual tenga la obligación de dirigirse a tales autoridades, un delito que no se ha cometido, o que simule los indicios de un delito, en forma que proceda la iniciación de un procedimiento penal para su averiguación, será castigado con tres a veinticuatro meses de prisión".

❖ **Canis**

Sust.: Perro.

❖ **Capciosa exceptio nocet excipienti.**

La excepción capciosa perjudica a quien la opone.

❖ **Capite censi**

Que se censan por cabeza. Se decía de los proletarios porque se los censaba personalmente, uno a uno.

❖ **Capitis deminutio** (pronunc.: *"deminucio"*).

Pérdida de derechos: de la libertad, de la ciudadanía o de la capacidad civil.

❖ **Capitis minutio** (pronunc.: *"minucio"*) **est status permutatio** (pronunc.: *"permutacio"*).
La cápitis minutio [capacidad restringida] es una disminución de la capacidad jurídica [según el jurista romano Gayo].

❖ **Caput si ius non esset, caput si quid sacri sancti.** [90]
Es nulo [el documento] contrario a la ley; y es nulo también si la ley no lo consagra. Ley inconstitucional. Decreto ilegal.

❖ **Carcer**
Sust.: Cárcel, prisión. Detención, reclusión.

❖ **Care**
Adj.: Caro, oneroso.
Portugués: subido de preço; inglés: costly; francés: cher.

❖ **Caritas**
Sust.: Caridad, amor, carestía.

❖ **Carmen**
Sust.: Canto, poesía.

❖ **Carmina** (pronunc.: *"cármina"*).
Sust. y adj.: Poesías, canciones, color cárdeno [rojo del sol poniente]. Tintura roja.

❖ **Castra**
Sust.: Castillo, campamento, fortaleza.

❖ **Castratus**
Sust. y adj.: Castrado. Que le han mutilado los órganos sexuales. Impotente.

❖ **CASUM SENTIT DEBITOR**

El caso fortuito es riesgo del deudor [en Roma, a diferencia del Derecho moderno].

❖ **CASUM SENTIT DOMINUS**

El propietario asume el caso fortuito.

❖ **CASUM SENTIT IS QUEM TANGIT** (pronunc.: *"tánguit"*). [91]

El caso fortuito lo soporta aquél al que atañe.

C.C.arg. *Art. 514:*

"Caso fortuito es el que no ha podido preverse, o que previsto no ha podido evitarse".

C.C.bras. *Art. 1058.*

C.C.esp. *Art. 1891:*

"El gestor de negocios responderá del caso fortuito cuando acometa operaciones arriesgadas que el dueño no tuviese costumbre de hacer, o cuando hubiese pospuesto el interés de éste al suyo propio".

C.C.urug. *Art. 1343:*

"No se deben daños y perjuicios, cuando el deudor no ha podido dar o hacer la cosa a que estaba obligado o ha hecho lo que le estaba prohibido, cediendo a fuerza mayor o por caso fortuito (Art. 1549). No se entienden comprendidos en la regla antedicha, los casos siguientes: 1º Si alguna de las partes ha tomado sobre sí especialmente los casos fortuitos o la fuerza mayor. 2º Si el caso fortuito ha sido precedido de alguna culpa suya, sin la cual no habría tenido lugar la pérdida o inejecución. 3º Si el deudor había caído en mora antes de realizarse el caso fortuito; debiéndose observar lo dispuesto en el Capítulo VI, Título III, Parte Primera de este Libro".

❖ **CASUS A NULLO** (pronunc.: *"nulo"*).

Nadie es responsable por el caso fortuito.

❖ **CASUS BELLI** (pronunc.: *"beli"*).

Sust., adv. y adj.: Caso, asunto o motivo de guerra.

❖ **Casus fortuitum definimus: omne quod humano cœptu** (pronunc.: "*keptu*") **prævidere non potest, nec cui prævisto potest resisti.**

Definimos el caso fortuito como el que excede las previsiones humanas y que, de ser previsto, no puede resistirse.

C.C.arg. *Art. 514:*

"Caso fortuito es el que no ha podido preverse, o que previsto, no ha podido evitarse".

C.C.esp. *Art. 1105:*

"Fuera de los casos expresamente mencionados en la ley, y de los en que así lo declare la obligación, nadie responderá de aquellos sucesos que no hubieran podido preverse o que, previstos, fueran inevitables".

❖ **Casus fortuitus a mora excusat.**

El caso fortuito excusa la mora.

❖ **Causa criminalis non præiudicat civile.**

La causa penal no impide la acción civil.

C.P.P.urug. *Art. 27:*

"[Ejercicio separado de las acciones civil y penal] La acción civil y la acción penal que se fundan en el mismo hecho ilícito deberán ejercitarse separada e independientemente en las sedes respectivas".

❖ **Causa iudicata individua est.**

La cosa juzgada es indivisible.

❖ **Causam dans**

Adv.: Por causa de. Causahabiente. Persona que da origen a una situación jurídica.

❖ **Causa petendi** [92]

Causa de la petición. Motivo u objeto de la demanda. Fundamento de la pretensión.

❖ **CAUTIO** (pronunc.: "*caucio*").
Sust.: Caución, garantía.

❖ **CAVEAT EMPTOR.**
Tenga cuidado el comprador. Que el adquirente sea precavido y haga efectiva la garantía por vicio de la cosa, en su caso.

❖ **CAVE CANEM.**
¡Cuidado con el perro!, indicación que los propietarios de perros peligrosos anotaban en la entrada de sus casas en las urbes romanas.

❖ **CEDANT ARMÆ, TOGÆ, CONCEDANT LAUREA, LAUDI.**
Cedan las armas ante la toga [el poder militar ante las autoridades civiles] y concédanse honores a la gloria cívica [según Cicerón].

❖ **CERTATIM**
Adv.: En competencia, a porfía, con empeño.

❖ **CERTIORARI**
Sust.: Revisión del juicio por el juez superior, para "cerciorarse" de su legitimidad [la consulta].

❖ **CERTISSIMUM EST EX ALTERIUS CONTRACTU NEMINEM OBLIGARI.** [93]
Es muy cierto que nadie se obliga por contrato de otro.

❖ **CESSANTE CAUSA, CESSAT EFFECTUS.** [94]
Cesando la causa, cesa el efecto.

❖ **CESSANTE INTERESSE, AGENS NON AUDITUR.** [95]
Cesando el interés, no debe oírse al accionante. No hay audiencia sin interés legítimo. Regla de que no hay derecho a la acción sin interés legítimo.

C.C.port. *Art. 26.*

C.G.P.urug. *Art.11. 2:*

"Para proponer o controvertir útilmente las pretensiones es necesario invocar interés y legitimación en la causa".

❖ **CESSIO FIT INVITO DEBITOR** [96]

La cesión puede hacerse sin la voluntad del deudor.

❖ **CETERIS PARIBUS**

Adv.: Lo demás queda igual. Queda invariado el resto del documento.

❖ **CETERUM** (pronunc.: *"céterum"*).

Adv.: De otro modo. Por lo demás. Origen de nuestro "etcétera": **"et-ceterum"**.

❖ **CHIROGRAPHUM** (pronunc.: *"quirógrafum"*).

Sust.: Quirógrafo. Título de crédito. Título-valor. Título de obligación por un crédito.

❖ **CIRCA**

Adv.: Cerca de, alrededor de.

❖ **CITO** (pronunc.: *"kito"*).

Adv.: Rápidamente. En seguida.

❖ **CIVIS** (pronunc.: *"kivis"*).

Sust.: Ciudadano.

❖ **CIVIS** (pronunc.: *"kivis"*) **ROMANUS** [97]

Ciudadano romano.

❖ **CLAUSULARUM REPUGNANTIA** (pronunc.: *"repugnancia"*) **SEMPER CAPIENDA EST EA INTERPRETATIO** (pronunc.: *"interpretacio"*) **PER QUAM FIAT UT UTRAQUE CLAUSULA OPERETUR.** [98]

En caso de cláusulas contradictorias debe interpretarse de modo que cada cláusula mantenga su eficacia.

C.C.esp. Art. 1286:

"Las palabras que puedan tener distintas acepciones serán entendidas en aquella que sea más conforme a la naturaleza y objeto del contrato".

C.C.urug. Art. 1300:

"Las cláusulas susceptibles de dos sentidos, del uno de los cuales resultare la validez y del otro la nulidad del acto, deben entenderse en el primero. Si ambas dieren igualmente validez al acto, deben tomarse en el sentido que más convenga a la naturaleza del contrato y a las reglas de la equidad".

❖ **CODEX**

Código. Libro de hojas unidas en forma de bloc.

❖ **CODEX ACCEPTI ET EXPENDI**

Sust.: Libro de contabilidad, para las entradas y los gastos y salidas.

C.Com.port. Art. 31.

C.Com.urug. Art. 54:

"Todo comerciante está obligado a tener libros de registro de su contabilidad y de su correspondencia mercantil. El número y forma de esos libros queda enteramente al arbitrio del comerciante, con tal que sea regular y lleve los libros que la ley señala como indispensables".

❖ **CODICILLUS** (pronunc.: *"codicilus"*).

Sust.: Codicilo. Libro pequeño. Escrito del testador modificando o ampliando el texto de su testamento.

❖ **COELEBS** (pronunc.: *"celebs"* o *"kelebs"*).

Sust. y adj.: Célibe, soltero. Viudo o divorciado que no volvió a celebrar matrimonio.

❖ **COERCITIO** (pronunc.: *"coercicio"*).

Sust.: Coerción, represión. Prerrogativa de los magistrados con imperio: jueces, etc.

❖ **COGITO** (pronunc.: *"cóguito"*).
Verb.: Pensar, meditar.

❖ **COGNATI**
Sust.: Cognados, afines. En el Derecho romano, parientes por vía materna. Sobrinos. Personas con un antepasado común femenino.

❖ **COGNICIO CAUSÆ**
Sust.: Examen del juicio por el juez.

❖ **COGNITIO** (pronunc.: *"cognicio"*).
Sust.: Conocimiento, examen.

❖ **COIUNGO**
Verb.: Unir, atar.

❖ **COMA**
Sust.: Cabellera.

❖ **COMITIA** (pronunc.: *"comicia"*).
Sust.: Comicios. Asamblea popular. Elecciones.

❖ **COMMODISSIMUM EST IN AMBINGUIS ID ACCIPI QUO RES DE QUA AGITUR** (pronunc.: *"aguítur"*) **MAGIS** (pronunc.: *"maguis"*) **VALEAT QUAM PEREAT.** [99]
En caso de ambigüedad, es mejor interpretar en favor de la validez del negocio que de su nulidad [según el jurista Juliano].

C.C.esp. Art. 1285:

"Las cláusulas de los contratos deberán interpretarse las unas por las otras, atribuyendo a las dudosas el sentido que resulte del conjunto de todas".

C.C.urug. Art. 1300:

"Las cláusulas susceptibles de dos sentidos, del uno de los cuales resultare la validez y del otro la nulidad del acto, deben entenderse en el primero. Si ambas dieran igualmente validez al acto, deben tomarse en el sentido que más convenga a la naturaleza del contrato y a las reglas de la equidad".

❖ **COMMODUM**
Sust.: Utilidad, provecho, emolumento.

❖ **COMMUNIO**
Sust. y adv.: Comunidad. En común. Condominio.

❖ **COMMUNIS OPINIO**
Sust.: Opinión común. Opinión pública. Opinión doctrinaria. Doctrina.

❖ **COMPOS SUI**
Adj.: Patrón de sí. Capaz de comprender y querer. Con autocontrol.

❖ **CONATUS**
Sust.: Conato, tentativa, esfuerzo.

❖ **CONCILIA PLEBIS TRIBUTA**
Sust.: Asamblea pública de la plebe, en Roma.

❖ **CONCORS**
Adj.: Concorde, conforme, unido.

❖ **CONDICIO SINE QUA NON**
Condición sin la cual no. Sin la cual no se acepta lo propuesto o el negocio no es válido. Que no puede sustituirse, necesaria.

❖ **CONDICTIO** (pronunc.: "*condiccio*").
Sust.: Citación a comparecer en juicio o ante la autoridad. Invitación personal.

❖ **CONDICTIO** (pronunc.: "*condiccio*") **INDEBITI**
Acción por lo indebido.

❖ **CONDITIO** (pronunc.: *"condicio"*) **EXISTENS AD INITIUM** (pronunc.: *"inícium"*) **NEGOTII RETROTRAHITUR.**

La condición se retrotrae a la fecha de la iniciación del negocio.

C.C.arg. Art. 543:

"Cumplida la condición, los efectos de la obligación se retrotraen al día en que se contrajo".

❖ **CONDITIO** (pronunc.: *"condicio"*) **IMPOSSIBILIS PRO NON SCRIPTA HABETUR** [100]

La condición imposible se tiene como no escrita.

C.C.arg. Art. 530:

"La condición de una cosa imposible, contraria a las buenas costumbres o prohibida por las leyes, deja sin efecto la obligación".

C.C.bras. Art. 116.

C.C.esp. Art. 1116:

"Las condiciones imposibles, las contrarias a las buenas costumbres y las prohibidas por la ley anularán la obligación que de ella dependa".

C.C.port. Art. 790.

C.C.urug. Art. 1408:

"La condición de cosa físicamente imposible, contraria a las buenas costumbres o prohibida por las leyes, es nula e invalida la obligación que de ella pende. Se mirará también como imposible la condición que esté concebida en términos inintelígibles".

❖ **CONDUCTIO** (pronunc.: *"conduccio"*). [101]

Sust.: Arrendamiento, locación. Ver: "Locatio".

❖ **CONDUCTIO** (pronunc.: *"conduccio"*) **OPERÆ** [102]

Arrendamiento de obra.

❖ **CONDUCTIO** (pronunc.: *"conducció"*) **OPERARUM** [103]
Arrendamiento de servicios. Relación de trabajo.

❖ **CONDUCTIO** (pronunc.: *"conducció"*) **OPERIS FACIENDI**
Arrendamiento o locación de obra.

❖ **CONFARREATIO** (pronunc.: *"confarreacio"*).
Sust.: Matrimonio solemne, con fórmula de consentimiento.

❖ **CONFESSIO DIVIDI NON DEBET.** [104]
La confesión no debe dividirse.

C.C.esp. Art. 1233:

"La confesión no puede dividirse contra el que la hace, salvo cuando se refiera a hechos diferentes, o cuando una parte de la confesión esté probada por otros medios, o cuando en algún extremo sea contraria a la naturaleza o a las leyes".

C.P.C.C.N.arg. Art. 424:

"[Alcance de la confesión] En caso de duda, la confesión deberá interpretarse en favor de quien la hace. La confesión es indivisible, salvo cuando: 1) El confesante invocare hechos impeditivos, modificativos o extintivos, o absolutamente separables, independientes unos de otros; 2) Las circunstancias calificativas expuestas por quien confiesa fueren contrarias a una presunción legal o inverosímiles; 3) Las modalidades del caso hicieren procedente la divisibilidad".

❖ **CONFESSIO EST REGINA** (pronunc.: *"reguina"*) **PROBATIONEM** (pronunc.: *"probaciónem"*).
La confesión es la reina de las pruebas. Concepto medieval, hoy no compartido.

❖ **CONFUSIO EST CUM DEBITOR ET CREDITOR UNA PERSONA FIT.**
Hay confusión cuando el deudor y el acreedor vienen a ser una misma persona.

C.C.arg. Art. 862:

"La confusión sucede cuando se reúnen en una misma persona, sea por sucesión universal o por cualquier otra causa, la calidad de acreedor y de deudor; o cuando una tercera persona sea heredera del acreedor y del deudor. En ambos casos, la confusión extingue la deuda con todos sus accesorios".

C.C.bras. Art. 1049.

C.C.esp. Art. 1192:

"Quedará extinguida la obligación desde que se reúnan en una misma persona los conceptos de acreedor y deudor. Se exceptúa el caso en que esta confusión tenga lugar en virtud del título de herencia, si ésta hubiese sido aceptada a beneficio de inventario".

C.C.port. Art.868.

C.C.urug. Art. 1545:

"La confusión que se verifica por la reunión de las calidades de acreedor y de deudor principal aprovecha a los fiadores".

❖ **CONIECTURA**

Sust. y adv.: Conjetura.

C.C.urug. Art. 1600:

"Las presunciones son consecuencias conjeturales que la ley o el magistrado sacan de un hecho conocido a otro desconocido".

❖ **CONNUBIUM**

Sust.: Matrimonio legítimo.

❖ **CONSCIUS FRAUDIS** [105]

Adj.: Consciente o conocedor del fraude.

C.C.arg. Art. 968:

"Si la acción de los acreedores es dirigida contra un acto del deudor a título oneroso, es preciso para la revocación del acto, que el deudor haya querido por ese medio defraudar a sus acreedores, y que el tercero con el cual ha contratado, haya sido cómplice en el fraude".

C.C.esp. Art. 1111:

"Los acreedores, después de haber perseguido los bienes de que esté en posesión el deudor para realizar cuanto se les debe, pueden ejercitar todos los derechos y acciones de éste con el msmo fin, exceptuando los que sean inherentes a su persona; pueden también impugnar los actos que el deudor haya realizado en fraude de su derecho".

C.C.port. Art. 21.

C.C.urug. Art. 1545:

"La confusión que se verifica por la reunión de las calidades de acreedor y de deudor principal aprovecha a los fiadores".

❖ **CONSECRATIO** (pronunc.: *"consecracio"*).
Sust.: Consagración.

❖ **CONSENSUS FACIT** (pronunc.: *"fákit"*) **NUPCIAS** [106]
El consentimiento hace las nupcias. El consentimiento es necesario para que haya nupcias. Ver: "Affectio maritatis".

C.C.esp. Art. 45:

"No hay matrimonio sin consentimiento matrimonial. La condición, término o modo del consentimiento se tendrá por no puesta".

C.C.port. Art. 1617.

C.C.urug. Art. 91:

"Son impedimentos dirimentes para el matrimonio: [...] 2º La falta de consentimiento en los contrayentes [...]".

❖ **CONSILII NON FRAUDULENTI NULLA OBLIGATIO** (pronunc.: *"obligacio"*) **EST.**
El consejo no fraudulento no crea obligación alguna. No se es responsable del consejo no fraudulento. Regla 6ª del Derecho español antiguo.

❖ **CONSTITUTIONES** (pronunc.: *"constituciones"*) **TEMPORE POSTERIORIS POTIORES PRIORIBUS.** [107]

Las normas jurídicas posteriores prevalecen sobre las anteriores.

C.C.arg. Art. 3:

[Según la ley 17.711] "A partir de su entrada en vigencia, las leyes se aplicarán aun a las consecuencias de las relaciones y situaciones jurídicas existentes. No tienen efecto retroactivo, sean o no de orden público, salvo disposición en contrario. La retroactividad establecida por la ley, en ningún caso podrá afectar derechos amparados por garantías constitucionales".

C.C.bras. Parág. 3, Art. 2.

C. C.esp. Art. 2:

"[...] 2. Las leyes sólo se derogan por otras posteriores. La derogación tendrá el alcance que expresamente se disponga y se extenderá siempre a todo aquello que en la ley nueva, sobre la misma materia, sea incompatible con la anterior. Por la simple derogación de una ley no recobran vigencia las que ésta hubiere derogado [...]".

C.C.port. Art. 12.

❖ CONSUETUDO [108]

Uso. Derecho consuetudinario. Norma de uso. Derecho usual.

C.C.arg. Art. 17:

"Los usos y costumbres no pueden crear derechos sino cuando las leyes se refieren a ellos o en situaciones no regladas legalmente".

C.C.bras. Art. 1807.

C.C.esp. Art. 1:

"1º. Las fuentes del ordenamiento jurídico son la ley, la costumbre y los principios generales del derecho[...]. 3º. La costumbre sólo regirá en defecto de ley aplicable, siempre que no sea contraria a la moral o al orden público y que resulte probada. Los usos jurídicos que no sean meramente interpretativos de una declaración de voluntad tendrán la consideración de costumbre [...]".

C.C.port. Art. 3.

C.C.urug. Art. 9:

"[...] La costumbre no constituye derecho, sino en los casos en que la ley se remite a ella [...]".

❖ **CONSUETUDO, OPTIMA LEGUM INTERPRE.**

La costumbre es la mejor interpretación de las leyes. Ver: "Consuetudo".

❖ **CONTRACTUS IMAGINARII** (pronunc.: *"imaguinari"*) **IURIS VINCULUM NON OBTINENT, QUUM FIDES FACTI SIMULATUR NON INTERCEDENTE VERITATE.**

Los contratos imaginarios no crean vínculos jurídicos cuando se simula la realidad de un hecho, no mediando la verdad [según el jurista Modestino].

❖ **CONTRACTUS SIMULATUS VALET SECUNDUM ID QUOD ACTUM EST, SI EO MODO VALERE POSSIT.** [109]

El contrato simulado vale, según ha sido hecho, si de ese modo pudiera valer.

❖ **CONTRA LEGEM** (pronunc.: *"léguem"*).

Adv.: Contrario a la ley. Ilegal.

❖ **CONTRA NATURAM**

Adv. y adj.: Contrario a la naturaleza. Contra la moral y las buenas costumbres. Relación sexual antinatural.

❖ **CONTRA OFFICIUM PIETATIS** [110]

Contra el debido respeto.

C.P.bras. Art. 208.

C.P.esp. Parágr. 1, Art. 524:

"El que en templo, lugar destinado al culto o en ceremonias religiosas, ejecutare actos de profanación en ofensa de los sentimientos religiosos legalmente tutelados, será castigado con la pena de prisión de seis meses a un año o multa de cuatro a diez meses".

C.P.urug. Art. 306:

"[Ofensa al culto por el ultraje público a las personas que lo profesan o a los ministros del culto] El que de cualquier manera ofendiere alguno de los cultos tolerados en el país, ultrajando públicamente a sus ministros o a las personas que profesan dicho culto, será castigado con tres a doce meses de prisión".

❖ **CONTRA SCRIPTUM TESTIMONIUM NON SCRIPTUM NON FERTUR.** [111]

Contra el documento escrito carece de eficacia el testimonio no escrito.

C.C.arg. Art. 975:

"En los casos en que la expresión por escrito fuere exclusivamente ordenada o convenida, no puede ser suplida por ninguna otra prueba, aunque las partes se hayan obligado a hacerlo en un tiempo determinado y se haya impuesto cualquier pena; el acto y la convención sobre la pena son de ningún efecto".

C.C.port. Art. 364.

C.C.urug. Art. 1594:

"No se admitirá prueba de testigos respecto de una obligación que haya debido consignarse por escrito".

❖ **CONVENTIO** (pronunc.: *"convencio"*) **LEGEM** (pronunc.: *"léguem"*) **DAT CONTRACTUI.**

La convención da fuerza de ley al contrato.

C.C.arg. Art. 1197:

"Las convenciones hechas en los contratos forman para las partes una regla a la cual deben someterse como a la ley misma".

C.C.bras. Art. 1080.

C.C.esp. Art. 1278:

"Los contratos serán obligatorios, cualquiera sea la forma en que se hayan celebrado, siempre que en ellos concurran las condiciones esenciales para su validez".

C.C. port. Art. 406.

C.C.urug. Art. 1291:

"Los contratos legalmente celebrados forman una regla a la cual deben someterse las partes como a la ley misma [...]".

❖ **Conventio** (pronunc.: *"convencio"*) **perficit emptionem.** [112]
La convención perfecciona la venta.

❖ **Cooptatio** (pronunc.: *"cooptacio"*).
Sust.: Cooptación. Elección para un cargo por el predecesor, o para un órgano colegiado por los otros colegas.

❖ **Corpus delicti** [113]
Cuerpo del delito. Elemento material del delito.

❖ **Creditor - creditori**
Sust. y adj.: Acreedor, acreedores.

❖ **Cretio** (pronunc.: *"crecio"*). [114]
Sust.: Aceptación solemne de la sucesión.

❖ **Crimen anonæ** (pronunc.: *"anone"* o *"anonai"*, según la época). [115]
Sust.: Delito de ocultación de artículos alimenticios.

❖ **Crimen maiestatis** [116]
Sust.: Crimen político. Crimen contra la majestad del Estado.

❖ **Cui prodest?**
¿A quién favorece? Cláusula del Derecho penal romano, para saber a quién favorece un delito.

❖ **CUIQUE DEFENSIO TRIBUENDA.** [117]

Se debe conceder a todos el derecho de defensa [según Tácito].

Const. bras. *Art. 5, LXIII.*

Const. esp. *Art. 24, 2:*

"[...] Asimismo, todos tienen derecho al Juez ordinario predeterminado por la ley, a la defensa y a la asistencia de letrado, a ser informados de la acusación formulada contra ellos, a un proceso público sin dilaciones indebidas y con todas las garantías, a utilizar los medios de pueba pertinentes para su defensa, a no declarar contra sí mismos, a no confesarse culpables y a la presunción de inocencia [...]".

Const. port. *Art. 32.*

Const. urug. *Art. 66:*

"Ninguna investigación parlamentaria o administrativa sobre irregularidades, omisiones o delitos se considerará concluida mientras el funcionario inculpado no pueda presentar sus descargos y articular su defensa".

❖ **CUIUS COMMODA, EIUS ET INCOMMODA.**

Quien obtiene ventajas, debe estar también a las desventajas.

❖ **CULPA EST QUOD CUM A DILIGENTE PROVIDERE POTUIT NON EST PROVISUM.**

Constituye culpa el no haber previsto lo que habría previsto una persona diligente [Paulo].

❖ **CULPA LATA DOLO AEQUIPARATUR.** [118]

La culpa grave se equipara al dolo.

❖ **CUM PRINCIPALIS CAUSA NON CONSISTAT, NEC EA QUIDEM QUÆ SECUUNTUR LOCUM HABENT.** [119]

Cuando no subsiste lo principal, no puede subsistir lo secundario o accesorio.

❖ **CUM QUIS IUS IGNORANS INDEBITAM PECUNIAM SOLVERIT CESSAT** (pronunc.: *"késat"*) **REPETITIO** (pronunc.: *"repeticio"*). [120]

El que paga lo indebido por ignorar el Derecho, no puede repetir lo pagado.

C.C.arg. Art. 784:

"El que por un error de hecho o de derecho se creyere deudor y entregase alguna cosa o cantidad en pago, tiene derecho a repetirla del que la recibió".

❖ **CUM TUM**

Prep. y adv.: También, además, no sólo.

❖ **CUM VOLUERO**

Adv.: Cuando yo quiera.

❖ **CUR?**

Adv.: ¿Por qué? ¿Para qué?

❖ **CURATOR REI DATUR**

Dar curador a los bienes.

❖ **CURIA** [121]

Sust.: Corte, juzgado, conjunto de jueces y sus auxiliares (abogados, procuradores, alguaciles, etc.). Clanes gentilicios, órgano colegiado de la iglesia.

❖ **CURSUS HONORUM**

Carrera política de los honores.

❖ **CUUM CUIQUE TRIBUERE** [122]

Verb.: Dar a cada uno lo suyo.

D

❖ **DA MIHI FACTUM, DABO TIBI IUS.** [123]

Muéstrame los hechos, y te mostraré el Derecho. El juez sólo necesita que le indiquen los hechos, porque ya conoce el Derecho.

❖ **DAMNATIO** (pronunc.: *"damnacio"*) **MEMORIÆ**

Condena de la memoria. Cancelación del recuerdo. Pena del Derecho romano para borrar el recuerdo de los malos gobernantes.

❖ **DAMNUM EMERGENS** (pronunc.: *"emerguens"*).

Daño emergente. Pérdida patrimonial directa o inmediata.

C.C.arg. Art. 519:

"Se llama daños e intereses al valor de la pérdida que haya sufrido, y el de la utilidad que haya dejado de percibir el acreedor de la obligación, por la inejecución de ésta a debido tiempo".

C.C.esp. Art. 1106:

"La indemnización de daños y perjuicios comprende, no sólo el valor de la pérdida que hayan sufrido, sino también el de la ganancia que haya dejado de obtener el acreedor, salvas las disposiciones contenidas en los artículos siguientes".

C.C.port. Art. 564.

C.C.urug. Art. 1345:

"Los daños y perjuicios debidos al acreedor, a no ser de los fijados por la ley o convenidos por los contratantes son, en general, de la pérdida que ha sufrido y del lucro de que se le ha privado, con las modificaciones de los artículos siguientes".

❖ **DAMNUM NON FACIT QUI IURE SUO UTITUR.** **[124]**

No daña quien usa de su derecho. Regla 14ª del antiguo Derecho español.

C.C.esp. Art. 7:

"1. Los derechos deberán ejercitarse conforme a las exigencias de la buena fe. La ley no ampara el abuso del derecho o el ejercicio antisocial del mismo. 2. Todo acto u omisión que por la intención de su autor, por su objeto o por las circuncunstancias en que se realice sobrepuje manifiestamente los límites normales del ejercicio de un derecho, con daño para tercero, dará lugar a la correspondiente indemnización y a la adopción de las medidas judiciales o administrativas que impidan la persistencia en el abuso".

C.C.port. Art. 334.

C.C.urug. Art. 1321:

"El que usa de su derecho no daña a otro, con tal que no haya exceso de su parte. El daño que pueda resultar no le es imputable".

❖ **DAMNUM, QUOD QUIS SUA CULPA SENTIT, SIBI ET NON ALTERI DEBET IMPUTARI.**

El daño que alguien recibe por su culpa, a él mismo y no a los demás debe imputarse.

❖ **DATIO** (pronunc.: *"dacio"*) **IN SOLUTUM**

Dación por el saldo. Pago total de una deuda.

❖ **DE**

Prep.: De, acerca de, desde, sobre.

❖ **DEBEO - DEBERE**

Verb. y adj.: Deber. Ser deudor.

❖ **DEBITOR DATUR ELECTIO** (pronunc.: *"eleccio"*) **IN ALTERNATIVIS.** [125]

En las obligaciones alternativas, el deudor puede elegir.

C.C.arg. *Art. 637:*

"En las obligaciones alternativas corresponde al deudor la elección de la prestación de uno de los objetos comprendidos en la obligación".

C.C.esp. *Art. 1132:*

"La elección corresponde al deudor, a menos que expresamente se hubiese concedido al acreedor. El deudor no tendrá derecho a elegir las prestaciones imposibles, ilícitas o que no hubieran podido ser objeto de la obligación".

C.C.port. *Art. 548.*

❖ **DEBITORUM PACTIONIBUS CREDITORUM PETITIO** (pronunc.: *"peticio"*) **NEC TOLLI NEC MUTARI POTEST.**

La acción [que corresponde a los] acreedores no puede extinguirse por el pacto [que se haga] entre los deudores.

❖ **DE CUIUS**

Difunto "de cuya muerte" se trata.

❖ **DE DIE IN DIEM**

De día en día: lo que varía con el tiempo.

❖ **DEDITICII**

Extranjeros vencidos, considerados presa de guerra. Prisioneros, propiedad de sus vencedores.

❖ **DEFINITIVA SENTENTIA** (pronunc.: *"sentencia"*) **QUÆ CONDENATIONEM** (pronunc.: *"condenaciónen"*) **VEL ABSOLUTIONEM** (pronunc.: *"absolucionen"*) **NON CONTINET PRO IUSTA NON HABET.** [126]

No se considera justa la sentencia que no condena ni absuelve. Ver: "Iura novit curia".

C.C.arg. *Art. 15:*

"Los jueces no pueden dejar de juzgar bajo el pretexto de silencio, oscuridad o insuficiencia de las leyes".

C.C.esp. *Art. 7:*

"Los Jueces y Tribunales tienen el deber inexcusable de resolver en todo caso los asuntos de que conozcan, ateniéndose al sistema de fuentes establecido".

C.C.port. *Art. 8.*

C.C.urug. *Art. 15:*

"Los jueces no pueden dejar de fallar en materia civil, a pretexto de silencio, oscuridad o insuficiencia de las leyes".

❖ **DE IURE CONDENDO**

Adv.: De Derecho posible o Derecho futuro.

❖ **DE IURE CONDITO**

Adv.: De Derecho presente, existente, ya acreditado.

❖ **DE MINIMA** (o "de minibus") **NON CAVET IUDEX.** [127]

Que el juez no se ocupe de las minucias, de los aspectos intrascendentes del proceso.

C.C.port. *Art. 137.*

C.G.P.urug. *Art. 9:*

"El tribunal, y bajo su dirección los auxiliares de la jurisdicción, tomarán las medidas necesarias para lograr la más pronta y eficiente administración de la justicia, así como la mayor economía de la realización del proceso".

❖ **DE MINIMIS NON CURAT PRÆTOR.** [128]

De lo mínimo no se ocupa el juez. Ver: "De minima non cavet iudex".

❖ **DEPERDITUM INTELLIGINTUR** (pronunc.: *"inteliguíntur"*) **QUOD IN RERUM NATURA ESSE DISSIT.**

Se tiene por perdido lo que dejó de existir [según el jurista y codificador latino Gayo]. La cosa perece cuando es destruida, para quien la posee.

❖ **DESTITISSE IS VIDETUR, NON QUI DISTULIT SED QUI LITIS RENUNCIAVIT.** [129]

No se tiene por desistido al que difirió la acción, sino al que renuncia totalmente al proceso [según el jurista y colaborador del Códex, Ulpiano].

❖ **DE SUO, NON DE ALIENO IURE, QUENQUE AGUERE OPORTET.** [130]

Cada cual puede accionar por su propio derecho, no por el ajeno [según Ulpiano]. Legitimación procesal.

❖ **DICTUM - DICTUS** (según la pronunc. más antigua: *"díchum - dicus"*).

Sust.: Dicho, palabra.

❖ **DIES** (pronunc.: *"díes"*).

Sust.: Día, plazo, fecha.

❖ **DIES A QUO NON COMPUTARIN TERMINO, DIES A QUEM COMPUTATOR.** [131]

En el cálculo de un término, no se cuenta el día inicial ni el final.

C.C.esp. Art. 5:

"1. Siempre que no se establezca otra cosa, en los plazos señalados por días, a contar de uno determinado, quedará éste excluido del cómputo, el cual deberá empezar en el día siguiente; y si los plazos estuviesen fijados por meses o años, se computarán de fecha a fecha. Cuando en el mes de vencimiento no hubiera día equivalente al inicial del cómputo, se entenderá que el plazo expira el último del mes. 2. En el cómputo civil de los plazos no se excluyen los días inhábiles".

C.C.port. *Art. 279.*

C.C.urug. *Art. 1439:*

"En el plazo nunca se cuenta el día de la fecha, de manera que una obligación de diez días, pactada el primero de enero, no vence el diez, sino el once. Siendo feriado el día del vencimiento, la obligación será exigible el día inmediato posterior que no fuere feriado".

❖ **Dies dominicus non est iuridicus.** **[132]**

Los días festivos [domingos] no se cuentan a los efectos jurídicos. Ver citas en la regla anterior.

❖ **Dies interpellat pro homine.**

El plazo de la intimación debe interpretarse a favor del intimado.

❖ **Difficilius qui potest, idem et facilius facit.**

El que puede hacer lo difícil, puede hacer también lo fácil.

❖ **Difficultas non vitiant** (pronunc.: *"vician"*) **actum.**

La dificultad no vicia el acto.

❖ **Diligens** (pronunc.: *"dilíguens"*). **[133]**

Adj.: Diligente, cuidadoso.

Portugués: diligente, expedito; inglés: diligent, assiduous; francés: diligent, soigneux.

C.C.arg. *Art. 512:*

"La culpa del deudor en el cumplimiento de la obligación consiste en la omisión de aquellas diligencias que exigiere la naturaleza de la obligación, y que correspondiesen a las circunstancias de las personas, del tiempo y del lugar".

C.C.esp. *Art. 1094:*

"El obligado a dar una cosa lo está también a conservarla con la diligencia propia de un buen padre de familia".

C.C.port. *Art. 487, 2.*

C.C.urug. *Art. 1344:*

"Se entiende por culpa la falta del debido cuidado o diligencia. Puede ser grave o leve. Sea que el negocio interese a una sola de las partes, ya tenga por objeto la utilidad común de las partes, sujeta al obligado a toda la diligencia de un buen padre de familia, esto es, a prestar la culpa leve. Esa obligación, aunque regulándose por un solo principio, es más o menos extensa según la naturaleza del contrato o el conjunto de circunstancias, en los casos expresamente previstos por este Código".

❖ **DIMINUTIO** (pronunc.: *"diminucio"*).

Part.: Disminución, reducción, rebaja de condición. Ver.: "Capitis diminucio".

❖ **DIU**

Adv.: Mucho tiempo. Durante mucho tiempo.

❖ **DIVIDE ET IMPERA**

Divide y reina.

❖ **DOCTOR AD CONSILIUM PRAESTANDUM COGI POTEST.**

El sabio –o el jurista– puede ser compelido a dar su consejo [según Decio].

❖ **DOCTOR QUI IMPERITE CONSULUIT, DAMNUM PASSO SATISFACERE TENETUR.**

El abogado que aconseja imperitamente debe satisfacer el daño que cause [según Decio].

❖ **DO - DARE**

Verb.: Dar, entregar.

❖ **DOLUS**

Sust.: Dolo, daño intencional.

Portugués: dolo, fraude, má-fé; inglés: fraud, trick; francés: fraude, tromperie.

C.C.arg. *Art. 931:*

"Acción dolosa para conseguir la ejecución de un acto, es toda aserción de lo que es falso o disimulación de lo verdadero, cualquier artificio, astucia o maquinación que se emplee con ese fin".

C.C.esp. *Art. 1269:*

"Hay dolo cuando, con palabras o maquinaciones insidiosas de parte de uno de los contratantes, es inducido el otro a celebrar un contrato que, sin ellas, no hubiera hecho".

C.C.port. *Art. 254.*

C.C.urug. *Art. 1319:*

"[...] Cuando el hecho ilícito se ha cumplido con dolo, esto es, con intención de dañar constituye un delito; cuando falta esa intención de dañar, el hecho ilícito constituye un cuasidelito [...]".

❖ **DOLUS A FRAUDE DIFFERT VELUT GENUS A SPECIE.**

El dolo difiere del fraude como el género, de la especie. O sea: el dolo es el género y el fraude, la especie.

❖ **DOLUS BONUS**

Engaño lícito [en el régimen de libre mercado es aceptable el artificio publicitario].

❖ **DOLUS EST CONSILIUM ALTERI NOCENDI.**

Dolo es el propósito de perjudicar con el consejo a los demás. Ver: "Dolus".

❖ **DOMINE**

Sust.: Señor, dueño, maestro, persona poderosa o soberbia.

❖ **DOMINICA**

Día domingo. En la lengua religiosa: día del Señor, día de Dios.

Portugués: domingo; inglés: sunday; francés: dimanche.

❖ **DOMINUS**

Sust. y adj.: Dueño, propietario, señor.

❖ **DOMINUS MALUS, QUOD FIERI VIDET NON VETANS QUUM POSSIT, VIDETUR CONSENTIRE, ET CONSORS IN FACTO ESSE.** [134]

Es mal señor quien ve hacer el mal a quien se lo puede impedir, y se considera que, por consentirlo, es parte de ello [según el comentador español Gregorio López, glosando las "Partidas"]. Responsabilidad por el hecho del dependiente.

C.C.arg. Art. 1113, inc. 1:

"La obligación del que ha causado un daño se extiende a los daños que causaron los que están bajo su dependencia, o por las cosas de que se sirve o tiene a su cuidado [...]".

C.C.bras. Art. 1521.

C.C.esp. Art. 1903:

"La obligación que impone el artículo anterior [de reparar el daño] es exigible no sólo por los actos u omisiones propios, sino por los de aquellas personas de quienes se debe responder [...]".

C.C.port. Art. 491.

C.C.urug. Art. 1324:

"Hay obligación de reparar no sólo el daño que se causa por el hecho propio, sino también el causado por el hecho de las personas que uno tiene bajo su dependencia o por las cosas de que uno se sirve o están a su cuidado [...]".

❖ **DOMUM IUDICIS INGREDI.**

Entrar en casa del juez. Se dice así del que visita al juez para obtener su favor. Probables delitos de colusión o soborno o tentativa de ellos.

❖ **DOMUS**

Sust.: Casa, hogar.

❖ **DOMUS TUTISSIMUN CUISQUE REFUGIUM ATQUE RECEPTACULUM EST.** [135]

El hogar es, para cada cual, seguro refugio y amparo [según Gayo].

Const. arg. *Art. 18:*

"Ningún habitante de la Nación puede ser penado sin juicio previo fundado en ley anterior al hecho del proceso, ni juzgado por comisiones especiales, o sacado de los jueces designados por la ley antes del hecho de la causa. Nadie puede ser obligado a declarar contra sí mismo; ni arrestado sino en virtud de orden escrita de autoridad competente. Es inviolable la defensa en juicio de la persona y de los derechos. El domicilio es inviolable, como también la correspondencia epistolar y los papeles privados; y una ley determinará en qué casos y con qué justificativos podrá procederse a su allanamiento y ocupación. Quedan abolidos para siempre la pena de muerte por causas políticas, toda especie de tormento y los azotes. Las cárceles de la Nación serán sanas y limpias, para seguridad y no para castigo de los reos detenidos en ellas, y toda medida que a pretexto de precaución conduzca a mortificarlos más allá de lo que aquélla exija, hará responsable al juez que la autorice".

Const. bras. *Art. 5, XI.*

Const. esp. *Art. 18, num. 2:*

"El domicilio es inviolable. Ninguna entrada o registro podrá hacerse sin el consentimiento del titular o resolución judicial, salvo el caso de flagrante delito".

Const. port. *Art. 34.*

Const. urug. *Art. 11:*

"El domicilio es un sagrado inviolable. De noche, nadie podrá entrar en él sin consentimiento de su jefe, y de día, sólo de orden expresa de juez competente, por escrito y en los casos determinados por la ley".

❖ **DONUM**

Sust.: Don, regalo, ofrenda.

❖ **DOS**

Sust.: Dote.

❖ **DO UT DES** **[136]**

Doy si das. Te doy porque me das. En el contrato bilateral, prestaciones recíprocas.

C.C.arg. *Art. 1138:*

"Los contratos se denominan en este Código unilaterales o bilaterales. Los primeros son aquellos en que una sola de las partes se obliga hacia a otra sin que ésta quede obligada. Los segundos, cuando las partes se obligan recíprocamente la una hacia la otra".

C.C.esp. *Art. 1274:*

"En los contratos onerosos se entiende por causa, para cada parte contratante, la prestación o promesa de una cosa o servicio por la otra parte; en los remuneratorios, el servicio o beneficio que se remunera, y en los de pura beneficencia, la mera liberalidad del bienhechor".

C.C.urug. *Art. 1248:*

"El contrato se llama unilateral cuando impone obligación a una de las partes solamente; y bilateral o sinalgmático cuando impone a las dos partes obligaciones recíprocas".

❖ **DO UT FACIAS**

Doy si haces. Te doy una cosa si haces algo a mi favor. Ver las citas del enunciado anterior.

❖ **DUÆ** (pronunc.: *"dué"*) **RES VEL PLURES SUNT IN OBLIGATIONE** (pronunc.: *"obligacione"*) **UNA AUTEM IN SOLUTIONE** (pronunc.: *"solucione"*).

La obligación supone dos cosas, la extinción supone una sola. El deudor puede elegir entre dos o más prestaciones a seguir en las obligaciones alternativas. Ver: "Debitori datur electio...".

❖ **DUCE** (vieja pronunc.: *"duke"*) - **DUX**

Sust.: Duque, conductor, jefe, gobernador.

❖ **DUCO**

Verb.: Conducir, guiar, trazar.

❖ **DUM**

Adv. y conj.: Aún, mientras, todavía.

❖ **DUORUM VEL PLURIUM IN SOLIDUM DOMINIUM ESSE NON** [137]
POTEST.

La propiedad "in sólidum" pertenece a una sola persona: no puede ser de dos o de más. Propiedad consolidada.

❖ **DURA LEX, SED LEX.**

La ley severa es ley. La ley, por severa que sea, no deja de ser ley [según Ulpiano].

E

❖ **Ea**

Adv.: Por ahí, de ese modo.

❖ **Eadem**

Adv.: Ídem, igual, el mismo.

❖ **Eadem res, eadem causa**

Para la misma cosa, la misma causa.

❖ **Eadem vis est taciti atque expressi consensus.** [138]

Igual fuerza tiene el consentimiento tácito que el expreso.

C.C.arg. Art. 1145:

"El consentimiento puede ser expreso o tácito. Es expreso cuando se manifiesta verbalmente, por escrito o por signos inequívocos. El consentimiento tácito resultará de hechos o de actos que lo presupongan o que autoricen a presumirlo, excepto en los casos en que la ley exige una manifestación expresa de la voluntad; o que las partes hubiesen estipulado que sus convenciones no fuesen obligatorias sino después de llenarse algunas formalidades".

C.C.bras. Art. 1079.

C.C.esp. Art. 1282:

"Para juzgar de la intención de los contratantes deberá atenderse principalmente a los actos de éstos, coetáneos y posteriores al contrato".

❖ **EAM POPULAREM ACTIONEM** (pronunc.: *"acciónem"*) **DICIMUS QUÆ SUUM IUS POPULI TUETUR.**

Llamamos acción popular a la que ampara el Derecho del pueblo [según el jurista latino Paulo].

❖ **EDICTUM ÆDILIUM CURULIUM**

Sust.: Edicto de los ediles curules.

❖ **EGO**

Pron.: Yo

Portugués: eu; inglés: I; francés: je.

❖ **EI INCUMBIT PROBATIO** (pronunc.: *"probacio"*) **QUI DICIT, NON QUI NEGAT.** [139]

Incumbe la prueba al que afirma, no al que niega.

C.G.P.urug. Art. 139.1:

"Corresponde probar, a quien pretende algo, los hechos constitutivos de su pretensión; quien contradiga la pretensión de su adversario tendrá la carga de probar los hechos modificativos, impeditivos o extintivos de aquella pretensión".

C.P.C.bras. Art. 333.

C.P.C.C.N.arg. Art. 377:

"[Carga de la prueba] Incumbirá la carga de la prueba a la parte que afirme la existencia de un hecho controvertido o de un precepto jurídico que el juez o el tribunal no tenga el deber de conocer. Cada una de las partes deberá probar el presupuesto de hecho de la norma o normas que invocare como fundamento de su pretensión, defensa o excepción. Si la ley extranjera invocada por alguna de las partes no hubiere sido probada, el juez podrá investigar su existencia y aplicarla a la relación jurídica materia del litigio".

C.P.C.port. Art. 516.

❖ **EIUS EST ACTIONEM** (pronunc.: *"acciónem"*) **DENEGARE, QUI POSSIT ET DARE.**

Puede rechazar la acción quien también puede admitirla.

❖ **ELECTA ACTIONE** (pronunc.: *"acción"*) **ALTERA NON COMPETIT.**

Elegida una acción, no compete ejercer otra.

❖ **ELECTA UNA VIA, NON DATUR RECURSUS AD ALIAM.**

Elegido un procedimiento, no se puede recurrir a otro.

❖ **EMANCIPATIO** (pronunc.: *"emancipacio"*).

Emancipación del hijo que estaba bajo patria potestad. Portugués: emancipaçâo; inglés: emancipation; francés: émancipation.

❖ **EMENDATIO** (pronunc.: *"emendacio"*) **LIBELLI** (pronunc.: *"libeli"*). [140]

Verb. y part.: Corregir, rectificar, enmendar la demanda.

C.G.P.urug. *Art. 121.1:*

"Podrá cambiarse la demanda antes de que haya sido contestada".

Art. 121.2:

"Si después de contestada la demanda sobreviniere algún hecho nuevo con influencia sobre el derecho invocado por las partes en el proceso, éstas podrán alegarlo y probarlo en segunda instancia. En todos los casos se concederá a la contraparte las facultades de contradicción y prueba correspondientes".

C.P.C.bras. *Art. 294.*

C.P.C.C.N.arg. *Art. 331:*

"[Transformación y ampliación de la demanda] El actor podrá modificar la demanda antes de que ésta sea notificada. Podrá, asimismo, ampliar la cuantía de lo reclamado si antes de la sentencia vencieren nuevos plazos o cuotas de la misma obligación. Se considerarán comunes a la ampliación los trámites que la hayan precedido y se sustanciará únicamente con un traslado a la otra parte. Si la ampliación, expresa o implícitamente, se fundare en hechos nuevos, se aplicarán las reglas establecidas en el artículo 365".

C.P.C.port. *Art. 1386-1.*

❖ **EMPTIO** (pronunc: *"empcio"*) **CONSENSU PERAGITUR** (pronunc.: *"peraguítur"*). [141]

La compra se perfecciona con el consentimiento [según el jurista Paulo].

❖ **EMPTIO** (pronunc.: *"empcio"*) - **VENDITIO** (pronunc.: *"vendicio"*).

Sust.: Compraventa.

Portugués: compra e venda; inglés: purchase; francés: vente.

❖ **ENCAUSTUS**

Sust.: Pintura al encausto. Tinta roja que sólo usaban los emperadores.

❖ **ENCHIRIDION** (pronunc.: *"enquirídion"*).

Sust.: Pequeño, manual, portátil.

❖ **ENIM**

Adv. y conj.: Porque, pues, en efecto.

❖ **EPISTOLA**

Sust.: Carta, especialmente con valor literario.

❖ **EPITOME**
Sust.: Compendio.

❖ **ERGA OMNES**
Adv.: Hacia todos, para todos, contra todos.

❖ **ERGO**
Conj.: Por tanto, en consecuencia.

❖ **ERRANTIS NULLA** (pronunc.: *"nula"*) **VOLUNTAS EST.**
El error voluntario no puede invocarse a favor.

❖ **ERRARE HUMANUM EST, PERSEVERARE, AUTEM, DIABOLICUM.**
Errar es cosa humana, pero perseverar en el error es diabólico.

❖ **ERROR FACTI CONCURRENS CUM ERRORE IURIS, INDUCIT BONÆ FIDE PRESUMTIONEM** (pronunc.: *"presunciónem"*).
El error de hecho, si concurre con el error de Derecho, induce a presumir la buena fe.

❖ **ERROR IN IUDICANDO**
Error judicial. Error al juzgar.

❖ **ERROR IN PROCEDENDO** [142]
Error procesal. Error en el procedimiento.

C.G.P.urug. *Art. 245:*

"El recurso de reposición procede contra las providencias de trámite y las sentencias interlocutorias, a fin de que el propio tribunal, advertido de su error, puede modificarlas por contrario imperio".

C.P.C.bras. *Art. 250.*

C.P.C.C.N.arg. *Art. 238:*

"[Procedencia] El recurso de reposición procederá únicamente contra las providencias simples, causen o no gravamen irreparable, a fin de que el juez o tribunal que las haya dictado las revoque por contrario imperio".

C.P.C.port. Art. 199.

❖ ERROR IURIS NON INDUCIT MALAM FIDEM.

El error de Derecho no supone mala fe [según el glosador medieval Bártolo].

❖ EST HOC INTERDICTUM, QUOD VULGO "UTI POSSIDETIS" APPELLATUR (pronunc.: *"apelátur"*), RETINDÆ POSSESSIONIS NAM HUSUS REI CAUSA REDDITUR, NE VIS FIAT EI QUI POSSIDET. [143]

Este interdicto, que se llama vulgarmente "**uti possidetis**", es para retener la posesión; se da con la finalidad de evitar que se haga violencia al que posee [según el jurista latino Ulpiano].

C.C.arg. Art. 2487:

"Las acciones posesorias tienen por objeto obtener la restitución o manutención de la cosa".

C.C.bras. Art. 499.

C.C.esp. Art. 446:

"Todo poseedor tiene derecho a ser respetado en su posesión; y si fuere inquietado en ella, deberá ser amparado y restituido en dicha posesión por los medios que las leyes de procedimiento establecen".

C.C.port. Art. 1276.

C.C.urug. Art. 658:

"Las acciones posesorias se dirigen a conservar o recuperar la posesión de bienes raíces o derechos reales constituidos en ellos".

❖ EST PERSONALIS HÆC AD EXHIBENDUM ACTIO (pronunc.: *"accio"*) ET EI COMPETIT, QUI IN REM ACTURUS EST QUALICUMQUE IN REM ACTIONE (pronunc.: *"accione"*). [144]

La acción "ad exhibendum" es personal y corresponde al que ha de ejercer una acción real cualquiera sobre una cosa [según el jurista Ulpiano]. Ver: "Exhibere...".

❖ **ETIAM** (pronunc.: *"éciam"*).
Conj. y adv.: También, además, aún.

❖ **ETIAM** (pronunc.: *"éciam"*) **QUOD NATURA DEBETUR, VENIT IN COMPENSATIONEM** (pronunc.: *"compensaciónem"*).
Lo que naturalmente se debe se incluye en la compensación [según Ulpiano].

C.C.esp. Art. 1167:

"Cuando la obligación consista en entregar una cosa indeterminada o genérica, cuya calidad y circunstancias no se hubiesen expresado, el acreedor no podrá exigirla de la calidad superior, ni el deudor entregarla de la inferior".

C.C.port. Art. 851.

C.C.urug. Art. 1513:

"Verificada la compensación, se extinguen también las fianzas, prendas y demás garantías, y cesa el curso de los intereses, si alguna de las deudas los devengase".

❖ **EUM, QUI CERTUS EST, CERTIORARI** (pronunc.: *"cerciorari"*) **ULTERIUS NON OPORTET.**
No es necesario cerciorarse posteriormente de lo que es cierto.

❖ **EX**
Prep.: De, desde, antes.

❖ **EXCEPTIO** (pronunc.: *"excepcio"*).
Sust.: Excepción, oposición, defensa.
Portugués: exceçâo; inglés: exception; francés: exception.

❖ EXCEPTIO (pronunc.: *"excepcio"*) DICTA EST QUASI QUÆPAM EXCLUSIO, QUÆ OPPONI ACTIONI CUIUSQUE REI SOLET AD EXCLUDENDUM ID, QUOD IN INTENTIONEM (pronunc.: *"intenciónem"*) CONDEMNATIOMNE DEDUCTUM EST.

La excepción fue llamada así como si fuera cierta exclusión que se suele oponer a la acción de cualquier clase, para excluir lo que se comprendió en la demanda o en la condena [según Ulpiano].

❖ EXCEPTIO (pronunc.: *"excepcio"*) IN IURE TERTII FUNDATA NEMINI PROFICIT.

La excepción fundada en el derecho de un tercero no aprovecha a nadie.

❖ EXCEPTIONEM (pronunc.: *"excepciónem"*) OBIICIENS NON VIDETUR DE INTENTIONE (pronunc.: *"intencione"*) ADVERSARII CONFITERI.

El que opone una excepción no se considera confeso respecto a la demanda de su adversario.

❖ EXCEPTIONES (pronunc.: *"excepciones"*) PERPETUÆ ATQUE PERENTORIÆ SUNT, QUÆ SEMPER LOCUM HABENT NEC EVITARE POSSUNT; TEMPORALES ATQUÆ DILATORIÆ SUNT QUÆ NON SEMPER LOCUM HABET SED EVITARE POSSUNT. [145]

Son excepciones perpetuas y dilatorias las que siempre tienen lugar y no se pueden evitar; son temporales y dilatorias las que no siempre tienen lugar, sino que se les puede evitar [según Gayo].

❖ EXCEPTIO (pronunc.: *"excepcio"*) PLURIUM CONCUMBENTIUM (pronunc.: *"concumbéncium"*).

Defensa del acusado de desconocimiento de la paternidad, cuando la madre del niño, a la fecha de la concepción, había tenido relaciones sexuales con varios hombres.

C.C.esp. Art. 134 :

"El ejercicio de la acción de reclamación, conforme a los artículos anteriores, por el hijo o el progenitor, permitirá en todo caso la impugnación de la filiación contradictoria. No podrá reclamarse una filiación que contradiga otra determinada en virtud de sentencia".

C. del N.urug. Art. 184:

"El demandado, para rechazar la acción de paternidad, no podrá excepcionarse en la mala conducta de la mujer".

❖ **EXCURSUS**

Sust.: Digresión.

Portugués: digressâo; inglés: digression; francés: excursion.

❖ **EXCUSATIO** (pronunc.: *"excusacio"*) **NON PETITA, ACUSATIO** (pronunc.: *"acusacio"*) **MANIFESTA.**

Excusa no pedida, es acusación admitida. El que se excusa, se acusa.

❖ **EXHIBERE EST PRÆSENTIAM** (pronunc.: *"presénciam"*) **CORPORIS PRÆBERE.** [146]

Exhibir es poner la cosa de manifiesto.

C.G.P.urug. Art. 309:

"Además de otras de la misma naturaleza, podrá solicitarse como diligencias preparatorias: [...] 2) La exhibición de la cosa mueble que se hubiere de reivindicar, así como su secuestro, si correspondiere; la del testamento, cuando se creyese heredero, legatario o albacea; la de los libros de comercio cuando corresponda y demás documentos pertenecientes a la sociedad, comunidad o asociación; la rendición de cuentas por quien se hallare legalmente obligado a rendirlas, en cuyo caso se seguirá el procedimiento de los artículos 332 y 333 [...]".

C.C.esp. Art. 445:

"La posesión, como hecho, no puede reconocerse en dos personalidades distintas, fuera de los casos de indivisión. Si surgiere contienda sobre el hecho de la posesión, será preferido el poseedor actual, si resultaren dos posesiones, el más antiguo; si las fechas de las posesiones fuesen las mismas, el que presente título; y si todas estas condiciones fuesen iguales, se constituirá en depósito o guarda judicial la cosa, mientras se decide sobre su posesión o propiedad por los trámites correspondientes".

C.P.C.bras. Art. 844, I.

C.P.C.C.N.arg. Art. 325:

"[Trámite de la exhibición de cosas e instrumentos] La exhibición o presentación de cosas o instrumentos se hará en el tiempo, modo y lugar que determine el juez, atendiendo a las circunstancias. Cuando el requerido no los tuviere en su poder deberá indicar, si lo conoce, el lugar en que se encuentren o quien los tiene".

❖ EXILIUM [147]

Sust.: Pena de exilio o destierro.

C.P.bras. Art. 338.

C.P.esp. Parágr. 1, Art. 89, 1:

"Las penas privativas de libertad inferiores a seis años impuestas a un extranjero no residente legalmente en España podrán ser sustituidas por su expulsión del territorio nacional. Igualmente, los jueces o tribunales, a instancia del Ministerio Fiscal, podrán acordar la expulsión del territorio nacional del extranjero condenado a pena de prisión igual o superior a seis años, siempre que haya cumplido las tres cuartas partes de la condena. En ambos casos, será necesario oír previamente al penado [...]".

C.P.urug. Art. 74:

"La pena de destierro importa la expulsión del reo del territorio de la República, con prohibición de regresar a él durante el término de la condena".

❖ **EX LEGE** (pronunc.: *"legue"*).
Adv. y adj.: Según la ley. Conforme a la ley. Legal.

❖ **EX MORE**
Adv.: Según la costumbre. Conforme a lo usual.

❖ **EX NUNC**
Adv.: Desde ahora en adelante. Ver: "Ex tunc".

❖ **EXPEDIT REIPUBLICÆ, NE QUIS RE SUA MALE UTATUR.**
Conviene a la República que nadie use mal de sus bienes.

❖ **EXPENSILATIO** (pronunc.: *"expensilacio"*).
Sust.: Transcripción por escrito, en el libro contable de entradas y salidas, de un crédito concedido en forma verbal.

❖ **EXPRESSO SPECIALIS, OMNEM IMPEDIT EXTENSIONEM.** [148]
La expresión "especial" impide toda interpretación extensiva.

C.C.esp. *Art. 4, num. 2 :*

"Las leyes penales, las excepcionales y las de ámbito temporal no se aplicarán en supuestos ni en momentos distintos de los comprendidos expresamente en ellas".

C.P.urug. *Art. 17:*

"Las disposiciones del presente Código se aplican a los hechos previstos por leyes penales especiales, salvo que en éstas se establezca lo contrario".

❖ **EXTERI**
Sust.: Extranjeros.

❖ **Ex tunc**

Adv.: Desde entonces. Con carácter retroactivo. Ver.: "Ex nunc".

F

❖ **Faber**

Sust.: Obrero, trabajador, artesano. Portugués: obreiro; inglés: worker; francés: ouvrier. Ver: "Locatio".

C.C.arg. *Art. 3891:*

"El crédito del obrero o artesano tiene privilegio por el precio de la obra de mano sobre la cosa mueble que ha fabricado o reparado, mientras la cosa permanezca en su poder".

C.C.bras. *Art. 1224.*

C.C.esp. *Art. 1586:*

"Los criados de labranza, menestrales, artesanos y demás trabajadores asalariados por cierto término o para cierta obra, no pueden despedirse ni ser despedidos antes del cumplimiento del contrato, sin justa causa".

C.C.port. *Art. 1152.*

C.C.urug. *Art. 1838:*

"Están igualmente sujetos a disposiciones especiales las relaciones entre artesanos y aprendices y las de maestros y discípulos".

Const.port. *Art. 54.*

❖ **FACIES** (pronunc.: *"fakies"*).
Sust.: Cara, rostro, faz.
Portugués: cara; inglés: face; francés: face.

❖ **FACILIUS IUDEX QUAM TESTIS REIICITUR.**
Más fácilmente se rechaza a un juez que a un testigo.

❖ **FACIO** (pronunc.: *"fakio"*) **UT DES.** [149]
Hago si das.

C.C.arg. *Art. 1138:*

"Los contratos se denominan en este Código unilaterales o bilaterales. Los primeros son aquellos en que una sola de las partes se obliga hacia la otra sin que ésta quede obligada. Los segundos, cuando las partes se obligan recíprocamente la una hacia la otra".

C.C.bras. *Art. 1092.*

C.C.esp. *Art. 1157:*

"No se entenderá pagada una deuda sino cuando completamente se hubiese entregado la cosa o hecho la prestación en que la obligación consistía".

C.C.urug. *Art. 1250:*

"El contrato oneroso se llama conmutativo cuando cada una de las partes se obliga a dar o hacer una cosa que se mira como equivalente a lo que la otra debe dar o hacer a su vez; y si el equivalente consiste en una contingencia incierta de ganancia o pérdida, se llama aleatorio".

❖ **FACIO** (pronunc.: *"fakio"*) **UT FACIAS** (pronunc.: *"fakias"*).
Hago si haces. Ver normas citadas en el caso anterior.

❖ **FACTA NON PRÆSUMINTUR, SED PROBANTUR.** [150]
Los hechos no se presumen: se prueban.

C.G.P.urug. *Art. 137:*

"[Necesidad de la prueba] Corresponde probar los hechos que invoquen las partes y sean controvertidos. También requieren prueba los hechos, aun admitidos, si se tratare de cuestiones indisponibles".

C.P.C.bras. Art. 333.

C.P.C.C.N.arg. Art. 364 :

"[Pertinencia y admisibilidad de la prueba] No podrán producirse pruebas sino sobre hechos que hayan sido articulados por las partes en sus escritos respectivos. No serán admitidas las que fueren manifiestamente improcentes o superfluas o meramente dilatorias".

C.P.C.port. Art. 516.

❖ **FACTI MAGIS** (pronunc.: *"maguis"*) **QUAM IURIS QUÆSTIO EST.**

Es más una cuestión de hecho, que de Derecho.

❖ **FACTI QUÆSTIO EST IN POTESTATE IUDICANTIS.**

La interpretación de los hechos corresponde a quien juzga.

❖ **FACTI SPECIES** (pronunc.: *"species"*).

Especie de evento [porque puede tratarse de un evento concreto o de un evento abstracto].

❖ **FACTUM**

Sust.: Hecho, acción, hecho memorable, hazaña.
Inglés: fact, event; francés: fait.

❖ **FACTUM A IUDICE QUOD AD OFFICIUM EIUS NON PERTINET, RATUM NON EST.** [151]

No es válido lo actuado por un juez fuera de sus funciones.

C.C.bras. Art. 485, 2.

C.C.port. Art. 67.

C.P.C.C.N.arg. Art. 32:

"[Falta de excusación] Incurrirá en la causal de mal desempeño en los términos de la ley de enjuiciamiento de magistrados, el juez a quien se probare que estaba impedido de entender en el asunto y a sabiendas haya dictado en él resolución que no sea de mero trámite".

Ley Orgánica de la Judicatura uruguaya. *Art. 6:*

"Es jurisdicción de los tribunales la potestad pública que tienen de juzgar y hacer ejecutar lo juzgado en una materia determinada. Es competencia la medida dentro de la cual la referida potestad está distribuida entre los diversos tribunales de una misma materia. La prórroga de jurisdicción está prohibida".

❖ **FACTUM CUIQUE SUUM, NON ADVERSARIO NOCERE DEBET.**

A cada cual debe perjudicar su propio hecho, no a su adversario [según el jurista Paulo].

❖ **FACTUM DEFENDENDI**

El hecho de la defensa.

❖ **FACTUM NEGANTIS NULLA EST PROBATIO** (pronunc.: *"probacio"*). [152]

No hay prueba de los hechos negativos. De los hechos negativos no hay ninguna prueba.

❖ **FACULTAS AGENDI** (pronunc.: *"aguendi"*). [153]

Facultad de accionar o actuar. Derecho subjetivo. Legitimación.

❖ **FÆNUS O FŒNUS** (pronunc.: *"fenus"*).

Sust.: Negocio, lucro, usura, ganancia, interés económico.

❖ **FÆNUS NAUTICUM** [154]

Préstamo marítimo. Mutuo que tenía la finalidad de financiar un transporte marítimo y que, por el enorme riesgo de la navegación en esa época, devengaba intereses muy altos. Préstamo a la gruesa.

C.Com.urug. Art. 1290:

"Préstamo a la gruesa, o a riesgo marítimo, es un contrato por el cual una persona presta a otra cierta cantidad sobre objetos expuestos a riesgos marítimos, bajo la condición de que pereciendo esos objetos, pierda el dador la suma prestada y llegando a buen puerto los objetos, devuelva el tomador la suma con un premio estipulado. El préstamo a la gruesa no puede tener por fin quitar a la tripulación o al tomador del dinero, todo interés en el éxito de la expedición, ni colocar al dador a merced del tomador del dinero".

❖ **FALLITUS, ERGO FRAUDATOR.** [155]

Fallido, por tanto defraudador. El fallido defrauda a sus acreedores.

❖ **FALSUM EST QUOD ANIMO CORRUMPENDÆ VERITATIS IN ALTERIUS FRAUDEM DOLO MALO FIT.** [156]

Falso es lo que se hace para alterar la verdad en fraude de otro, con dolo malo.

❖ **FALSUS CREDITOR EST IS QUI SE SIMULAT CREDITOREM.**

El falso acreedor es quien simula ser tenedor de un crédito [según Ulpiano].

❖ **FAMA EST QUOD A PLERISQUE AUT A MAIORI PARTE DICITUR, VEL VOX TOTIUS POPULI INVETERATA.**

La fama es lo que casi todos o la mayoría dicen, o bien la opinión inveterada de todo el pueblo.

❖ **FAMILIÆ APPELLATIONE ET IPSE PRINCEPS FAMILIÆ CONTINETUR.**

En el nombre de familia se comprende al propio jefe de ella.

❖ **FAMOSA ACTIO**

Acción por difamación. Ver: "Calumniari es falsa crimina...".

C.P.bras. Art. 139.

C.P.urug. Art. 333:

"El que ante varias personas reunidas o separadas, pero de tal manera que pueda difundirse la versión, le atribuyere a una persona un hecho determinado que, si fuere cierto, pudiera dar lugar contra ella a un procedimiento penal o disciplinario, o exponerla al odio o al desprecio público, será castigado con pena de cuatro meses de prisión a tres años de penitenciaría o multa de cuatrocientos pesos a cuatro mil".

❖ **Fas**

Sust.: Derecho sagrado. De allí deriva el adjetivo "fasto", sagrado o favorable, protegido de los dioses.

❖ **Fas est, ius non est.**

Hay favor, facultad, pero no derecho.

❖ **Favor** (pronunc.: *"fávor"*).

Tutela o privilegio que concede el derecho a determinadas personas o categorías de personas, por razones sociales.

❖ **Favorabiliores rei potius quam actores habentur.**

[En caso de duda] más se debe favorecer al reo que al actor. Ver: "In dubio, pro reo".

❖ **Favore libertate receptum est, ut libertas quæ semel competit, non revocetur.**

Por beneficio de la ley, una vez concedida la libertad, nunca puede revocarse. Ver: "Favor libertatis".

❖ **Favor filiorum matrimonio**

[Interpretación] en favor de los hijos legítimos, o del matrimonio.

❖ **Favor libertatis** [157]

En caso de duda, debe optarse por la libertad.

Const.arg. *Art. 19:*

"Las acciones privadas de los hombres que de ningún modo ofendan al orden y a la moral pública ni perjudiquen a un tercero, están sólo reservadas a Dios y exentas de la autoridad de los magistrados. Ningún habitante de la Nación será obligado a hacer lo que no manda la ley, ni privado de lo que la ley no prohíbe".

Const.bras. *Art. 5, II.*

Const.esp. *Art. 17, num.1:*

"Toda persona tiene derecho a la libertad y a la seguridad. Nadie puede ser privado de su libertad, sino con la observancia de lo establecido en este artículo y en los casos y en la forma previstos en la ley [...]".

Const.port. *Art. 27.*

Const.urug. *Art. 10:*

"Las acciones privadas de las personas que de ningún modo atacan el orden público ni perjudican a un tercero, están exentas de la autoridad de los magistrados. Ningún habitante de la República será obligado a hacer lo que no manda la ley, ni privado de lo que ella no prohíbe".

❖ **FAVOR MATRIMONII**

En beneficio de la validez del matrimonio.

❖ **FECI, SED IURE FECI.**

Lo hice, pero con derecho.

❖ **FELLICITER**

Adv.: Felizmente.

❖ **FEMINA EST FINIS FAMILIÆ.** [158]

La mujer es la finalidad de la familia.

❖ **FERE**

Adv.: Casi, aproximadamente, por lo general.

❖ **FERE IN OMNIBUS PŒNALIBUS IUDICIIS ET ÆTATI ET IMPRUDENTIA SUCURRITUR.** [159]

En casi todos los juicios penales se auxilia a los menores [según Paulo].

C.P.bras. *Arts. 27 y 224.*

C.P.esp. *Parágr. 1, Art. 19:*

"Los menores de dieciocho años no serán rsponsables criminalmente con arreglo a este Código. Cuando un menor de dicha edad cometa un hecho delictivo, podrá ser responsable con arreglo a lo dispuesto en la ley que regule la responsabilidad penal del menor".

Art. 183:

"El que, interviniendo engaño, cometiere abuso sexual contra persona mayor de doce años y menor de dieciséis, será castigado con la pena de multa de doce a veinticuatro meses. Cuando el abuso consista en acceso carnal, introducción de objetos o penetración bucal o anal, la pena será de prisión de seis meses a tres años".

C.P.P.port. *Art. 91.*

C.P.urug. *Art. 46:*

"Atenúan el delito cuando no hubieran sido especialmente contempladas por la ley al determinar la infracción, las siguientes: [...] 5º. La minoría de edad, cuando el agente fuere menor de 21 años y mayor de 18".

Art. 272, según ley 16.707:

"Violación. Comete violación el que compele a una persona del mismo o diferente sexo, con violencia o amenazas, a sufrir la conjunción carnal, aunque el acto no llegara a consumarse. La violencia se presume cuando la conjunción carnal se efectúa: 1. Con persona del mismo o diferente sexo, menor de quince años. No obstante, se admitirá prueba en contrario cuando la víctima tuviere doce años cumplidos [...]".

❖ **FERULA**

Palmeta de castigo que usaban los maestros.

❖ **FETUS SEQUITUR VENTREM.**

El feto sigue al vientre. La concepción determina la maternidad.

❖ **FIAT IUSTITIA, PEREAT MUNDU.**

Hágase justicia [aunque] perezca el mundo.

❖ **FIAT LUX**

Hágase la luz. Frase bíblica. Se ha atribuido, como últimas palabras ante la muerte, a Goethe.

❖ **FICTA CONFESSO**

Confesión ficta.

C.C.port. *Art. 356.*

C.G.P.urug. *Art. 153.3:*

"La confesión ficta a que refieren los artículos 149.4 y 150.2 hace pueba, salvo en lo que resultare contradicha por las demás pruebas producidas u otras circunstancias de la causa".

C.P.C.C.N.arg. *Art. 417:*

"Confesión ficta. Si el citado no compareciera a declarar dentro de la media hora de la fijada para la audiencia, o, si habiendo comparecido, rehusare responder o respondiere de una manera evasiva, el juez, al sentenciar, lo tendrá por confeso sobre los hechos personales, teniendo en cuenta las circunstancias de la causa y las demás pruebas producidas. En caso de incomparecencia del absolvente, aunque no se hubiere extendido acta se aplicará lo establecido en el párrafo anterior, si el ponente hubiera presentado oportunamente el pliego de posiciones y el absolvente estuviese debidamente notificado".

C.P.P.bras. *Art. 198.*

❖ **FICTIO** (pronunc.: *"ficcio"*) **CESSAT, UBI VERITAS LOCUM HABET.**

La ficción [del derecho] cesa cuando tiene lugar la verdad.

❖ **FICTIO IDEM OPERATUR QUOD VERITAS.**

La ficción [legal] tiene el mismo efecto que la verdad.

❖ **FICTIO NATURAM IMITATUR QUANTUM POTEST.**

La ficción imita cuanto puede a la naturaleza.

❖ **FIDEIUBERE PRO ALIO POTEST QUIQUE ETIAM** (pronunc.: *"éciam"*) **SI PROMISSOR IGNORET.**

Cualquiera puede ser fiador por otro aunque lo ignore el prometiente.

C.C.bras. *Art. 1484.*

C.C.port. *Art. 628,2.*

❖ **FIDEIUSSIO**

Sust.: Fianza. Garantía personal.

Portugués: fiança, cauçâo ; inglés: guarantee, bond, caution; francés: caution, caucionement.

❖ **FIDEIUSSOR ET IPSE OBLIGATUR, ET HEREDEM OBLIGATUM RELINQUIT,QUUM REILOCUM OBTINEAT.**

El fiador mismo se obliga y deja también obligado al heredero, porque ocupa el lugar del deudor [Ulpiano].

❖ **FIDEIUSSORIS HERES EXEMPLO REI PRINCIPALIS TENETUR.**

El heredero del fiador está obligado al igual que el fiador principal.

C.C.urug. *Art. 2115:*

"Los derechos y obligaciones de los fiadores son transmisibles a sus herederos".

❖ **FIDEIUSSOR NON REQUIRITUR UBI PIGNUS HABETUR.**

Cuando se tiene prenda no es exigible fiador [Decio].

❖ **FIDEIUSSOR NON TENETUR IPSO IURE IN MAIOREM QUANTITATEM QUAM REUS CONDEMNARI POTEST.**

El fiador no está obligado legalmente a mayor cantidad que aquella por la cual el deudor pueda ser condenado [Paulo].

C.C.arg. Art. 1995:

"El fiador puede obligarse a menos y no a más que el deudor principal; pero puede por garantía de su obligación constituir toda clase de seguridades. Si se hubiese obligado a más, se reducirá su obligación a los límites de la del deudor. En caso de duda, si se obligó por menos, o por otro tanto de la obligación principal, entiéndese que se obligó por otro tanto".

C.C.bras. Art. 1487.

C.C.esp. Art. 1826:

"El fiador puede obligarse a menos pero no a más que el deudor principal, tanto en la cantidad como en lo oneroso de las condiciones. Si se hubiera obligado a más, se reducirá su obligación a los límites de la del deudor".

C.C.port. Art. 631.

C.C.urug. Art. 2108:

"El fiador no puede obligarse a más ni en términos más gravosos que el deudor principal, tanto en la cantidad como respecto al tiempo, al lugar, a la condición, al modo de pago o a la pena impuesta por la inejecución del contrato a que acceda la fianza; pero puede a menos o en términos menos gravosos. La fianza que exceda bajo cualquiera de los respectos indicados, deberá reducirse a los términos de la obligación principal. En caso de duda, se adoptará la interpretación más favorable a la conformidad de las dos obligaciones principal y accesoria".

❖ **FIDES**

Sust.: Fidelidad, fe, confianza, lealtad.

❖ **FIDES BONA CONTRARIA EST FRAUDIS ET DOLO.** [160]

La buena fe es contraria al fraude y al dolo.

❖ **FILIA**

Sust.: Hija.

FILIUS

Sust.: Hijo.

❖ **FILIUS, ERGO HAERES.**

Hijo, por tanto, heredero.

❖ **FINE CONCESO, CONCESSA INTELLIGUNTUR MEDIA.**

Concedido el fin, se entiende concedidos los medios.

❖ **FINIS LEGUM CONSISTIT IN ADQUIRENDO, CONSERVANDO, MINUENDO.** [161]

El fin de las leyes consiste en adquirir, conservar o disminuir los derechos.

❖ **FISCUS CÆSARIS**

Fisco del César. Erario público. Fisco.

❖ **FISCUS NON SOLET SATISDARE.**

El fisco no suele dar garantías [según Ulpiano].

❖ **FISCUS SEMPER LOCUPLES**

El fisco siempre es solvente.

❖ **FLUMINA NAVIGABILIA**

Ríos navegables.

C.C.arg. Art. 2340:

"Quedan comprendidos entre los bienes públicos: [...] 3º. Los ríos, sus cauces y demás aguas que corren por cauces naturales y toda otra agua que tenga o adquiera la aptitud de satisfacer usos de interés general, comprendiéndose las aguas subterráneas, sin perjuicio del ejercicio regular del derecho del propietario del fundo de extraer las aguas subterráneas en la medida de su interés y con sujeción a la reglamentación [...]".

C.C.bras. Art. 66.

C.C.esp. Art. 371:

"Las islas que se forman en los mares adyacentes a las costas de España y en los ríos navegables y flotables, pertenecen al Estado".

C.C.urug. Art. 478:

"Son bienes nacionales de uso público: [...] 3º. Los ríos o arroyos navegables o flotables en todo o parte de su curso. Se entenderá por ríos y arroyos navegables o flotables aquellos cuya navegación o flote sea posible natural o artificialmente [...]".

❖ **FŒDUS** (pronunc. arcaica: *"foidus"*; pronunc. del bajo latín: *"fedus"*).
Feudo, acuerdo, tratado, convenio de federación, contrato.

❖ **FŒDUS MATRIMONII**
Contrato matrimonial.

❖ **FŒNEBRE MALUS**
Mal contrato. Usura.

❖ **FORMA DAT ESSE REI.**
La forma da el ser a las cosas.

❖ **FORTUITUS CASUS EST, QUI NULLO HUMANO CONSILIO PRAEVIDERE POTEST.**
El caso fortuito es aquel que ningún buen sentido humano puede prever.

C.C.arg. Art. 514:

"Caso fortuito es el que no ha podido preverse, o que, previsto, no ha podido evitarse".

C.C.esp. Art. 1105:

"Fuera de los casos expresamente mencionados en la ley, y de los en que así lo declare la obligación, nadie responderá de aquellos sucesos que no hubieran podido preverse o que, previstos, fueran inevitables".

C.C.urug. Art. 1343:

"No se deben daños y perjuicios, cuando el deudor no ha podido dar o hacer la cosa a que estaba obligado, o ha hecho lo que le estaba prohibido, cediendo a fuerza mayor o por caso fortuito [...]".

❖ **FRAUDIS INTERPRETATIO SEMPER IN IURE CIVILE NON EST EVENTU DUMTAXAT, SED EX CONSILIO QUOQUE DESIDERATUR.** [162]

En el Derecho civil, la interpretación del fraude se basa no sólo en el resultado, sino también en el propósito.

❖ **FRAUS**

Sust.: Fraude, engaño.

Portugués: fraude, dolo; inglés: fraud, deceit; francés: fraude, mauvaise foi.

❖ **FRAUS LEGIS**

Fraude a la ley.

C.C.port. Art. 21.

❖ **FRAUS NUNQUAM PRÆSUMITUR.**

El fraude nunca se presume.

❖ **FRAUS OMNIA CORRUMPIT.** [163]

El fraude todo lo corrompe.

C.C.arg. Art. 961:

"Todo acreedor quirografario puede demandar la revocación de los actos celebrados por el deudor en perjuicio o en fraude de sus derechos".

C.C.esp. Art. 1111:

"Los acreedores, después de haber perseguido los bienes de que esté en posesión el deudor para realizar cuanto se les debe, pueden ejercitar todos los derechos y acciones de éste con el mismo fin, exceptuando los que sean inherentes a su persona; pueden impugnar también los actos que el deudor haya realizado en fraude de sus derechos".

C.C.urug. Art. 1601:

"La presunción legal es la inherente a actos o hechos determinados por una disposición especial de la ley. Tales son, entre otros: 1º. Los actos que la ley declara nulos, presumiéndolos verificados en fraude de sus disposiciones, por la sola calidad de las personas [...]".

❖ **FRUCTUS AUGENT HEREDITATEM.**

Los frutos aumentan la herencia.

❖ **FRUCTUS NON INTELLEGUNTUR NISI DEDUCTA IMPENSIS.**

Los frutos no se pueden calcular sino rebajando los gastos para producirlos.

C.C.esp. Art. 356:

"El que percibe los frutos tiene la obligación de abonar los gastos hechos por un tercero para su producción, recolección y conservación".

❖ **FRUCTUS NON NATURA, SED IURE PERCIPIUNTUR.**

Los frutos no se perciben por la naturaleza, sino por el derecho.

❖ **FRUCTUS PENDENTES PARS FUNDI VIDENTUR.** [164]

Los frutos pendientes se consideran parte del fundo.

C.C.arg. Art. 2331:

"Las cosas que natural o artificialmente estén adheridas al suelo, como a los predios rústicos o urbanos, son accesorias a los predios".

C.C.port. Art. 212.

C.C.urug. Art. 464:

"Los árboles y plantas son inmuebles, mientras adhieren al suelo por sus raíces. Lo son también los frutos pendientes de las mismas plantas o árboles, en cuanto siguen al fundo en todos los cambios de dominio".

❖ **FRUCTUS QUAMDIU SOLO COHÆRENT FUNDI SUNT.**

Los frutos no separados de la tierra son parte del fundo [según Africano]. Ver las citas de la regla anterior.

❖ **FRUCTUS SINE USU ESSE NON POTEST.**

El derecho a los frutos no existe sin el uso; no puede ser separado.

❖ **FUMUS BONI IURIS** [165]

Apariencia de buen derecho. Hechos que permiten presumir el derecho del peticionante.

C.G.P.urug. Art. 312:

"Podrán adoptarse las medidas cautelares cuando el tribunal estime que son indispensables para la protección de un derecho y siempre que exista peligro de lesión o frustración del mismo por la demora del proceso. La existencia del derecho y el peligro de lesión o frustración deberán justificarse sumariamente".

❖ **FUNDAMENTUM EST IUSTITIÆ** (pronunc.: *"iusticie"*) **FIDES, ID EST DICTERUM CONVENTORUM QUE CONSTANTIA** (pronunc.: *"constancia"*) **ET VERITAS.** [166]

El fundamento de la justicia es la fe; esto es, la firmeza y la verdad de lo dicho y convenido.

❖ **FUNDI APPELLATIONE** (pronunc.: *"appellatione"*) **OMNE ÆDIFICIUM** (pronunc.: *"edificium"*) **ET OMNIS AGER CONTINETUR.** [167]

En la denominación de fundo se comprende todo edificio y todo terreno [según Florentino].

❖ **FUNDI PATRIMONIALES**

Sust.: Fundos o campos patrimoniales.

❖ **FUNDUS SERVIENS O SERVUS**

Sust.: Fundos sirvientes o gravados por servidumbres.

C.C.port. *Art. 1543.*

❖ **FUNUS**

Sust.: Funeral. Fúnebre. Relativo a la muerte.

❖ **FUREM NOCTURNUM SI QUIS OCCIDERIT ITA DEMUM IMPUNE FERET, SI PARCERE EI SINE PERICULO SUO NON PORVIT.** [168]

Si alguno mata a un ladrón de noche, en circunstancias en que, de no hacerlo, pudiese peligrar su vida, no deberá ser penado.

C.P.bras. *Art. 25.*

C.P.esp. *Parágr. 1, Art. 20, inc. 4, Primero:*

"Agresión ilegítima. En caso de defensa de los bienes, se reputará agresión ilegítima al ataque a los mismos que constituya delito o falta y los ponga en grave peligro de deterioro o pérdida inminente. En caso de defensa de la morada o sus dependencias, se reputará agresión ilegítima a la entrada indebida en aquélla o éstas".

C.P.urug. *Art. 26:*

"Legítima defensa. Se hallan exentos de responsabilidad: 1º) El que obra en defensa de su persona o derechos, o de la persona o derechos de otro, siempre que concurran las circunstancias siguientes: a) Agresión ilegítima. b) Necesidad racional del medio empleado para repelerla o impedir el daño. c) Falta de provocación suficiente por parte del que se defiende. Se entenderá que concurren estas tres circunstancias respecto de aquel que durante la noche defiende la entrada de una casa habitada o de sus dependencias, o emplea violencia contra el individuo extraño a ella, que es sorprendido dentro de la casa o de las dependencias [...]".

❖ **FUR - FURIS**

Sust. y adj.: Ladrón.

Portugués: ladrâo; inglés: thief, robber; francés: voleur.

❖ **FURIOSUS NULLUM NEGOTIUM** (pronunc.: *"nulum negocium"*) **CONTRAHERE POTEST.**

El demente no puede celebrar negocio jurídico válido.

C.C.arg. Art. 1041:

"Son nulos los actos jurídicos otorgados por personas absolutamente incapaces por su dependencia de una representación necesaria".

C.C.port. Art. 139.

C.C.urug. Art. 1279:

"Son absolutamente incapaces los impúberes, los dementes y los sordomudos que no pueden darse a entender por escrito. Sus actos no producen ni aun obligaciones naturales y no admiten caución".

❖ **FUR MANIFESTUS EST QUI DEPREHENDITUR CUM FURTO.**

Ladrón manifiesto es el que es aprehendido con el hurto [según Ulpiano]. Ver: "Furtum nec manifestum".

❖ **FUROR EST MENTIS ALIENATIO QUA QUIS OMNI INTELLECTO CARET.**

Locura es la enajenación mental por la cual se carece de toda inteligencia.

❖ **FURTUM**

Sust.: Hurto. Ver: "Abigeatus".

❖ **FURTUM EST CONTRECTATIO REI FRAUDULOSA, LUCRI FACIENDI GRATIA, VEL IPSUS REI, VEL ETIAM USUS EIUS POSSESSIONISVE.**

Hurto es apoderamiento fraudulento de una cosa, para aprovechar, ya sea de la misma cosa, ya también de su uso o posesión.

C.P.esp. Art. 234:

"El que, con ánimo de lucro, tomare las cosas muebles ajenas, sin la voluntad de su dueño, será castigado, como reo de hurto, con la pena de prisión de seis a dieciocho meses, si la cuantía de lo sustraído excede de cincuenta mil pesetas".

C.P.urug. *Art. 340:*

"El que se apoderare de cosa ajena mueble, sustrayéndola a su tenedor, para aprovecharse o hacer que otro se apodere de ella, será castigado con tres meses de prisión o seis años de penitenciaría".

❖ **FURTUM NEC MANIFESTUM**

Hurto oculto. Ver: "Fur a manifestus...".

G

❖ **Gaudium**

Sust.: Gozo, alegría. Los estudiantes medievales cantaban en sus fiestas el "Gaudeamus", canción humorística que significa "gocemos".

❖ **Generalia** (pronunc.: *"gueneralia"*) **generaliter** (pronunc.: *"gueneralíter"*) **intelligenda** (pronunc.: *"inteliguenda"*) **sunt.** [169]

Las cosas generales se han de entender con generalidad o amplitud.

❖ **Generaliter** (pronunc.: *"gueneralíter"*) **lex generalis** (pronunc.: *"gueneralis"*) **accipi debet.**

La ley general excluye toda excepción. Ver máxima anterior.

❖ **Generaliter** (pronunc.: *"gueneralíter"*), **novimus, turpes stipulationes** (pronunc.: *"estipulaciones"*) **nullius** (pronunc.: *"nulíus"*) **esse momenti.** [170]

En general, sabemos, las estipulaciones indebidas carecen de validez.

C.C.arg. *Art. 21:*

"Las convenciones particulares no pueden dejar sin efecto las leyes en cuya observancia estén interesados el orden público y las buenas costumbres".

C.C.bras. *Art. 115.*

C.C.esp. *Art. 1271:*

"Pueden ser objeto de contrato todas las cosas que no están fuera del comercio de los hombres, aun las futuras. Sobre la herencia futura no se podrá, sin embargo, celebrar otros contratos que aquellos cuyo objeto sea practicar entre vivos la división de un caudal, conforme al artículo 1056. Pueden ser igualmente objeto de contrato todos los servicios que no sean contrarios a las leyes o a las buenas costumbres".

C.C.port. *Art. 281.*

C.C.urug. *Art. 11:*

"No pueden derogarse por convenios particulares las leyes en cuya observancia están interesados el orden público y las buenas costumbres".

❖ **GENERALITER** (pronunc.: *"gueneralíter"*) **SI QUID QUISMODI CONTRA IUS VEL UTILITATEM PUBLICAM, IN QUOLIBET NEGOTIO** (pronunc.: *"negocio"*) **PROFESSATUR, NON VALERET.**

En general, no es válida la cosa que en cualquier negocio se haga contra el derecho o la utilidad práctica. Ver citas de la máxima anterior.

❖ **GENERA** (pronunc.: *"guénera"*) **NON PEREUNT.**

El género no perece. Puede extinguirse una cosa en especie, pero no todas las cosas en general.

❖ **GENS** (pronunc.: *"guens"*).

Sust.: Del griego γενοσ [guenos] gente, clan, grupo gentilicio, demos.

❖ **GENUS** (pronunc.: *"guenus"*).
Sust.: Razón, familia, género.

❖ **GENUS** (pronunc.: *"guenus"*) **MASCULINUM COMPLECTITUR ET FEMININUM.**
El género masculino comprende también al femenino. Significa que, cuando se habla de género en forma amplia, la referencia comprende ambos géneros; se trate de cosas, personas u otros seres vivos.

❖ **GENUS** (pronunc.: *"guenus"*) **NUMQUAM** (pronunc.: *"numcuam"*) **PERIT.**
El género nunca se extingue. Vale decir, que si bien un objeto específico puede extinguirse, todo su género, en abstracto, no.

❖ **GENUS** (pronunc.: *"guenus"*) **PERIRE NON CONSETUR.**
No se concibe que el género perezca. Ver la máxima anterior.

❖ **GENUS - SPECIES** (pronunc.: *"guenus - species"*). [171]
Sust. y adj.: Género - especie: lo general y lo especial.

❖ **GESTA** (pronunc.: *"guesta"*) **PER AES ET LIBRAM.** [172]
Solemnidad con pesas y balanza. Negocio solemne. En el Derecho formulario de la vieja Roma, se celebraban contratos en forma pública, ante una balanza –la "romana"– que simbolizaba la equidad comprometida en la convención.

❖ **GESTIO** (pronunc.: *"guestio"*) **PRO HEREDE**
Gestión en favor del heredero.

❖ **GESTOR** (pronunc.: *"guéstor"*) **TENETUR TOTUM REDDERE QUOD AD SE PERVENIT.** [173]
El gestor de negocios debe devolver todo lo que recibió.

C.C.arg. Art. 1911:

"La obligación que tiene el mandatario de entregar lo recibido en virtud del mandato, comprende todo lo que el mandante le confió y de que no dispuso por su orden; todo lo que recibió de tercero aunque lo recibiese sin derecho; todas las ganancias resultantes del negocio que se le encargó; los títulos, documentos y papeles que el mandante le hubiese confiado, con excepción de las cartas e instrucciones que el mandante le hubiese remitido o dado".

C.C.esp. Art. 1720:

"Todo mandatario está obligado a dar cuenta de sus operaciones y a abonar al mandante cuanto haya recibido en virtud del mandato, aun cuando lo recibido no se debiera al segundo".

C.C.port. Art. 465, e.

C.C.urug. Art. 2074:

"El mandatario está obligado a dar cuenta de su administración entregando los documentos relativos, y a abonar al mandante lo que haya recibido en virtud del mandato, aun en el caso de que lo que hubiese recibido no le fuera debido al mandante".

❖ **GRADUS AFFINITATI NULLI** (pronunc.: *"nuli"*) **SUNT.** [174]

La afinidad no tiene grados [según el jurista Modestino].

❖ **GRAMMATICA FALSA NON VITIAT** (pronunc.: *"víciat"*) **INSTRUMENTUM.**

La falta gramatical no vicia el documento.

❖ **GRATUITUM ENIM DEBET ESSE COMMODATUM.** [175]

El comodato debe ser gratuito.

C.C.arg. Art. 2255:

"Habrá comodato o préstamo de uso, cuando una de las partes entregue a la otra gratuitamente alguna cosa no fungible, mueble o raíz, con facultad de usarla".

C.C.bras. Art. 1248.

C.C.esp. Art. 1740:

"Por el contrato de préstamo, una de las partes entrega a la otra, alguna cosa no fungible para que use de ella por cierto tiempo y se la devuelva, en cuyo caso se llama comodato, o dinero u otra cosa fungible, con condición de devolver otro de la misma especie y calidad, en cuyo caso conserva simplemente el nombre de préstamo. El comodato es esencialmente gratuito. El simple préstamo puede ser gratuito o con pacto de pagar interés".

C.C.port. Art. 1129.

C.C.urug. Art. 2216:

"El comodato o préstamo de uso es un contrato por el cual una de las partes entrega a la otra alguna cosa no fungible, mueble o raíz, para que use de ella gratuitamente y se la devuelva en especie".

❖ **Grave est fidem fallere** (pronunc.: "*falere*"). [176]

Es grave faltar a la confianza.

❖ **Gravis testis**

Sust. y adj.: Testigo fidedigno.

❖ **Grex**

Sust.: Grey, rebaño.

❖ **Grosso modo**

Adv.: De manera aproximada. Imperfectamente, groseramente.

H

❖ **HABEAS CORPUS**

Ten la plena potestad sobre tu cuerpo. Mostrad el cuerpo. Tengamos el cuerpo. Expresión impuesta en la Magna Carta inglesa de la Edad Media, para tener la seguridad de la subsistencia y de la integridad de los detenidos, hoy generalmente aceptada por todo el Derecho constitucional.

Const.arg. *Art. 43, inc. 1:*

"Toda persona puede interponer acción expedita y rápida de amparo, siempre que no exista otro medio judicial más idóneo, contra todo acto u omisión de autoridades públicas o de particulares, que en forma actual o inminente lesione, restrinja, altere o amenace, con arbitrariedad o ilegalidad manifiesta, derechos y garantías reconocidos por esta Constitución, un tratado o una ley. En el caso, el juez podrá declarar la inconstitucionalidad de la norma en que se funde el acto u omisión lesiva [...]".

Const.bras. *Art. 5, LXVIII.*

Const.esp. *Art. 17, 4:*

"La ley regulará un procedimiento de hábeas corpus para producir la inmediata puesta a disposición judicial de toda persona detenida ilegalmente. Asimismo, por la ley se determinará el plazo máximo de duración de la prisión provisional".

Const.port. *Art. 31.*

Const.urug. *Art. 17:*

"En caso de prisión indebida el interesado o cualquier persona podrá interponer ante el juez competente el recurso de hábeas corpus, a fin de que la autoridad aprehensora explique y justifique de inmediato el motivo legal de la aprehensión, estándose a lo que decida el juez indicado".

❖ HABEAS DATA [177]

Tengamos los datos. Derecho constitucional moderno, que consiste en la facultad de que las personas tengan acceso a la información sobre ellas, que exista en los registros públicos, y la de poder rectificarlos en caso necesario.

Const.arg. *Art. 43, inc. 3:*

"Toda persona podrá interponer esta acción para tomar conocimiento de los datos a ella referidos y de su finalidad, que consten en registros o bancos de datos públicos, o los privados destinados a proveer informes, y en caso de falsedad o discriminación, para exigir la supresión, rectificación, confidencialidad o actualización de aquéllos. No podrá afectarse el secreto de las fuentes de información periodística".

Const.bras. *Art. 5, LXXII.*

❖ HABENTUR HEREDIS LOCO QUI SUCCEDUNT IN IUS UNIVERSUM. [178]

Los que suceden a título universal tienen la condición de herederos.

C.C.arg. *Art. 3279:*

"La sucesión es la transmisión de los derechos activos y pasivos que componen la herencia de una persona muerta, a la persona que sobrevive, a la cual la ley o el testador llama para recibirla. El llamado a recibir la sucesión se llama heredero en este Código".

C.C.bras. *Art. 1572.*

C.C.esp. *Art. 639:*

"La herencia comprende todos los bienes, derechos y obligaciones de una persona que no se extingan por su muerte".

Art. 660:

"Llámase heredero al que sucede a título universal, y legatario al que sucede a título particular".

C.C.port. *Art. 2131.*

C.C.urug. *Art. 776:*

"La sucesión o herencia, modo universal de adquirir, es la acción de suceder al difunto y representarle en todos sus derechos y obligaciones que no se extinguen por la muerte. Se llama heredero el que sucede en esos derechos y obligaciones".

❖ **HABEO**

Verb.: Tener.

❖ **HAC**

Adv.: Por aquí.

❖ **HÆC ACTIO** (pronunc.: *"accio"*) **EX BONO ET ÆQUO INTRODUCTA EST.** [179]

Esta acción está fundada en una razón de equidad.

❖ **HAUD O HAUT**

Adv.: No.

❖ **HEREDEM EIUSDEM POTESTATIS IURISQUE ESSE CUIUS FUIT DEFUNCTUS CONSTAT.**

Como nos consta, el heredero tiene las mismas facultades y derechos que tenía el causante [según Ulpiano].

❖ **HEREDITAS, ETIAM** (pronunc.: *"éciam"*) **SINE ULLO** (pronunc.: *"ulo"*) **CORPORE, IURIS INTELLECTUM** (pronunc.: *"inteléctum"*) **HABET.**

La herencia, aun sin bienes corporales, tiene sentido en Derecho [según Papiniano].

❖ **HEREDITAS MAXIME FRUCTUS AUGENTUR** (pronunc.: *"auguéntur"*).

Los frutos incrementan la herencia. Ver: "Fructus...".

❖ **HEREDITAS NIHIL ALIUD EST QUAM SUCCESIO IN UNIVERSUM IUS, QUOD DEFUNCTUS HABUERIT.**

La herencia no es sino la sucesión en la universalidad de Derecho que haya tenido el difunto [según Juliano]. Ver citas en "Habentur heredis...".

❖ **HEREDITAS NON INTELLIGITUR** (pronunc.: *"inteliguítur"*) **NISI DEDUCTO ÆRE ALIENO.**

No se considera caudal hereditario sino después de deducidas las deudas.

❖ **HEREDITAS PACTO NECQUE DARI, NECQUE ADIMI POTEST.** [180]

No es posible quitar la herencia por pacto.

C.C.urug. Art. 999:

"Un testamento no puede ser revocado sino por otro testamento".

❖ **HEREDITAS PERSONÆ DEFUNCTI, QUI EAM RELIQUIT, VICE FUNGITUR** (pronunc.: *"funguítur"*).

La herencia representa a la persona del difunto que la dejó [según Florentino].

❖ **HEREDITAS PRO PARTE ADIRI NEQUIT.**

La herencia no puede ser aceptada en parte.

C.C.arg. *Art. 3317:*

"La aceptación o la renuncia, sea pura y simple, sea bajo beneficio de inventario, no puede hacerse a término, ni bajo condición, ni sólo por una parte de la herencia. La aceptación o la renuncia hecha a término y sólo por una parte de la herencia equivale a una aceptación íntegra. La aceptación hecha bajo condición se tiene por no hecha".

C.C.bras. *Art. 1583.*

C.C.esp. *Art. 990:*

"La aceptación o la repudiación de la herencia no puede hacerse en parte, a plazo ni condicionalmente".

C.C.port. *Art. 2054.*

C.C.urug. *Art. 1052:*

"No se puede aceptar o repudiar condicionalmente ni desde o hasta cierto día. La aceptación y repudiación son indivisibles y no pueden hacerse sólo en parte. Pero si la herencia deferida a una persona se transmite a sus herederos, según el art. 1040, puede cada uno de los transmisarios aceptar o repudiar su cuota".

❖ **HEREDITAS SEMEL DATA ADIMI FACILE NON POTEST.**

Una vez dada la herencia, no puede ser quitada fácilmente [según Ulpiano].

❖ **HEREDITATIS TITULUS CONSETUR LUCRATIVUS.**

El título de herencia se considera lucrativo [según Decio].

❖ **HEREDIUM** [181]

Sust.: Heredad, finca, terreno, predio.

Portugués: prédio; inglés: inheritance; francés: héritage.

❖ **HERES EADEM PERSONA CUM DEFUNCTO FUNGITUR** (pronunc.: *"funguítur"*).

Se finge que el heredero es una misma persona con el difunto.

❖ **HERES IN REBUS DEFUNCTI INSTAM IGNORANTIAM** (pronunc.: *"ignoránciam"*) **PRÆTENDERE POTEST.** [182]

El heredero puede alegar justa ignorancia en las cosas del causante [según Decio].

C.G.P.urug. Art. 135:

"[Actitud de expectativa] Cuando la demanda debe ser contestada por quien no ha tenido participación personal en los hechos y carezca de la posibilidad inmediata de informarse respecto de los mismos, como el heredero o el defensor de oficio, le será admitido reservar su respuesta definitiva para después de producida la prueba. La respuesta de expectativa no impide producir prueba sobre hechos tendientes a destruir las pretensiones del actor".

❖ **HERES PRÆSUMITUR IGNORARE FACTUM DEFUNCTI.** [183]

Se presume que el heredero ignora el hecho del difunto [según Dino]. Ver aforismo anterior.

❖ **HERES SUCCEDIT IN OMNIA IURA DEFUNCTO.**

El heredero sucede en todos los derechos al causante. Ver: "Habentur heredis...".

❖ **HERES SUCCEDIT IN VILTIA** (pronunc.: *"vilcia"*) **REALIA DEFUNCTI.** [184]

El heredero sucede en los vicios de posesión al causante.

C.C.arg. Art. 2181:

"La acción redhibitoria es indivisible. Ninguno de los herederos del adquirente puede ejercerla sólo por su parte; pero puede demandarse a cada uno de los herederos del enjenante".

C.C.urug. Art. 1704:

"La obligación de saneamiento es indivisible y puede demandarse y oponerse a cualquiera de los herederos del vendedor; pero la condenación hecha a éstos sobre restitución del precio de la cosa o de los daños y perjuicios causados por la evicción, es divisible entre dichos herederos. La misma regla se aplica a los vendedores que por un solo acto de venta hayan enajenado la cosa".

❖ **HIC**

Adv.: Aquí.

❖ **HIC ET NUNC**

Adv.: Aquí y ahora.

❖ **HOC FRUCTUUM NOMINE CONTINETUR QUOD IUSTIS SUMTIBUS DEDUCTIS SUPEREST.**

Se comprende en el nombre de frutos a los que subsisten deducidos los gastos legítimos.

❖ **HOC IURE UTIMUR, UT EXCEPTIONES** (pronunc.: *"excepciones"*) [185]
EX PERSONA EMTORIS OBIECTAE, SI OBSTAT VENDITOR EI TENEATUR.

Usamos de este derecho: si se obsta por excepciones en razón de la persona del comprador, el vendedor no está obligado [según Pomponio]. O sea que, si la evicción tuvo su origen en un juicio relativo a la persona del comprador, el vendedor no queda obligado por ella.

C.C.arg. Art. 2112:

"La obligación por la evicción cesa también si el adquirente, continuando en la defensa del pleito, dejó de oponer por dolo o negligencia las defensas convenientes, o si no apeló de la sentencia de primera instancia, o no prosiguió la apelación. El enajenante, sin embargo, responderá por la evicción si el vencido probare que era inútil apelar o proseguir la apelación".

C.C.urug. Art. 1713:

"No tiene lugar el saneamiento por causa de evicción: 1º, cuando sin consentimiento del vendedor, compromete el comprador el negocio en árbitros, antes o después de principiado el pleito. 2º, cuando, habiéndosele emplazado, no hace citar al vendedor con arreglo al inciso 2 del artículo 1705. 3º, si por su culpa perdió la posesión de la cosa. 4º, si dejó de oponer en juicio la prescripción, pudiendo haberse servido de esta defensa. 5º, si perdió el pleito por razón de su contumacia o rebeldía. 6º, si consintió la sentencia condenatoria apelable, no estando delante el vendedor o no habiéndosele notificado a éste".

❖ **HOC IURE UTIMUR, UT, QUIQUID OMNINO PER VIM FIAT, AUT IN VIS PUBLICÆ AUT IN VIS PRIVATÆ CRIMEN INCIDAT.** [186]

Gozamos de este derecho: que por todo lo que se haga con violencia se incurra en delito, bien de violencia pública, bien de violencia privada [según Ulpiano].

C.P.bras. *Art. 140.2.*

C.P.esp. *Art. 514, num. 3:*

"Las personas que, con ocasión de la celebración de una reunión o manifestación, realicen actos de violencia contra la autoridad, sus agentes, personas o propiedades públicas o privadas, serán castigadas con la pena que a su delito corresponda, en su mitad superior".

C.P.urug. *Art. 288:*

"El que usare violencia o amenazas para obligar a alguno a hacer, tolerar o dejar de hacer alguna cosa, será castigado con tres meses de prisión a tres años de penitenciaría".

❖ **HOC LOCO**

Adv.: En este lugar. Aquí.

❖ **HODIE**

Adv.: Hoy, actualmente. Al presente.
Portugués: hoje; inglés: today; francés: aujourd'hui.

❖ **HOMINUM CAUSA OMNE IUS CONSTITUTUM EST.** [187]

Los hombres constituyen la causa de todo el Derecho [según el jurista Hermogeniano].

❖ **HOMO HOMINI LUPUS.**

El hombre es el lobo [contra] los otros hombres. El hombre es el principal enemigo de sí mismo [máxima atribuida al filósofo inglés Hobbes].

❖ **Homo melius se deffendit cum veritate quam cum iuramento.**
El hombre se defiende mejor con la verdad que con el juramento.

❖ **Homo sum: humani nihil a me alienum est.**
Soy hombre [y por tanto] nada de lo humano me es ajeno [expresión de una obra teatral del autor cómico romano, de origen griego, Terencio].

❖ **Honores et munera in eadem domo continuare non oportet.** [188]
Los honores y los cargos remunerados no deben perpetuarse en una misma familia [según Justiniano].

❖ **Honores et munera non ordinatione, sed potioribus infundenda sunt.** [189]
Los honores y los cargos remunerados no se han de otorgar por turno, sino a los más capaces [según Paulo].

❖ **Honoris causa**
Adv. y adj.: Por causa de honor. A título honorífico.

❖ **Hospes**
Sust.: Huésped. Principalmente, quien ofrece hospedaje.
Portugués: hósped; inglés: host; francés: hôte.

❖ **Hostis**
Sust. y adj.: Enemigo, hostil.
Portugués: contrário, inimigo, hostil; inglés: host; francés: hostile, ennemi.

❖ **HUMUS**

Sust.: Tierra, suelo.

❖ **HYPEROCHA** (pronunc.: *"hiperoca"*). Del griego ιπεροκε (hiperoqué). Saldo: Bienes que quedan luego de la ejecución, una vez adjudicados los créditos preferentes.

C.G.P.urug. Art. 388.2:

[Producido el remate] "Liquidación. – Depositado el precio, la Oficina, sobre la base de la que deberá presentar el ejecutante, formulará la liquidación, que someterá a la aprobación del tribunal, en el siguiente orden: [...] d) si hubiere sobrante, le será entregado al deudor".

I

❖ Iam

Adv.: Ya, ahora.

❖ Ibi

Adv.: Allí, ahí, dónde.

❖ Ibidem, idem, eadem

Adv.: Allí mismo, el mismo, idéntico.

❖ Ibique

Adv. y conj.: Allí, en ello, en esas cosas.

❖ Idem est non facere et non legitime (pronunc.: *"leguí-* [190]
time") facere.

Tanto vale no obrar como obrar ilegítimamente.

❖ Id est

Conj.: O sea, esto es, vale decir.

❖ Id quod interest vel quanti non solum ex damno dato [191]
constat, sed etiam (pronunc.: *"éciam"*) ex lucro cessante.

Los daños y perjuicios que interesan comprenden no sólo el daño causado, sino también el lucro cesante.

C.C.arg. *Art. 519:*

"Se llaman daños e intereses el valor de la pérdida que haya sufrido, y el de la utilidad que haya dejado de percibir el acreedor de la obligación, por la inejecución de ésta a debido tiempo".

C.C.bras. *Art. 1059.*

C.C.esp. *Art. 1106:*

"La idemnización de daños y perjuicios comprende, no sólo el valor de la pérdida que hayan sufrido, sino también el de la ganancia que haya dejado de obtener el acreedor, salvas las disposiciones contenidas en los artículos siguientes".

C.C.port. *Art. 564.*

C.C.urug. *Art. 1345:*

"Los daños y perjuicios debidos al acreedor, a no ser de los fijados por la ley o convenidos por los contratantes, son, en general, de la pérdida que ha sufrido y del lucro de que se la ha privado, con las modificaciones de los artículos siguientes".

❖ **IDUS**

Sust.: Así llamaban los latinos a los días 13 de cada mes, salvo en los meses de marzo, mayo, julio y octubre en que era el quince. Ver: "Calendas".

❖ **IGITUR** (pronunc.: *"iguítur"*).

Conj.: Así, así pues, por tanto.

❖ **IGNORANTIA** (pronunc.: *"ignorancia"*) **FACTI, NON IURIS EXCUSATUR.**

Se excusa la ignorancia de los hechos; no la del Derecho.

❖ **IGNORANTIA** (pronunc.: *"ignorancia"*) **IURIS NON EXCUSAT.**

La ignorancia del Derecho no sirve de excusa. También

suele decirse que "**Ignorantia legis** [de la ley, pronunc.: '*leguis*'] **non excusat**".

C.C.arg. *Art. 20:*

"La ignorancia de las leyes no sirve de excusa, si la excepción no está expresamente autorizada por la ley".

C.C.esp. *Art. 6.*

"1. La ignorancia de las leyes no excusa de su cumplimiento. El error de derecho producirá únicamente aquellos efectos que las leyes determinen [...]".

C.C.port. *Art. 6.*

C.C.urug. *Art. 2:*

"La ignorancia de las leyes no sirve de excusa".

Ley de Introducción al C.C.bras. *Art. 3.*

❖ **ILLA** (pronunc.: *"ila"*) O **ILLAC** (pronunc.: *"ilac"*).
Adv.: Por allí.

❖ **IMPERITIA** (pronunc.: *"impericia"*) **CULPÆ ADNUMERATUR; ET CULPA EST INMISCERE SE REI AD SE NON PERTINENTI.** [192]
En culpa grave incurre quien intenta hacer lo que no sabe o no le concierne.

❖ **IMPOSSIBILIS CONDITIO** (pronunc.: *"condicio"*) **HABETUR, CUI NATURA IMPEDIMENTO EST, QUOMINUS EXISTAT.** [193]
Se considera imposible la condición que la naturaleza impide cumplir.

C.C.arg. *Art. 888:*

"La obligación se extingue cuando la prestación que forma la materia de ella, viene a ser física o legalmente imposible sin culpa del deudor".

C.C.bras. *Art. 116.*

C.C.esp. *Art. 1116:*

"Las condiciones imposibles, las contrarias a las buenas costumbres y las prohibidas por la ley anularán la obligación que de ellas dependa. La obligación de no hacer una cosa imposible se tiene por no puesta".

C.C.port. Art. 790.

C.C.urug. Art. 1408:

"La condición de cosa físicamente imposible, contraria a las buenas costumbres o prohibida por las leyes, es nula e invalida la convención que de ella pende. Se mirará también como imposible la condición que esté concebida en términos ininteligibles".

❖ **IMPOSSIBILIUM NULLA** (pronunc.: *"nula"*) **OBLIGATIO** (pronunc.: *"obligacio"*) **EST.** [194]

La obligación con condición imposible no es válida. Ver citas de la máxima anterior.

❖ **IMUS**

Adj.: Inferior, ínfimo, bajo, profundo.

❖ **IN**

Prep.: Hacia, contra, en, entre.

❖ **INADIMPLENTI NON EST ADIMPLENTUM.**

La obligación con el incumplidor no debe ser cumplida: no se mantienen los pactos con los que no cumplen su parte.

C.C.esp. Art. 1100:

"2º [...] En las obligaciones recíprocas, ninguno de los obligados incurre en mora si el otro no cumple o no se allana a cumplir debidamente lo que le incumbe. Desde que uno de los obligados cumple su obligación, empieza la mora para el otro".

❖ **IN ADVOCATORUM TUTELA NON PRIVATORUM DUNTAXAT, SED ET REPUBLICÆ SALUS CONTINETUR.** [195]

Bajo la tutela [patrocinio] de los abogados no sólo se colocan los intereses privados, sino la seguridad de la República.

❖ **IN ARTICULO MORTIS** [196]

Adverb.: Ante la inminencia de la muerte. Ante el riesgo de morir. En peligro de muerte. Ver: "In extremis".

C.C.arg. Art. 196, según ley 23.515:

"El oficial público procederá a la celebración del matrimonio con prescindencia de todas o de alguna de las formalidades que deban precederle, cuando se justificase con el certificado de un médico y, donde no lo hubiere, con la declaración de dos vecinos, que alguno de los futuros esposos se halla en peligro de muerte. En caso de no poderse hallar al oficial público encargado del Registro del Estado Civil y Capacidad de las Personas, el matrimonio en artículo de muerte podrá celebrarse ante cualquier magistrado o funcionario judicial, el cual deberá levantar acta de la celebración, haciendo constar las circunstancias mencionadas en los incs. 1º, 2º, 3º, 4º, 5º, 7º y 8º del artículo 191 y la remitirá al oficial público para que la protocolice".

C.C.bras. Art. 199, a.

C.C.esp. Art. 52:

"Podrá autorizar el matrimonio del que se halle en peligro de muerte: 1º. El Juez encargado del Registro Civil o el delegado, aunque los contrayentes no residan en su circunscripción y, en defecto de ambos, el Alcalde. 2º. En defecto del Juez y respecto de los militares en campaña, el Oficial o Jefe superior inmediato. 3º. Respecto de los matrimonios que se celebren a bordo de nave o aeronave, el Capitán o Comandante de la misma. Este matrimonio no requerirá para su autorización la previa formación de expediente, pero sí la presencia en su celebración de dos testigos mayores de edad, salvo imposibilidad acreditada".

C.C.port. Art. 1599.

C.C.urug. Art. 85:

"Si al acto a que se refiere la excepción del inciso último del artículo precedente [matrimonio in extremis] fuere llamado el Oficial del Registro Civil, éste procederá previa presentación de certificado médico que acredite el peligro de muerte de uno de los contrayentes, a efectuar el contrato civil de matrimonio, con anotación de las circunstancias especiales que lo motivan. En los puntos de la República donde no resida médico, suplirá el certificado de éste la declaración de dos testigos de respetabilidad".

❖ **INAUDITA ALTERA PARTE.**

Sin oír a la otra parte. Ver: "Nemo inauditus condemnetur".

C.G.P.urug. *Art. 315.1:*

"La medida [cautelar] se decretará sin conocimiento ni intervención de la contraparte. Ningún incidente o petición planteado por el destinatario de la medida podrá detener su cumplimiento".

C.P.C.bras. *Art. 804.*

C.P.C.C.N.arg. *Art. 198, inc.1:*

"Las medidas precautorias se decretarán y cumplirán sin audiencia de la otra parte. Ningún incidente planteado por el destinatario de la medida podrá detener su cumplimiento [...]".

❖ **IN BONÆ FIDEI CONTRACTIBUS EX MORA USURÆ DEBENTUR.** [197]

En los contratos de buena fe se debe intereses por la mora [según Mariano].

C.C.arg. *Art. 622, inc.1:*

"El deudor moroso debe los intereses que estuviesen convenidos en la obligación, desde el vencimiento de ella. Si no hay intereses convenidos, debe los intereses legales que las leyes especiales hubiesen determinado. Si no se hubiere fijado el interés legal, los jueces determinarán el interés que debe abonar [...]".

C.C.bras. *Art. 1064.*

C.C.esp. *Art. 1108:*

"Si la obligación consistiere en el pago de una cantidad de dinero y el deudor incurriere en mora, la indemnización de daños y perjuicios, no habiendo pacto en contrario, consistirá en el pago de los intereses convenidos, y, a falta de convenio, el interés legal".

C.C.port. *Art. 562.*

C.C.urug. *Art. 2213:*

"En los casos en que la ley no hace correr expresamente los intereses o cuando éstos no están estipulados en el contrato, la tardanza en el cumplimiento de la obligación hace que corran los intereses desde el día de la demanda, aunque ésta excediera el importe del crédito y aunque el acreedor no justifique pérdida o perjuicio alguno, y el obligado creyese de buena fe no ser deudor".

❖ **IN BONORUM CUIUSQUE ESSE INTELLIGITUR** (pronunc.: *"in-teliguítur"*) **QUOD ÆRI ALIENO SUPEREST.** [198]

Se entiende que son bienes de alguno lo que sobra de sus deudas.

❖ **IN CASIBUS OMISSIS, DEDUCENDA EST LEGIS** (pronunc.: *"le-guis"*) **RATIO** (pronunc.: *"ratio"*) **A SIMILIBUS.** [199]

En caso de omisión [de la ley] cabe inferir lo omitido, de leyes similares.

C.C.arg. *Art. 16:*

"Si una cuestión civil no puede resolverse, ni por las palabras ni por el espíritu de la ley, se atenderá a los principios de leyes análogas; y si aún la cuestión fuere dudosa, se resolverá por los principios generales del derecho, teniendo en consideración las circunstancias del caso".

C.C.esp. *Art. 4:*

"[...] 3. Las disposiciones de este Código se aplicarán como supletorias en las materias regidas por otras leyes".

C.C.port. *Art. 10.*

C.C.urug. *Art. 16:*

"Cuando ocurra un negocio civil que no pueda resolverse por las palabras ni por el espíritu de la ley de la materia, se acudirá a los fundamentos de las leyes análogas; y si todavía subsistiere la duda, se ocurrirá a los principios generales de derecho y a las doctrinas más recibidas, consideradas las circunstancias del caso".

Ley de Introducción al C.C.bras. Art. 4.

❖ **INCENDIUM AERE ALIENO NON EXUIT DEBITOREM.**
El incendio no exonera de su obligación al deudor.

❖ **INCIPIO**
Verb.: Principiar, comenzar, emprender.

❖ **IN CLARIS CESSAT INTERPRETATIO** (pronunc.: "*interpretacio*").
Ante la claridad del texto, cesa la necesidad de la interpretación.

❖ **IN CLARIS NON FIT INTERPRETATIO** (pronunc.: "*interpretacio*"). [200]
Si la norma es clara, no es necesario interpretarla.

❖ **IN CONTRACTIBUS REI VERITAS POTIUS QUAM SCRIPTURA PERSPICI DEBET.** [201]
En los contratos se debe atender más a la verdad de las cosas que a lo escrito.

C.C.arg. Art. 1198, inc. 1, según ley 17.711:

"Los contratos deben celebrarse, interpretarse y ejecutarse de buena fe y de acuerdo con lo que verosímilmente las partes entendieron o pudieron entender, obrando con cuidado y previsión [...]".

C.C.bras. Art. 85.

C.C.esp. Art. 1281:

"Si los términos de un contrato son claros y no dejan duda sobre la intención de los contratantes, se estará al sentido literal de sus cláusulas. Si las palabras parecieren contrarias a la intención evidente de los contratantes, prevalecerá ésta sobre aquéllas".

C.C.urug. Art. 1298:

"Habiendo ambigüedad en las palabras, debe buscarse más bien la intención común de las partes que el sentido literal de los términos".

❖ **INDE**

Adv.: De allí.

❖ **INDIDEM**

Adv.: De aquí, del mismo sitio.

❖ **INDIGNO AUFERTUR HEREDITAS.** [202]

Al indigno se le priva de su herencia.

C.C.arg. Art. 3303:

"El que ha sido declarado indigno de suceder no es excluido sino de la herencia de la persona hacia la cual se ha hecho culpable de la falta por la que se ha pronunciado su indignidad".

C.C.bras. Art. 1595.

C.C.esp. Art. 852:

"Son justas causas para la desheredación, en los términos que específicamente determinan los arts. 853, 854 y 855, las de incapacidad por indignidad para suceder señaladas en el art. 756 con los números 1º, 2º, 3º y 5º. Asimismo es justa causa para desheredar haber cometido adulterio con el cónyuge del testador".

C.C.port. Art. 2034.

C.C.urug. Art. 899:

"Todas las causas de indignidad para suceder (art. 842) lo son también respectivamente de desheredación".

❖ **IN DUBIO PRO DEBITORE.**

En caso de duda, la intepretación debe ser favorable al deudor.

C.C.port. Art. 342.

C.C.urug. Art. 1773, inc. 1:

"Incumbe probar las obligaciones o su extinción al que alega aquéllas o ésta [...]".

❖ **IN DUBIO PRO LIBERTATE.** [203]

En caso de duda, la interpretación debe ser favorable a la libertad.

Const.esp. *Art. 17.1:*

"Toda persona tiene derecho a la libertad y a la seguridad. Nadie puede ser privado de su libertad, sino con la observancia de lo establecido en este artículo y en los casos y en la forma previstos en la ley [...]".

Const.port. *Art. 27,1.*

Const.urug. *Art. 10:*

"Las acciones privadas de las personas que de ningún modo atacan el orden público ni perjudican a un tercero, están exentas de la autoridad de los magistrados. Ningún habitante de la República está obligado a hacer lo que no manda la ley, ni privado de lo que ella no prohíbe".

❖ **IN DUBIO PRO MINORIS** (o **favor minoris**). [204]

En caso de duda, debe optarse por el beneficio de los menores.

C.C.urug. *Art. 285:*

"Los padres podrán perder la patria potestad a instancia de parte, previa sentencia del Juez competente, en los casos siguientes: [...] 7º Si se comprobare en forma irrefragable que durante tres años [hoy, un año] los padres han hecho abandono culpable de los deberes inherentes a su condición de tales y han dejado de prestar a sus hijos los cuidados y atenciones que les deben. El Ministerio Público y el Juez competente apreciarán la prueba, atendida la situación de los padres, y, especialmente, las conveniencias del menor [...]".

Const.esp. *Art. 39, num. 4:*

"Los niños gozarán de la protección prevista en los acuerdos internacionales que velan por sus derechos".

Const.port. *Art. 69.*

❖ **IN DUBIO PRO OPERARIO.** [205]

En caso de duda, debe interpretarse la ley en beneficio del trabajador.

Const.bras. *Art. 1, IV.*

Const.port. *Art. 59.*

Const.urug. *Art. 53:*

"El trabajo está bajo la protección especial de la ley [...]".

❖ **IN DUBIO PRO REO.** [206]

En caso de duda, debe interpretarse la ley en favor del acusado o demandado.

Const.esp. *Art. 24:*

"1. Todas las personas tienen derecho a obtener la tutela efectiva de los jueces y tribunales en el ejercicio de sus derechos e intereses sin que, en ningún caso, pueda producirse indefensión. 2. Asimismo, todos tienen derecho al Juez ordinario predeterminado por la ley, a la defensa y a la asistencia de letrados, a ser informados de la acusación formulada contra ellos, a un proceso público sin dilaciones indebidas y con todas las garantías, a utilizar los medios de prueba pertinentes para su defensa, a no declarar contra sí mismos, a no confesarse culpables y a la presunción de inocencia [...]".

Const.port. *Art. 27.*

Const.urug. *Art. 12:*

"Nadie puede ser penado ni confinado sin forma de proceso y sentencia legal".

❖ **IN EXTENSO**

Adv.: Por entero, en todos sus aspectos.

❖ **IN EXTREMIS**

Adv.: En el último momento. Próximo a morir. Ver: "In artículo mortis".

❖ **INFANS CONCEPTUS PRO NATUS HABERTUR.** [207]

El niño concebido [durante el matrimonio] se tiene por nacido [en el mismo matrimonio: hijo legítimo].

❖ **IN FINE**

Adv.: Al final, en la parte final. Se emplea para indicar que el aspecto de un texto que se invoca se encuentra en la parte final del mismo. Por ejemplo: "Código Civil, artículo 5, in fine".

❖ **IN FRAUDEM LEGIS** (pronunc.: *"leguis"*). [208]

En fraude a la ley.

***C.C.arg.** Art. 3741:*

"[...] El fraude a la ley puede probarse por todo género de pruebas".

***C.C.bras.** Art. 147, II.*

***C.C.esp.** Art. 6, num. 4:*

"Los actos realizados al amparo del texto de una norma que persigan un resultado prohibido por el ordenamiento jurídico, o contrario a él, se considerarán ejecutados en fraude de la ley y no impedirán la debida aplicación de la norma que se hubiere tratado de eludir".

***C.C.port.** Art. 21.*

***C.C.urug.** Art. 1601:*

"La presunción legal es la inherente a actos o hechos determinados por una disposición especial de la ley. Tales son, entre otros: 1º Los actos que la ley declara nulos, presumiéndose verificados en fraude de sus disposiciones, por la sola calidad de las personas [...]".

❖ **INGENS** (pronunc.: *"inguens"*).

Adj.: Ingente, grande, fuerte, elevado.

❖ **IN HEREDEM NON SOLENT ACTIONES** (pronunc.: *"acciones"*) **TRANSIRE, QUÆ PŒNALES SUNT EX MALEFICIO.** [209]

A los herederos no se transmiten las acciones penales por delito.

❖ **IN ILIQUIDIS NON FIT MORA.**

Las deudas ilíquidas no hacen incurrir en mora.

❖ **IN INTEGRUM** [210]

Adv.: Por entero. Se dice del reintegro de la totalidad de la cosa, de los derechos o acciones [especialmente a menores y otros incapaces].

C.C.port. *Art. 281.*

C.C.urug. *Art. 1277:*

"La lesión por sí sola no vicia los contratos. No puede, pues, la lesión, servir de fundamento a restitución in íntegrum alguna; sin perjuicio de lo dispuesto sobre la nulidad en el Capítulo VII del Título III de este Libro".

❖ **IN IPSO CORPORE** [211]

Adv.: Sobre la cosa misma. En la cosa.

C.C.bras. *Art. 755.*

C.C.port. *Art. 408.*

C.C.urug. *Art. 472:*

"Derecho real es el que tenemos en una cosa o contra una cosa sin relación a determinada persona. El derecho en la cosa supone el dominio o un desmembramiento del dominio. El derecho contra la cosa puede ser constituido meramente por garantía; como sucede respecto de la prenda y la hipoteca. De los derechos reales nacen las acciones de la misma clase".

❖ **IN ITINERE**

En el camino. Durante el transcurso de. Ver: "Iter".

***Ley urug. 16.074**, del 10 / X / 1989, Art. 14:*

"No será considerado accidente de trabajo el que sufra un obrero o empleado en el trayecto al o del lugar de desempeño de sus tareas, salvo que medie alguna de las siguientes circunstancias: a) que estuviese cumpliendo una tarea específica ordenada por el patrono; b) que éste hubiere tomado a su cargo el transporte del trabajador; c) que el acceso al establecimiento ofrezca riesgos especiales".

❖ **IN IUDICANDO, CRIMINOSA EST CELERITAS.** [212]

El apresuramiento, en el procedimiento judicial, es criminal.

❖ **IN IUDICIIS NON EST ACCEPTIO** (pronunc.: *"accepcio"*) **PERSONARUM HABENDA.**

En los juicios, no hay preferencias personales que valgan.

❖ **IN IURE CESSIO** [213]

Cesión en derecho o del derecho. Cesión en juicio.

***C.C.arg.** Art. 1455:*

"Exceptúase [de la posibilidad de ceder derechos por instrumento privado] las cesiones de acciones litigiosas, que no pueden hacerse, so pena de nulidad, sino por escritura pública o por acta judicial hecha en el respectivo expediente; y los títulos al portador, que pueden ser cedidos por la tradición de ellos".

***C.C.esp.** Art. 1535:*

"Vendiéndose un crédito litigioso, el deudor tendrá derecho a extinguirlo, reembolsando al cesionario el precio que pagó, las costas que se le hubiesen ocasionado y los intereses del precio desde el día en que éste fue satisfecho. Se tendrá por litigioso un crédito desde que se conteste a la demanda relativa al mismo. El deudor podrá usar de su derecho dentro de nueve días contados desde que el cesionario le reclame el pago".

C.C.port. *Art. 579.*

C.C.urug. *Art. 1764:*

"La persona contra quien se ha cedido un crédito litigioso, podrá mientras dure el litis, compeler al cesionario a que le libere, abonándole el precio verdadero de la cesión con los intereses, desde el día en que se efectuó el pago, y el importe de todos los gastos que se hubieren ocasionado. Se considera litigioso un crédito, desde que hay demanda y contestación sobre el fondo del derecho".

❖ **INIURIA**

Sust.: Injuria, ilegalidad, injusticia.

❖ **INIURIA EST OMNE QUOD NON IURE FIT.**

Injusticia es todo lo que no se hizo con Derecho, o sea lo que se hizo contra Derecho [según el jurista Ulpiano].

❖ **IN LEGE** (pronunc.: *"legue"*) **ÆQUILIA, LEVISSIMA CULPA VENIT.** [214]

En la ley aquilia [relativa a la responsabilidad por hecho ilícito] la culpa levísima se tolera.

❖ **IN LIMINE LITIS.** [215]

Al comienzo del proceso.

C.G.P.urug. *Art. 293.1:*

"Antes de iniciar cualquier proceso, deberá pedirse audiencia para intentar la conciliación con el futuro demandado, el que será citado en su domicilio".

C.P.C.bras. *Art. 264.*

C.P.C.C.N.arg. *Art. 357:*

"[Reconvención] En el mismo escrito de contestación, deberá el demandado deducir reconvención en la forma prescrita para la demanda, si se creyere con derecho a proponerla. No haciéndolo entonces, no podrá deducirla después, salvo su derecho para hacer valer su pretensión en otro juicio. La reconvención será admisible si las pretensiones en ella deducidas derivaren de la misma relación jurídica o fueren conexas con las invocadas en la demanda".

❖ **IN MINORE INFANTE NON EST DOLUS.** [216]

En el niño menor de edad no se imputa dolo.

❖ **INOPS**

Adj.: Pobre, inválido, falto de.

❖ **IN PARI CAUSA, MELIOR EST CONDITIO** (pronunc.: *"condicio"*) **POSSIDENTIS.** [217]

En igual situación, es mejor la situación de quien posee.

***C.C.arg.** Art. 2412:*

"La posesión de buena fe de una cosa mueble, crea a favor del poseedor la presunción de tener la propiedad de ella y el poder de repeler cualquier acción de reivindicación, si la cosa no hubiese sido robada o perdida".

***C.C.bras.** Art. 500.*

***C.C.esp.** Art. 446:*

"Todo poseedor tiene derecho a ser respetado en su posesión, y, si fuere inquietado en ella, deberá ser amparado o restituido en dicha posesión por los medios que las leyes de procedimiento establecen".

***C.C.port.** Art. 1268.*

***C.C.urug.** Art. 649:*

"La posesión da diferentes derechos a quien la tiene: 1º Se le presume dueño, mientras no se pruebe lo contrario [...]".

❖ **IN PARI CAUSA TURPITUDINIS, MELIOR EST CONDITIO** (pronunc.: *"condicio"*) **POSSIDENTIS.** [218]

En caso de controversia sobre una cosa, el que la posee está en mejor condición. Ver las citas legales del aforismo que antecede.

❖ **In pectore**

Adv.: En el pecho. En forma oculta o reservada.

❖ **In penalibus benignius interpretandum est.** [219]

En las causas penales, la interpretación [de la ley] debe hacerse en forma benigna. Ver: "In dubio pro reo".

❖ **In primus ipsam rem præstare venditorem oportet, id est, tradere.** [220]

En primer lugar el vendedor debe entregar la cosa vendida: esto es, hacer su tradición.

C.C.arg. *Art. 1409:*

"El vendedor debe entregar la cosa vendida, libre de toda otra posesión y con todos sus accesorios, en el día convenido; y si no se hubiese convenido, el día en que el comprador lo exija".

C.C.bras. *Art. 1127.*

C.C.esp. *Art. 1461:*

"El vendedor está obligado a la entrega y saneamiento de la cosa objeto de la venta".

C.C.port. *Art. 882.*

C.C.urug. *Art. 1686:*

"Las obligaciones del vendedor se reducen en general a dos: la entrega o tradición y el saneamiento de la cosa vendida. La tradición se verifica conforme a las reglas establecidas en el Título III del Libro Tercero".

❖ **In rebus novis constituendi evidens esse utilitas debet, ut recedatur ab eo iure quod diu æquum visum est.**

Para establecer cosas nuevas, hay que asegurarse de su utilidad, antes de dejar las antiguas que se tiene por justas y buenas. Regla 36ª del viejo Derecho español.

❖ **IN RE DUBIA, MELIUS EST VERBIS EDICTI SERVIRE.** [221]

En caso de duda, es mejor atenerse a las palabras de las leyes [interpretación literal].

❖ **IN REM ACTIO** (pronunc.: *"accio"*) **EST QUUM AUT CORPORALEM REM INTENDIMUS NOSTRAM ESSE, AUT IUS ALIQUOD NOBIS COMPETERE, VELUT UTENDI, FRUENDI, EUDI AGENDI** (pronunc.: *"aguendi"*), **AQUAMVE DUCENDI, VEL ALTIUS TOLLENDI, VEL PROSPICIENDI.** [222]

Es real la acción cuando entendemos que una cosa corporal sea nuestra o que nos compete algún derecho en ella, como el uso, el usufructo [las servidumbres] de paso, de transporte, de acueducto, de levantar [el muro], de vistas. Ver: "In ipso corpore".

❖ **IN REM SUAM NEMO ACTOR ESSE POTEST.**

Nadie puede ser actor en causa propia. Nadie puede demandarse judicialmente a sí mismo.

❖ **INSANIS, INFANTIBUS, ITEMQUE DORMENTIBUS, NIHIL QUOD FACIUNT VEL BONORUM, VEL MALUM, IMPUTATUR.** [223]

A los dementes, a los niños y a los sonámbulos, nada de lo que hacen, bueno o malo, se les puede imputar.

C.P.bras. *Art. 26.*

C.P.esp. *Parágr. 1, Art. 19:*

"Los menores de dieciocho años no serán responsables criminalmente con arreglo a este Código. Cuando un menor de dicha edad cometa un hecho delictivo podrá ser responsable con arreglo a la ley que regule la responsabilidad penal del menor".

Parágr. 1, Art. 20:

"Están exentos de responsabilidad criminal: 1º. El que al tiempo de cometer la infracción penal, a causa de cualquier anomalía o alteración psíquica no pueda comprender la ilicitud del hecho o actuar conforme a dicha comprensión. El trastorno mental transitorio no eximirá de pena cuando hubiese sido provocado por el sujeto con el propósito de cometer el delito o hubiera previsto o debido prever su comisión [...]".

C.P.urug. Art. 30:

"No es imputable aquel que en el momento que ejecuta el acto, por enfermedad física o psíquica, consitucional o adquirida, o por intoxicación, se hallare en tal estado de perturbación moral, que no fuere capaz o sólo lo fuere parcialmente de apreciar el carácter ilícito del mismo, o de determinarse según su verdadera apreciación. Esta disposición es aplicable al que se hallare en el estado de espíritu en ella previsto, por influjo del sueño natural o del sueño hipnótico".

Art. 34:

"No es imputable el que ejecuta el hecho antes de haber cumplido la edad de 18 años".

❖ **INSINUATIO** (pronunc.: *"insinuacio"*) **APUD ACTA.** [224]

Registro de un documento. Inserción en el registro de un documento. Ver: "Apud acta".

❖ **INSIPIENS**

Adj.: Ignorante, insensato.

❖ **IN SOLIDUM**

Adv.: Solidariamente. Obligación solidaria.

❖ **IN SOLUTUM**

Adv. y adj.: En pago. Dícese así cuando se entrega una cosa en pago de una deuda.

❖ **INTELLIGITUR** (pronunc.: *"inteliguítur"*) **DOMINUS QUUM PATITUR IN FUNDO ESSE, EX INTEGRO LOCARE.** [225]

Se entiende que reconduce el dueño que consiente la permanencia del arrendatario en el fundo [luego de vencido el plazo convenido para la locación].

❖ **INTER CORREOS DEBENDI, FACTUM UNIUS NOCET ALTERI.**
Entre codeudores solidarios, lo hecho por uno perjudica al otro.

❖ **INTERDICTIO** (pronunc.: *"interdicio"*) **ACQUA ET IGNI** (pronunc.: *"iñi"*).
Prohibición del agua y del fuego: pena de exilio.

❖ **INTER DUOS LITIGANTES, TERTIUS** (pronunc.: *"tercîus"*) **GAUDET.**
Entre dos que litigan, un tercero se alegra.

❖ **INTERPRETATIO** (pronunc.: *"interpretacio"*) **FIERI DEBET SEMPER UT ACTUS VALEAT.**
La interpretación debe hacerse siempre en favor de la validez del acto.

C.C.urug. Art. 1300:

"Las cláusulas susceptibles de dos sentidos, del uno de los cuales resultare la validez y del otro la nulidad del acto, deben entenderse en el primero. Si ambas dieren igualmente validez al acto, deben tomarse en el sentido que más convenga a la naturaleza del contrato y a las reglas de la equidad".

❖ **INTERPRETATIO** (pronunc.: *"interpretacio"*) **LARGO –O LATO– SENSU.**
Interpretación amplia. Interpretación con criterio amplio.

❖ **INTERPRETATIO** (pronunc.: *"interpretacio"*) **PRUDENTIUM.**
Sust.: Interpretación de los sabios [los juristas]. Jurisprudencia.

❖ **INTERUSURIUM**
Interés de usura. Interés activo [en favor del deudor], a

diferencia de los intereses pasivos, simples y compuestos, a favor del acreedor.

❖ **IN TOTO PARS CONTINENTUR.**
En el total se contiene la parte.

❖ **INTRO - INTRARE**
Verb.: Entrar, penetrar.

❖ **INTUITU PERSONÆ**
Adv.: En consideración a la persona. Personal.

❖ **INUTILE EST TESTAMENTUM IN QUO NEMO HERES INSTITUITUR.** [226]
No es válido el testamento que no instituye heredero.

❖ **INVECTA E ILLATA** (pronunc.: *"ilata"*). [227]
Sust.: Cosas aportadas o transportadas al interior del edificio, como las mejoras que quedan a favor del locador, o el depósito hotelero que sirve de garantía.

❖ **INVENIO**
Verb.: Hablar, descubrir, inventar.

❖ **INVEROSSIMILE PRO FALSO HABETUR.**
Lo inverosímil se considera falso. Ver: "Impossibilis conditio ...".

❖ **INVICEM**
Adv.: Recíprocamente, mutuamente.
Portugués: reciprocamente; inglés: reciprocally; francés: reciproquement.

❖ **INVITO BENEFICIUM NON DATUR.** [228]
No se puede dar un beneficio a alguien contra su voluntad.

C.C.arg. *Art. 1792:*

"Para que la donación tenga efectos legales debe ser aceptada por el donatario, expresa o tácitamente, recibiendo la cosa donada".

C.C.esp. *Art. 630:*

"El donatario debe, so pena de nulidad, aceptar la donación por sí o por medio de persona autorizada con poder especial para el caso, o con poder general bastante".

C.C.bras. *Art. 1165:*

"Considérase donación al contrato en que un persona, por liberalidad, transfiere de su patrimonio bienes o ventajas para el de otra, que lo acepta".

C.C.port. *Art. 945.*

C.C.urug. *Art. 1613:*

"La donación entre vivos es un contrato por el cual el donante, ejerciendo un acto de liberalidad, se desprende desde luego e irrevocablemente del objeto donado en favor del destinatario, que lo acepta".

❖ **INVITO DOMINO**

Adv. y adj.: Contra la voluntad del dueño.

❖ **IPSO FACTO**

Adv.: Inmediatamente, en el mismo acto, en el acto, por el mismo hecho. Por el estado de hecho.

❖ **IPSO IURE**

Adv.: Por el Derecho mismo. De pleno Derecho. Por la fuerza o autoridad del Derecho.

❖ **IPSO IURE, VI EST POTESTATE LEGIS** (pronunc.: *"leguis"*).

De pleno Derecho, o sea por el poder de la ley.

❖ **IPSO USU VEL PRIMO USU CONSUMUNTUR.** [229]

Los bienes consumibles se consumen con su primer uso.

C.C.arg. *Art. 2325:*

"Son cosas consumibles aquellas cuya existencia termina con el primer uso y las que terminan para quien deja de poseerlas por no distinguirse en su individualidad. Son cosas no consumibles las que no dejan de existir por el primer uso que de ellas se hace, aunque sean susceptibles de consumirse o de deteriorarse después de algún tiempo".

C.C.bras. *Art. 51.*

C.C.esp. *Art. 337:*

"Los bienes muebles son fungibles o no fungibles. A la primera especie pertenecen aquellos de que no puede hacerse el uso adecuado a su naturaleza sin que se consuman; a la segunda especie corresponden los demás".

C.C.urug. *Art. 470:*

"Los bienes muebles son fungibles o no fungibles. A los primeros pertenecen aquellas cosas de que no puede hacerse el uso conveniente a su naturaleza, sin que se consuman. Las especies monetarias son fungibles en cuanto perecen para el que las emplea como tales".

❖ **IS - EA - ID**

Pron.: Aquél, aquélla, aquello.

❖ **ISTO - ISTUC**

Adv.: Allí.

❖ **ITAQUE**

Adv.: Por eso, por tanto.

❖ **ITEM**

Adv.: Asimismo, también, igualmente.

❖ **ITER CRIMINIS** **[230]**

En camino o en proceso para la consumación del delito.

C.P.bras. *Art. 14, II.*

C.P.esp. Art. 16:

"1. Hay tentativa cuando el sujeto da principio a la ejecución del delito directamente por hechos exteriores, practicando todos o parte de los actos que objetivamente deberían producir el resultado y sin embargo éste no se produce por causas independientes de la voluntad del autor. 2. Quedará exento de responsabilidad penal por el delito intentado quien evite voluntariamente la consumación del delito, bien desistiendo de la ejecución ya iniciada, bien impidiendo la producción del resultado, sin perjuicio de la responsabilidad en que pudiera haber incurrido por los actos ejecutados, si éstos fueren ya constitutivos de otro delito o falta. 3. Cuando en un hecho intervengan varios sujetos, quedarán exentos de responsabilidad penal aquel o aquellos que desistan de la ejecución ya iniciada, e impidan o intenten impedir, seria, firme y decididamente, la consumación, sin perjuicio de la responsabilidad en que pudieran haber incurrido por los actos ejecutados, si éstos fueren ya constitutivos de otro delito o falta".

C.P.urug. Art. 5:

"[De la tentativa y del delito imposible] Es punible el que empieza la ejecución de un delito por actos externos y no realiza todos los que exige su consumación por causas independientes de su voluntad. El desistimiento voluntario exime de responsabilidad, salvo que los actos ejecutados constituyan, por sí mismos, un delito. Se hallan exentos de pena los actos inadecuados para cometer el delito, o porque el fin que se propone el agente es absolutamente imposible, o porque resultan absolutamente inidóneos los medios puestos en práctica por él. En tales casos, el Juez queda facultado para adoptar medidas de seguridad respecto del agente, si lo considera peligroso".

❖ **ITER - ITINERE**

Sust.: Camino, transcurso. Ver: "In itinere".

❖ **ITERUM**

Adv.: De nuevo, nuevamente, por segunda vez, reiteradamente.

❖ **IUBEO**
Verb.: Mandar, ordenar.

❖ **IUDEX EXTRA TERRITORIUM EST PRIVATUS.**
Fuera de su territorio jurisdiccional, el juez es un particular.

❖ **IUDEX IUXTA ALLIGATA** (pronunc.: *"aligata"*) **ET PROBATA IUDICARE DEBET.**
El juez debe juzgar de acuerdo a lo alegado y lo probado.

❖ **IUDEX OBLIGATUS EST, SI CUM IMPRUDENTIA** (pronunc.: *"imprudencia"*) **FECERIT.**
El juez es responsable si procede con imprudencia.

❖ **IUDEX PROUT RELIGIO** (pronunc.: *"religuio"*) **SUGGERIT** (pronunc.: *"suguérit"*) **SENTENTIAM** (pronunc.: *"senténciam"*) **PROFERRE DEBET.** [231]
El juez debe dictar sentencia según se lo dicta su conciencia [según el jurista Ulpiano].

❖ **IUDEX SECUUNDUM ALLIGATA** (pronunc.: *"aligata"*) **ET PROBATA A PARTIBUS IUDICARE DEBET** [232]
El juez debe juzgar según lo alegado y probado por las partes.

❖ **IUDICIUM**
Sust.: Juicio, proceso.
Portugués: processo; inglés: process; francés: procédure.

❖ **IUDICIUM PRIVATUM**
Sust.: Juicio de Derecho privado. Proceso civil.

❖ **IUDICIUM PUBLICUM**

Sust.: Juicio de Derecho público. Juicio ante público. Juicio penal.

❖ **IURA IN RE ALIENA**

Derechos sobre cosa ajena. Derechos menores reales [usufructo, uso, habitación, posesión, servidumbres].

❖ **IURA NOVIT CURIA** (o **iura curia nóvit**).

El tribunal conoce el Derecho. Fórmula que se estableció en contrario del Derecho medieval, que autorizaba a los jueces, en caso de duda, a decir "**non liquet**": no sé.

C.C.arg. *Art. 15:*

"Los jueces no pueden dejar de juzgar bajo el pretexto de silencio, oscuridad o insuficiencia de las leyes".

C.C.esp. *Art. 7:*

"Los Jueces y Tribunales tienen el deber inexcusable de resolver en todo caso los asuntos de que conozcan, ateniéndose al sistema de fuentes establecido".

C.C.port. *Art. 8.*

C.C.urug. *Art. 15:*

"Los jueces no pueden dejar de fallar en materia civil, a pretexto de silencio, oscuridad o insuficiencia de las leyes".

❖ **IURE IMPERII**

Adv.: Derecho del Estado. Actuación del Estado como autoridad.

❖ **IURE NATURÆ ÆQUUM EST NEMINEM CUM ALTERIUS DETRIMENTO ET INIURIA FIERI LOCUPLETIOREM.** [233]

Por derecho natural, es equitativo que nadie se enriquezca con daño de otro [según Pomponio].

C.C.arg. Art. 499:

"No hay obligación sin causa, es decir, sin que sea derivada de uno de los hechos o de uno de los actos lícitos o ilícitos de las relaciones de familia o de las relaciones civiles".

C.C.esp. Art. 1895:

"Cuando se recibe alguna cosa que no habá derecho a cobrar, y que por error ha sido indebidamente entregada, surge la obligación de restituirla".

C.C.port. Art. 473.

C.C.urug. Art. 1308:

"Todo hecho lícito del hombre que hace mejor la condición de una persona en daño de otro, sin que haya mediado intención de hacer liberalidad, da origen a un cuasicontrato que obliga al que ha mejorado su condición a devolver la suma o la cosa convertida en su provecho".

❖ **IURE PROPRIO**

Adv.: Por su propio derecho.

❖ **IURE PROPRIO FAMILIAM DICIMUS PLURES PERSONAS QUAE SUNT SUB UNIUS POTESTATE AUT NATURA AUT IURE SUBIECTAE.** [234]

Por derecho propio, llamamos familia a varias personas que, por naturaleza o por derecho, están sujetas a la autoridad de uno [según Ulpiano].

❖ **IURE SANGUINIS**

Por derecho de sangre. Vinculación jurídica apoyada en la comunión de origen nacional, racial o tradicional.

❖ **IURE SOLI**

Vinculación jurica apoyada en la comunidad de suelo, o sea por el territorio en que se vive o se ha nacido.

❖ **IURISCONSULTUS EST PERITUS IN LEGIBUS** (pronunc.: *"léguibus"*) **ET CONSUETUDINIBUS CIVITATIS.**

Jurisconsulto es el perito en las leyes y en las costumbres de la comunidad.

❖ **IURIS - DICTIO** (pronunc.: *"diccio"*).

Decir el Derecho. Declaración del Derecho. Jurisdicción.

C.P.C.port. Art. 66.

Ley Orgánica de la Judicatura y de Organización de Tribunales del Uruguay. *Art. 6:*

"Es jurisdicción de los tribunales la potestad pública que tienen de juzgar y hacer ejecutar lo juzgado en una materia determinada. Es competencia la medida dentro de la cual la referida potestad está distribuida entre los diversos tribunales de una misma materia. La prórroga de jurisdicción está prohibida".

❖ **IURISDICTIO** (pronunc.: *"iurisdiccio"*) **EST ETIAM** (pronunc.: *"éciam"*) **IUDICIS DANDI LICENTIA** (pronunc.: *"licencia"*).

La jurisdicción es también la facultad de establecer cuál es el juez [en determinada materia].

❖ **IURIS ET DE IURE**

De pleno derecho. Dícese de las presunciones absolutas, que no admiten prueba en contrario.

❖ **IURIS-PERITUS**

Jurisperito, perito en Derecho, jurista.

❖ **IURIS PRUDENTIA** (pronunc.: *"prudencia"*) **EST DIVINORUM ATQUE HUMANORUM INIUSTI SCENTIAE.**

La jurisprudencia es el conocimiento de las cosas divinas y humanas, la ciencia de lo justo y de lo injusto [según el jurista Ulpiano].

❖ **IURIS TANTUM** [235]

Dícese de las presunciones relativas: las que admiten prueba en contrario.

❖ **IUS ABUTENDI** [236]

Derecho de usar libremente de la cosa propia.

C.C.arg. *Art. 2506:*

"El dominio es el derecho real en virtud del cual una cosa se encuentra sometida a la voluntad y a la acción de una persona".

Art. 2514:

"El ejercicio de estas facultades no puede ser restringido en tanto no fuere abusivo, aunque privare a terceros de ventajas o comodidades".

C.C.bras. *Art. 524.*

C.C.esp. *Art. 348:*

"La propiedad es el derecho de gozar y disponer de una cosa, sin más limitaciones que las establecidas en las leyes. El propietario tiene acción contra el tenedor y el poseedor de la cosa para reivindicarla".

C.C.port. *Art. 1305.*

C.C.urug. *art. 486:*

"El dominio (que se llama también propiedad) es el derecho de gozar y disponer de una cosa arbitrariamente, no siendo contra la Ley o contra derecho ajeno".

❖ **IUS ÆQUUM** (pronunc.: "écum").

Derecho equitativo. Derecho apoyado en la equidad. Ver: "Æquitas".

❖ **IUS CANONICUM**

Derecho de los cánones: Derecho religioso. Derecho de la Iglesia Católica.

❖ **Ius civile**
Derecho civil. Derecho de la ciudad [Roma]. Derecho privado. Derecho de los ciudadanos romanos.

❖ **Ius commercii** (o **commercium**)
Derecho comercial. Derecho mercantil. Derecho de los comerciantes.

❖ **Ius commune**
Derecho común. Derecho general. Ver: "Ius civile".

❖ **Ius condendum**
Derecho posible. Derecho futuro. Ver: "De iure condendum".

❖ **Ius conditum**
Derecho real, existente, presente. Ver: "De iure condito".

❖ **Ius connubii**
Derecho de contraer matrimonio.

❖ **Ius dicendæ primo loco sententiæ** (pronunc.: *"sentencie"*).
Derecho de pronunciar sentencia en primera instancia. Competencia.

❖ **Ius est ars boni et æqui.**
El Derecho es el arte de lo bueno y de lo justo [o equitativo] [según Celso].

❖ **Ius ex non scripto.**
Derecho no escrito. Derecho consuetudinario. Ver: "Consuetudo".

❖ **IUS FRUENDI** [237]

Derecho a los frutos. Derecho de usar y disfrutar. Ver: "Usufructo".

❖ **IUS GENTIUM** (pronunc.: *"guéntium"*).

Derecho de gentes. Derecho gentilicio. Derecho de extranjeros (en Roma). Derecho internacional. Ver: "Ius naturale".

❖ **IUS GENTIUM** (pronunc.: *"guéntium"*) **EST NATURALIS RATIO** [238] (pronunc.: *"racio"*) **INTER OMNES HOMINII CONSTITUIT.**

El Derecho de gentes es el que la razón natural ha establecido entre todos los hombres [según Gayo].

❖ **IUS IURANDUM IURAMENTUM**

Juramento legal.

❖ **IUS - IURIS**

Sust.: Derecho.

❖ **IUS MERCATORUM.**

Derecho de los mercaderes. Derecho mercantil. Derecho comercial. Ver: "Ius commercii".

❖ **IUS NATURALE**

Derecho natural. Ver: "Ius gentium".

❖ **IUS NATURALE EST QUOD NATURA OMNIA ANIMALIA DOCUIT.**

El Derecho natural es el que la naturaleza enseñó a todos los animales.

❖ **IUS PŒNITENDI** (pronunc.: *"penitendi"*).

Derecho de arrepentirse. Derecho de receso.

❖ **IUS POSTERIUS DEROGAT PRIORI.**

El Derecho posterior deroga el anterior.

C.C.arg. Art. 3, según ley 17.711:

"A partir de su entrada en vigencia, las leyes se aplicarán aun a las consecuencias de las relaciones y situaciones jurídicas existentes. No tienen efecto retroacivo, sean o no de orden público, salvo disposición en contrario. La retroactividad establecida por la ley en ningún caso podrá afectar derechos amparados por garantías constitucionales. A los contratos en curso de ejecución no son aplicables las nuevas leyes supletorias".

C.C.esp. Art. 2:

"[...] 2. Las leyes sólo se derogan por otras posteriores. La derogación tendrá el alcance que expresamente se disponga y se extenderá siempre a todo aquello que en la ley nueva sobre la misma materia sea incompatible con la anterior. Por la simple derogación de una ley no recobran vigencia las que ésta hubiere derogado [...]".

C.C.port. Art. 12.

C.C.urug. Art. 10:

"La derogación de las leyes puede ser expresa o tácita. Es expresa, cuando la nueva ley dice expresamente que deroga la antigua. Es tácita, cuando la nueva ley contiene disposiciones que no pueden conciliarse con las de la ley anterior. La derogación tácita deja vigente en las leyes anteriores, aunque versen sobre la misma materia, todo aquello que no pugna con las disposiciones de la nueva ley. La derogación de una ley puede ser total o parcial".

***Ley de Introducción al C.C.bras.** Art. 2, parágr. 1.*

❖ IUS PUBLICUM PRIVATORUM PACTIS MUTARI NON POTEST.

El Derecho público no puede ser modificado por los pactos privados.

C.C.arg. Art. 21:

"Las convenciones particulares no pueden dejar sin efecto las leyes en cuya observancia estén interesados el orden público y las buenas costumbres".

C.C.esp. Art. 6:

"[...] 2. La exclusión voluntaria de la ley aplicable y la renuncia a los derechos en ella reconocidos sólo serán válidas cuando no contraríen el interés o el orden público ni perjudiquen a terceros".

C.C.port. Art. 3.

C.C.urug. Art. 11:

"No pueden derogarse por convenios particulares, las leyes en cuya observancia están interesados el orden público y las buenas costumbres".

❖ IUS SOLI SEQUITUR ÆDIFICIUM [239]

El edificio sigue el derecho del suelo [según Paulo].

C.C.arg. Art. 2331:

"Las cosas que natural o artificialmente estén adheridas al suelo, son cosas accesorias al suelo".

C.C.esp. Art. 358:

"Lo edificado, plantado o sembrado en predios ajenos y las mejoras o reparaciones hechas en ellos, pertenecen al dueño de los mismos con sujeción a lo que se dispone en los artículos siguientes".

C.C.port. Art. 1340.

C.C.urug. Art. 751:

"El dueño del terreno en que otra persona, sin su consentimiento, hubiere edificado, plantado o sembrado, tendrá el derecho de hacer suyo el edificio, plantación o sementera, mediante las indemnizaciones prescritas a favor de los poseedores de buena fe en el Título De la reivindicación (artículos 694 y siguientes), o de obligar al que edificó o plantó a pagarle el justo precio del terreno con los intereses legales por todo el tiempo que lo haya tenido en su poder y, al que sembró, pagarle la renta y a indemnizarle los daños y perjuicios. Si se ha edificado, plantado o sembrado a ciencia y paciencia del dueño del terreno, será éste obligado, para recobrarlo, a pagar el valor del edificio, plantación o sementera".

❖ **IUS STRICTUM**

Derecho estricto. Opuesto al derecho amplio y a la interpretación por equidad.

❖ **IUSSUM**

Sust.: Mandato. Orden. Disposición de autoridad. Autorización o confirmación de un acto.

❖ **IUSSUS IUDICIS EXCUSAT A DOLO.**

El mandato del juez excusa del dolo.

❖ **IUSTA UXOR**

Sust.: Mujer legítima. Cónyuge. Esposa.

❖ **IUSTITIA** (pronunc.: *"iusticia"*) **EST CONSTANTS ET PERPETUA VOLUNTAS IUS SUUM CUIQUE TRIBUERE.**

La Justicia es la constante y perpetua voluntad de dar a cada uno lo que le corresponde [según Ulpiano].

❖ **IUS TOLLENDI** (pronunc.: *"tolendi"*).

Derecho de retirar [materiales, plantaciones] sin detrimento de las cosas principales.

C.C.esp. *Art. 487:*

"El usufructuario podrá hacer en los bienes objeto del usufructo las mejoras útiles o de recreo que tuviese por conveniente, con tal de que no altere su forma o su sustancia; no obstante, no tendrá por ello derecho a indemnización. Podrá, no obstante, retirar dichas mejoras, si fuere posible hacerlo sin detrimento de los bienes".

C.C.port. *Art. 1273.*

C.C.urug. *Art. 1808:*

"El arrendador no es obligado a reembolsar el costo de las mejoras útiles en que no ha consentido con la expresa condición de abonarlas; pero el arrendatario podrá separar y llevarse los materiales, sin detrimento de la cosa arrendada, a menos que el arrendador esté dispuesto a abonarle lo que valdrían los materiales considerándolos separados".

❖ **IUS UTENDI**

Derecho de uso.

C.C.arg. Art. 2948:

"El derecho de uso es un derecho real que consiste en la facultad de servirse de la cosa de otro, independiente de la posesión de heredad alguna, con el cargo de conservar la sustancia de ella; o de tomar sobre los frutos de un fundo ajeno, lo que sea preciso para las necesidades del usuario y de su familia. Si se refiere a una casa y a la utilidad de morar en ella, se llama en este Código derecho de habitación".

C.C.esp. Art. 524:

"El uso da derecho a percibir de los frutos de la cosa ajena los que basten a las necesidades del usuario y de su familia, aunque ésta se aumente".

C.C.port. Art. 1484,1.

C.C.urug. Art. 541:

"El derecho de uso es un derecho real que consiste en servirse de la cosa de otro o exigir una porción de los frutos que ella produce. El derecho de habitación es también un derecho real, y consiste en habitar gratuitamente la casa de otro".

❖ **IUS UTENDI ET ABUTENDI**

Derecho de usar y de disponer, del propietario. Ver: "Ius abutendi".

❖ **IUS VITÆ NECISQUE** [240]

Derecho del padre de familia sobre la vida del hijo.

❖ **IUVO - IUVARE**

Verb.: Ayudar, agradar.

K

Esta letra, tomada del griego, tuvo, en su origen, sonido de C fuerte actual; después fue sustuida por una letra nueva, la G, con ese mismo sonido; posteriormente fue cambiada otra vez por la C; volviendo la G a su pronunciación original, similar a la actual. Por ello, la K se hizo innecesaria y se mantuvo bastante tiempo solo como inicial de algunos nombres propios.

❖ KÆSO (pronunc.: *"kes"*).
Nombre propio.

❖ KALENDÆ
Ver: "Calendas".

L

❖ **Labor** (pronunc.: *"lábor"*).

Sust.: Labor, tarea, trabajo, esfuerzo, fatiga.

Portugués: labor, trabalho; inglés: labour, work; francés: labour, travail.

❖ **Labor improva** (pronunc.: *"ímprova"*) **omnia vincit.**

La labor intensa y dedicada siempre vence. Es el lema de muchas instituciones.

❖ **Lædo**

Verb.: Herir, perjudicar.

❖ **Lætitia** (pronunc.: *"leticia"*).

Sust.: Alegría.

❖ **Lapis**

Sust.: Piedra, lápida.

Portugués: Lápis, pedra; inglés: stone, tablet; francés: pierre, pierre d'autel.

❖ **LATA CULPA EST NIMIA NEGLIGENTIA** (pronunc.: *"negligencia"*) **ID EST NON INTELLIGERE** (pronunc.: *"intelíguere"*) **QUOD** (pronunc.: *"cuod"*) **OMNES INTELLEGUNT** (pronunc.: *"intelégunt"*). [241]

Culpa lata es la mayor negligencia; esto es, no comprender lo que todos comprenden [según Ulpiano].

C.C.arg. *Art. 512:*

"La culpa del deudor en el cumplimiento de la obligación consiste en la omisión de aquellas diligencias que exigiere la naturaleza de la obligación, y que correspondieren a las circunstancias de las personas, del tiempo y del lugar".

C.C.bras. *Arts. 159, 1518 a 1532, 1537 y 1553.*

C.C.esp. *Art. 1104:*

"La culpa o negligencia del deudor consiste en la omisión de aquella negligencia que exija la naturaleza de la obligación y corresponda a las circunstancias de las personas del tiempo y del lugar. Cuando la obligación no exprese la diligencia que ha de prestarse en su cumplimiento, se exigirá la que corresponda a un buen padre de familia".

C.P.urug. *Art. 18:*

"[...] El hecho se considera [...] culpable, cuando, con motivo de ejecutar un hecho, en sí mismo jurídicamente indiferente, se deriva un resultado que, pudiendo ser previsto, no lo fue por imprudencia, impericia, negligencia o violación de leyes o reglamentos [...]".

❖ **LATA CULPA PLANE DOLO COMPARABITUR** (pronunc.: *"comparabítur"*). [242]

La culpa lata se asimila al dolo [según Ulpiano].

❖ **LATIUM** (pronunc.: *"lácium"*) **VETUS**

El Antiguo Lacio [región de origen de los latinos, en la que se hallaba Roma]. En sentido figurado: el Viejo Latín.

❖ **LATO SENSU**

Adv.: En sentido amplio. Interpretación con amplitud de criterio.

❖ **LATRO**

Sust., adj. y verb.: Ladrón, ladrar.

Portugués: Ladrâo, ladrar, latir; inglés: robber, to bark; francés: voleur, aboyer.

❖ **LEGATA**

Sust.: Legado.

Portugués: Legado; inglés: legacy; francés: legs.

❖ **LEGATA ETIAM** (pronunc.: *"éciam"*) **IN TESTAMENTIS RELICTA STRICTAM RECIPIUNT INTERPRETATIONEM** (pronunc.: *"interpretaciónem"*).

Los legados ordenados en los testamentos deben ser estrictamente interpretados [según Decio].

❖ **LEGATA NON DEBENTUR, NISI DEDUCTO, ÆRE ALIENO, ALIQUID** (pronunc.: *"alícuid"*) **SUPERSIT.**

No se deben los legados sino una vez deducidas las deudas [según Paulo].

C.C.arg. *Art. 3795:*

"Si los bienes de la herencia o la porción de que puede disponer el testador no alcanzasen a cubrir los legados, se observará lo siguiente: las cargas comunes se sacarán de la masa hereditaria y los gastos funerarios de la porción disponible; en seguida se pagarán los legados de cosa cierta, después los hechos en compensación de servicios, y el resto de los bienes o de la porción disponible, en su caso, se distribuirá a prorrata entre los legatarios de cantidad".

C.C.bras. *Art. 1726 y 1727.*

C.C.esp. *Art. 867:*

"Cuando el testador legare una cosa empeñada o hipotecada para la seguridad de alguna deuda exigible, el pago de ésta quedará a cargo del heredero. Si por no pagar el heredero, lo hiciere el legatario, quedará éste subrogado en el lugar y derechos del acreedor para reclamar contra el heredero. Cualquiera otra carga, perpetua o temporal a que se halle afecta la cosa legada, pasa con ésta al legatario, pero en ambos casos las rentas y los intereses o réditos devengados hasta la muerte del testador son carga de la herencia".

C.C.port. *Art. 2097.*

C.C.urug. *Art. 909:*

"Cuando el testador legó un especie empeñada o hipotecada para la seguridad de una deuda exigible del mismo testador, el pago de ésta será de cargo de la herencia, a menos que el testador hubiese impuesto expresamente al legatario el gravamen de pagarla. Si por no pagarla el heredero, lo hiciese el legatario que no tenga el gravamen de ese pago, quedará subrogado en el lugar y derecho del acreedor para reclamar contra el heredero. Toda otra carga perpetua o temporal a que esté afecta la especie legada, pasa con ésta al legatario; pero en ambos casos las rentas, intereses o réditos devengados hasta la muerte del testador, son carga de la herencia".

❖ **LEGATIS ALIMENTIS, CIBARIA, ET VESTITUS, ET HABITATIO** (pronunc.: *"habitacio"*) **DEBEBITUR QUIA SINE HIS ALI CORPUS NON POTEST.** [243]

Legados los alimentos, se deberán el sustento, el vestido y la habitación, porque sin ellos, no es posible mantener el cuerpo [según el glosador Javolenco].

❖ **LEGATUM EST DONATIO** (pronunc.: *"donacio"*) **QUÆDAM A DEFUNCTO RELICTA AB HEREDE PRÆSTANDA.** [244]

Un legado es cierta donación dejada por un difunto y que debe ser cumplida por el heredero.

❖ **LEGATUM NOMINIS** (pronunc.: *"nóminis"*).
Legado de nombre [o legado así llamado]. Legado de deudas.

❖ **LEGEM** (pronunc.: *"léguem"*) **CONTRACTUS DEDIT.** [245]
El contrato constituye la ley [entre las partes].

C.C.arg. *Art. 1197:*

"Las convenciones hechas en los contratos forman para las partes una regla a la cual deben someterse como a la ley misma".

C.C.esp. *Art. 1258:*

"Los contratos se perfeccionan por el mero consentimiento, y desde entonces obligan no sólo al cumplimiento de lo expresamente pactado, sino también a todas las consecuencias que, según su naturaleza, sean conformes a la buena fe, al uso y a la ley".

C.C.urug. *Art. 1291:*

"Los contratos legalmente celebrados forman una regla a la cual deben someterse las partes como a la ley misma [...]".

❖ **LEGES** (pronunc.: *"legues"*) **AB OMNIBUS INTELLIGI** (pronunc.: *"inteligui"*) **DEBENT.**
Las leyes deben ser comprendidas por todos.

❖ **LEGES** (pronunc.: *"legues"*) **ET CONSTITUTIONES** (pronunc.: *"constituciones"*) **FUTURIS CERTUM EST DARE FORMAM NEGOTIIS, NON AD FACTA PRÆTERITA REVOCARI.** [246]
Es cierto que las leyes y los reglamentos dan forma a los negocios futuros, pero no se retrotraen a los hechos del pasado [pretéritos].

C.C.arg. *Art. 3, según ley 17.711:*

"A partir de su entrada en vigencia, las leyes se aplicarán aun a las consecuencias de las relaciones y situaciones jurídicas existentes. No tienen efecto retroactivo, sean o no de orden público, salvo disposición en contrario. La retroactividad establecida por la ley en ningún caso podrá afectar derechos amparados por garantías constitucionales. A los contratos en curso de ejecución no son aplicables las nuevas leyes supletorias".

C.C.esp. *Art. 2:*

"[...] 3. Las leyes no tendrán efecto retroactivo si no dispusieren lo contrario".

C.C.port. *Art. 12.*

C.C.urug. *Art. 7:*

"Las leyes no tienen efecto retroactivo".

Ley de Introducción al C.C.bras. *Art. 6.*

❖ **LEGES** (pronunc.: *"legues"*) **QUOQUE** (pronunc.: *"cuocue"*) **IPSAS ANTIQUITUS PROBATA ET SERVATA TENACITER CONSUETUDO IMITATUR.** [247]

La costumbre, aprobada y observada de antiguo, se asimila a las mismas leyes.

C.C.arg. *Art. 17:*

"Los usos y costumbres no pueden crear derechos sino cuando las leyes se refieran a ellos o en situaciones no regladas legalmente".

C.C.esp. *Art. 1:*

"1. Las fuentes del ordenamiento jurídico español son la ley, la costumbre y los principios generales del derecho. [...] 3. La costumbre sólo regirá en defecto de ley aplicable, siempre que no sea contraria a la moral o al orden público y que resulte probada. Los usos jurídicos que no sean meramente interpretativos de una declaración de voluntad tendrán consideración de costumbre. 4. Los principios generales del derecho se aplicarán en defecto de ley o costumbre, sin perjuicio de su carácter informador del ordenamiento jurídico".

C.C.port. *Art. 3.*

C.C.urug. *Art. 9:*
"[...] La costumbre no constituye derecho sino en los casos en que la ley se remite a ella [...]".

Ley de Introducción al C.C.bras. *Art. 4* ***y C.C.bras.*** *Art. 1807.*

❖ **LEGIS** (pronunc.: *"leguis"*) **ACTIONES** (pronunc.: *"acciones"*).
Acciones legales. En el antiguo Derecho romano, fórmulas para demandar en juicio.

❖ **LEGI** (pronunc.: *"legui"*) **SPECIALI PER GENERALEM** (pronunc.: *"guenerálem"*) **NON DEROGATUR.**
Ley especial no se deroga por ley general.

❖ **LEGITIMATIO** (pronunc.: *"leguitimacio"*) **AD CAUSAM.**
Legitimación para la causa. [Identidad lógico-jurídica entre el titular de la acción y quien efectivamente la ejercita]. Derecho exclusivo de accionar en una causa determinada.

❖ **LETUM** (pronunc.: *"létum"*).
Sust.: Muerte. Especialmente: muerte violenta. De este vocablo proviene el adjetivo español "letal".

❖ **LEX**
Sust.: Ley.
Portugués: lei; inglés: law, rule; francés: loi.

❖ **LEX DOMICILII**
Ley del domicilio. Ley que corresponde de acuerdo con el domicilio del interesado.

❖ **LEX EST QUOD** (pronunc.: *"cuod"*) **POPULUS ROMANUS SENATORIO MAGISTRATUS INTERROGANTE VELUTI CONSULE CONSTITUEBAT.**
Ley es lo que el pueblo romano establecía para que

interrogara un magistrado senaturial actuando como cónsul [según Justiniano en las "Institutas"].

❖ **LEX FORI.**

Ley del lugar del tribunal. Jurisdicción territorial.

❖ **LEX LOCI** (pronunc.: *"loki"*).

Ley del lugar.

❖ **LEX LOCI** (pronunc.: *"loki"*) **CELEBRATIONIS.**

Ley del lugar de celebración del acto.

C.C.arg. *Art.8:*

"Los actos, los contratos hechos y los derechos adquiridos fuera del lugar de domicilio de la persona, son regidos por las leyes del lugar en que se han verificado; pero no tendrán ejecución en la República respecto de los bienes situados en el territorio, si no son conformes a las leyes del país que reglan la capacidad, estado y condición de las personas".

C.C.esp. *Art.10:*

"[...] 9. Las obligaciones no contractuales se regirán por la ley del lugar donde hubiere ocurrido el hecho de que deriven [...]".

C.C.urug. *Art. 2395:*

"La ley del lugar de celebración del matrimonio rige la capacidad de las personas para contraerlo y la forma, existencia y validez del acto matrimonial".

Ley de Introducción al C.C.bras. *Art.6.*

❖ **LEX LOCI** (pronunc.: *"loki"*) **SOLUCIONIS.**

Ley del lugar de pago o de cumplimiento de la obligación.

C.C.arg. *Art. 1212:*

"El lugar de cumplimiento de los contratos que en ellos no estuviere designado o no lo indicare la naturaleza de la obligación, es aquel en que el contrato fue hecho, si fuere el domicilio del deudor, aunque después mudare de domicilio o falleciere".

C.C.esp. *Art. 10:*

"[...] 10. La ley reguladora de una obligación se extiende a los requisitos del cumplimiento y a las consecuencias del incumplimiento, así como su extinción. Sin embargo, se aplicará la ley del lugar de cumplimiento a las modalidades de la ejecución que requieran intervención judicial o administrativa".

C.C.port. *Art. 74.*

C.C.urug. *Art. 2399:*

"Los actos jurídicos se rigen, en cuanto a su existencia, naturaleza, validez y efectos, por la ley del lugar de su cumplimiento, de conformidad, por otra parte, con las reglas de interpretación contenidas en los artículos 34 a 38 inclusive del Tratado de Derecho Civil de 1899" [hoy arts. 36 a 43 del Tratado de 1939-40].

C.P.C.bras. *Art. 88, num. II.*

❖ LEX NON OBLIGAT NISI PROMULGATA. [248]

La ley no obliga sino una vez promulgada.

C.C.arg. *Art. 2, según ley 16.504:*

"Las leyes no son obligatorias sino después de su publicación y desde el día que determinen. Si no designan tiempo, serán obligatorias después de los ocho días siguientes al de su publicación oficial".

C.C.esp. *Art. 2:*

"1. Las leyes entrarán en vigor a los veinte días de su completa publicación en el Boletín Oficial del Estado, si en ellas no se dispone otra cosa [...]".

C.C.urug. *Art. 1:*

"Las leyes sólo son obligatorias en virtud de su promulgación por el Poder Ejecutivo [...]".

Const.esp. *Art. 91:*

"El Rey sancionará en el plazo de quince días las leyes aprobadas por las Cortes Generales, y las promulgará y ordenará su inmediata publicación".

Ley de Introducción al C.C.bras. *Art. 1.*

❖ **LEX NON VALET EXTRA TERRITORIUM.**

La ley no rige fuera del territorio [nacional].

❖ **LEX POSTERIOR DEROGAT PRIORI.** [249]

La ley posterior deroga la anterior o precedente [según Modestino].

C.C.arg. *Art. 3, según ley 17.711:*

"A partir de su entrada en vigencia, la ley se aplicará aun a las consecuencias de las relaciones y situaciones jurídicas existentes. No tienen efecto retroactivo, sean o no de orden público, salvo disposición en contrario. La retroactividad establecida por la ley en ningún caso podrá afectar derechos amparados por garantías constitucionales. A los contratos en curso de ejecución no son aplicables las nuevas leyes supletorias".

C.C.esp. *Art. 2:*

"[...] 2. Las leyes sólo se derogan por otras posteriores. La derogación tendrá el alcance que expresamente se disponga y se extenderá siempre a todo aquello que en la ley nueva sobre la misma materia sea incompatible con la anterior. Por la simple derogación de una ley no recobran vigencia las que ésta hubiere derogado [...]".

C.C.urug. *Art. 10:*

"La derogación de las leyes puede ser expresa o tácita. Es expresa, cuando la nueva ley dice expresamente que deroga la antigua. Es tácita, cuando la nueva ley contiene disposiciones que no pueden conciliarse con las de la ley anterior. La derogación tácita deja vigente en las leyes anteriores, aunque versen sobre la misma materia, todo aquello que no pugna con las disposiciones de la nueva ley. La derogación de una ley puede ser total o parcial".

Ley de Introducción al C.C.bras. *Art. 2, parágrs. 1 y 2.*

❖ **LEX SEMPER LOQUITUR** (pronunc.: *"locuítur"*).

La ley siempre habla.

❖ **LIBELLUS** (pronunc.: *"libelus"*).
Sust.: Libelo. Escrito. Especialmente, escrito judicial (de demanda, etc.).
Portugués: libelo; inglés: libel; francés: libelle.

❖ **LIBELLUS** (pronunc.: *"libelus"*) **APPELLATORIUS** (pronunc.: *"apelatorius"*). [250]
Escrito de apelación.

❖ **LIBERALITAS NOLENS NON ADQUIRITUR.**
La liberalidad no se adquiere por quien no la quiere.
Ver: "Invito beneficium...".

❖ **LIBERE DEBENT ESSE MATRIMONIA.**
Los matrimonios deben celebrarse libremente.

❖ **LIBERO**
Verb.: Liberar. Dar libertad.

❖ **LIBERTAS EST NATURALIS FACULTAS EIUS QUOD** (pronunc.: *"kuod"*) **CUIQUE** (pronunc.: *"cuikue"*) **FACERE, NISI SI QUID** (pronunc.: *"kuid"*) **VI AUT IURE PROHIBETUR.**
La libertad es la facultad natural de cada uno de hacer lo que le plazca, a menos que esté impedido por la fuerza o por el Derecho.

❖ **LICET MERCATORIBUS SESE INVICEM CIRCUNVENIRE.** [251]
Es lícito en el comerciante engañar en caso de necesidad.
Ver: "Dolus bonus".

❖ **LICET VIS CUM VI REPELLERE** (pronunc.: *"repelere"*).
Es lícito repeler la fuerza con la fuerza (Digesto).

C.C.arg. *Art. 2470:*

"El hecho de la posesión da el derecho de protegerse en la posesión propia y repulsar la fuerza con el empleo de una fuerza suficiente, en los casos en que los auxilios de la justicia llegarían demasiado tarde; y el que fue desposeído podrá recobrarla de propia autoridad sin intervalo de tiempo, con tal que no exceda los límites de la propia defensa".

❖ **LINQUO** (pronunc.: *"líncuo"*).
Verb.: Dejar, abandonar.

❖ **LIQUIDO** (pronunc.: *"lícuido"*) **CUM ILIQUIDO** (pronunc.: [252]
"ilícuido") **NULLA** (pronunc.: *"nula"*) **EST COMPENSATIO** (pronunc.: *"compensacio"*).
No corresponde la compensación de lo líquido con lo ilíquido.

C.C.arg. *Art. 819:*

"Para que se verifique la compensación, es preciso que la cosa debida por una de las partes pueda ser dada en pago de lo que es debido por la otra; que ambas deudas sean subsistentes civilmente; que sean líquidas; ambas exigibles; de plazo vencido y que, si fuesen condicionales, se halle cumplida la condición".

C.C.bras. *Art. 1010.*

C.C.esp. *Art. 1196:*

"Para que proceda la compensación es preciso: [...] 4. Que sean líquidas y exigibles [...]".

C.C.port. *Art. 847.*

C.C.urug. *Art. 1499:*

"Para que la compensación de dos deudas se verifique *ipso jure*, se requiere: [...] 2. Que ambas sean líquidas [...]".

❖ **LIS - LITE - LITIS**
Sust.: Lid, litigio, juicio, proceso, pleito.
Portugués: litigio, pleito, questâo; inglés: litigation, lawsuit; francés: litige, discussion.

❖ **LITE PENDENTE, NIHIL INNOVETUR.**
Pendiente el juicio, nada puede innovarse.

C.C.bras. *Art. 264.*

C.C.port. *Art. 272.*

C.G.P.urug. *Art. 121:*

"Podrá cambiarse la demanda antes de que haya sido contestada".

C.P.C.C.N.arg. *Art. 331:*

"El actor podrá modificar la demanda antes de que ésta sea notificada. Podrá, asimismo, ampliar la cuantía de lo reclamado si antes de la sentencia vencieren nuevos plazos o cuotas de la misma obligación. Se considerarán comunes a la ampliación los trámites que la hayan precedido y se sustanciará únicamente con un traslado a la otra parte. Si la ampliación, expresa o implícitamente, se fundare en hechos nuevos, se aplicarán las reglas establecidas en el art. 365".

❖ **LITIS CONTESTATIO.**

Litigio contestado. Apertura del proceso cuando se ha deducido demanda y contestación. Ver regla antecedente y sus citas.

❖ **LITIS EXPENSAS**

Gastos del juicio. Costas y costos que hay que afrontar en un litigio, salvo auxiliatoria de pobreza o exoneración legal.

C.C.urug. *Art. 155, según ley 16.603:*

"Mientras no se hagan efectivas las litis expensas, podrá el cónyuge diferir el pago de tributos y demás gastos judiciales. Todo, sin perjuicio de imputarse al haber del cónyuge deudor al tiempo de liquidarse la sociedad conyugal, las sumas que debió abonar por los conceptos expresados y las condenas que estableciere la sentencia definitiva".

C.P.C.port. *Art. 446.*

❖ **LITTERA** (pronunc.: *"lítera"*).

Sust.: Letra. Texto de una norma o documento.

❖ **LOCARE SERVITUTEM NEMO POTEST.** [253]

Nadie puede dar una servidumbre en arrendamiento [según Ulpiano].

❖ **LOCATIO** (pronunc.: *"locacio"*).

Sust.: Locación, arrendamiento.

Portugués: locação, aluguer, arrendamento; inglés: lease, renting; francés: location, fermage.

❖ **LOCATIO** (pronunc.: *"locacio"*) **CONDUCTIO** (pronunc.: *"conduccio"*).

Locación. Arrendamiento de obra. Trabajo independiente.

❖ **LOCATIO** (pronunc.: *"locacio"*) **OPERARUM** [254]

Arrendamiento o locación de trabajo. Relación de trabajo independiente. Locación de mano de obra. Arrendamiento de servicios.

C.C.arg. *Art. 1623:*

"La locación de servicios es un contrato consensual, aunque el servicio hubiese de ser hecho en cosa que una de las partes debe entregar. Tiene lugar cuando una de las partes se obligare a prestar un servicio y la otra a pagarle por ese servicio un precio en dinero. Los efectos de este contrato serán juzgados por las disposiciones de este Código sobre las 'Obligaciones de Hacer'".

C.C.bras. *Art. 1237.*

C.C.esp. *Art. 1583:*

"Puede contratarse esta clase de servicios sin tiempo fijo, por cierto tiempo o para una obra determinada. El arrendamiento hecho por toda la vida es nulo".

C.C.port. *Art. 1152.*

C.C.urug. Art. 1834:

"El que hiciere algún trabajo o prestare algún servicio a otro puede demandar el precio, aunque ningún precio o retribución se hubiese ajustado, siempre que el tal trabajo o servicio fuese de su profesión o modo de vivir honesto. En este caso, se presumirá que los interesados ajustaron el precio de costumbre para ser determinado judicialmente, si hubiere duda. Si el servicio o trabajo, aunque honesto, no fuere relativo a la profesión o modo de vivir del que lo hizo, sólo tendrá lugar lo dispuesto en el inciso anterior, cuando, por las circunstancias, no se presumiere la intención de beneficiar a la persona a quien el servicio se hacía. Esta intención se presume si el servicio no fue solicitado o si el que lo prestó habitaba en casa de la otra parte. En los casos de este artículo, si ha habido ajuste sobre el precio o retribución, lo pactado se cumplirá, siendo entre personas capaces, y no probándose que intervino fuerza, error, dolo o fraude".

❖ **LOCATIO** (pronunc.: *"locacio"*) **OPERIS**

Locación o arrendamiento de obra. Relación independiente o de empresa.

C.C.arg. Art. 1629:

"Puede contratarse un trabajo o la ejecución de una obra, conviniendo en que el que la ejecute ponga sólo su trabajo o su industria, o que también provea la materia principal".

C.C.bras. Art. 1237.

C.C.esp. Art. 1544:

"En el arrendamiento de obras o servicios, una de las partes se obliga a ejecutar una obra o a prestar a la otra un servicio por precio cierto".

C.C.port. Art. 1022.

C.C.urug. Art. 1840:

"Si se da a uno el encargo de hacer una obra, puede convenirse que pondrá sólo su industria o que suministrará también los materiales".

❖ **LOCATIO** (pronunc.: *"locacio"*) **REI**

Arrendamiento o locación de cosas.

C.C.arg. *Art. 1499:*

"Las cosas muebles no fungibles, y las raíces sin excepción, pueden ser objeto de la locación".

C.C.bras. *Art. 1188.*

C.C.esp. *Art. 1543:*

"En el arrendamiento de cosas, una de las partes se obliga a dar a la otra el goce o uso de una cosa por un tiempo determinado y precio cierto".

C.C.port. *Art. 1022.*

C.C.urug. *Art. 1777:*

"Pueden ser objeto de arrendamiento los bienes muebles no fungibles y todos los inmuebles. Exceptúanse aquellas cosas que la ley prohíbe arrendar y los derechos estrictamente personales, como los de uso y habitación".

❖ **LOCATIO** (pronunc.: *"locacio"*) **SINE MERCEDE CERTA CONTRAHI NON POTEST.**

No puede contratarse un arriendo sin precio cierto. El arrendamiento no puede ser gratuito.

❖ **LOCO CITATO**

Adv.: En el lugar citado. Se emplea en las notas de los libros y otros escritos, para indicar que la referencia aludida ya ha sido citada en otra nota; se suele simplificar de este modo: **loc. cit.** u **op. cit.** (**opus citato**: obra citada).

❖ **LOCO - LOCARE**

Verb.: Colocar, poner, arrendar. Ver: "Locatio".

❖ **LOCUPLETARI CUM ALIENA IACTURA NON DEBET QUI CAUSAM NON LUCRATIVAM HABET.** **[255]**

No debe enriquecerse en detrimento ajeno el que no tiene derecho de lucro.

C.C.arg. *Art. 792:*

"El pago efectuado sin causa, o por una causa contraria a las buenas costumbres, como también el que se hubiese obtenido por medios ilícitos, puede ser repetido, haya sido o no hecho por error".

C.C.esp. *Art. 1895:*

"Cuando se recibe alguna cosa que no había derecho a cobrar, y que por error ha sido indebidamente entregada, surge la obligación de restituirla".

C.C.port. *Art. 473.*

C.C.urug. *Art. 1308:*

"Todo hecho lícito del hombre que hace mejor la condición de una persona en daño de otro, sin que haya mediado intención de hacer liberalidad, da origen a un cuasicontrato que obliga al que ha mejorado su condición a devolver la suma o la cosa convertida en su provecho".

❖ **LOCUS**

Sust.: Lugar.

❖ **LOCUS REGIT** (pronunc.: *"réguit"*) **ACTUM.**

El lugar de celebración rige el acto. Ver: "Lex loci celebrationis".

❖ **LONGA MANU**

Adv.: Desde largo tiempo. Lo tradicional.

❖ **LONGI** (pronunc.: *"longui"*) **TEMPORIS PRÆSCRIPTIO** (pronunc.: *"prescripcio"*). [256]

Prescripción [adquisitiva] con el plazo más largo.

C.C.arg. *Art. 4015:*

"Prescríbese también la propiedad de cosas inmuebles y demás derechos reales por la posesión continua de veinte años, con ánimo de tener la cosa para sí, sin necesidad de título y buena fe por parte del poseedor, salvo lo dispuesto respecto a las servidumbres, para cuya prescripción se necesita título".

C.C.bras. *Art. 550.*

C.C.esp. *Art. 1959:*

"Se prescriben también el dominio y demás derechos reales sobre los bienes inmuebles por su posesión no interrumpida durante treinta años, sin necesidad de título ni de buena fe, y sin distinción entre presentes y ausentes, salvo la excepción determinada en el art. 539"[servidumbres continuas no aparentes y discontinuas].

C.C.port. *Art. 1294.*

C.C.urug. *Art. 1211:*

"La propiedad de los bienes inmuebles se prescribe por la posesión de treinta años, bien sea entre presentes o entre ausentes, sin necesidad, por parte del poseedor, de presentar título y sin que pueda oponerse la mala fe: salvo la excepción establecida en el art. 633"[caso de las servidumbres discontinuas].

❖ **LONGO SILENTIO** (pronunc.: *"silencio"*) **RES HABETUR PRO DERELICTA.** [257]

Por un largo silencio, la cosa se tiene por abandonada.

C.C.arg. *Art. 2607:*

"Se pierde también [el dominio] desde que se abandone la cosa, aunque otro aún no se la hubiese apropiado. Mientras que otro no se apropie la cosa abandonada, es libre, el dueño de ella, de arrepentirse del abandono y adquirir de nuevo el dominio".

❖ **LUCRUM**

Sust.: Lucro, logro, beneficio.

❖ **LUCRUM CESSANS**

Lucro cesante. Ganancia perdida.

C.C.arg. Art. 519:

"Se llaman daños e intereses el valor de la pérdida que haya sufrido y el de la utilidad que haya dejado de percibir el acreedor de la obligación, por la inejecución de ésta a su debido tiempo".

C.C.bras. Art.1059.

C.C.esp. Art. 1106:

"La indemnización de daños y perjuicios comprende, no sólo el valor de la pérdida que hayan sufrido, sino también el de la ganancia que haya dejado de obtener el acreedor, salvas las disposiciones contenidas en los artículos siguientes".

C.C.port. Art. 569.

C.C.urug. Art. 1323:

"El daño comprende no sólo el mal directamente causado, sino también la privación de ganancia que fuere consecuencia inmediata del hecho ilícito".

❖ **LUDO**

Sust.: Tarea, trabajo, labor, esfuerzo, fatiga, juego.

M

❖ MACER (pronunc.: *"mácer"*).
Adj.: Magro, flaco, delgado.

❖ MAGIS PERSONAM EXIMIT AB OBLIGATIONE QUAM EXTINGUIT OBLIGATIONEM. [258]
(La confusión) más que extinguir la obligación libera a la persona.

❖ MAGIS UT VALEAT QUAM UT PEREAT.
Antes valga que perezca la disposición.

❖ MAGNA CULPA DOLUS EST.
La culpa grande es dolo [según el jurista Paulo].

❖ MAGNA DIFFICULTAS IMPOSSIBILITATI ÆQUIPARATUR.
Una gran dificultad se equipara a la imposibilidad.

❖ MAGNITUDO
Sust.: Magnitud, grandeza.

❖ **MAIOR CASUS EST CUI HUMANA INFIRMITAS RESISTERE NON POTEST.** [259]

Es fuerza mayor la que la debilidad humana no puede resistir. Ver.: "Casus fortuitum...".

C.C.arg. *Art. 514:*

"Caso fortuito es el que no ha podido preverse o que, previsto, no ha podido evitarse".

C.C.esp. *Art. 1105:*

"Fuera de los casos expresamente mencionados en la ley, y de los en que así lo declare la obligación, nadie responderá de aquellos sucesos que no hubieran podido preverse o que, previstos, fueran inevitables".

C.C.urug. *Art. 1343:*

"No se debe daños y perjuicios cuando el deudor no ha podido dar o hacer la cosa a que estaba obligado, o ha hecho lo que le estaba prohibido, cediendo a fuerza nayor o por caso fortuito [...]".

❖ **MAIOR PARS TRAHIT MINOREM.**

La parte mayor arrastra a la menor. Lo accesorio sigue a lo principal.

❖ **MALA FIDES SUPERVENIENS NON IMPEDIT USUCAPIONEM.**

La mala fe superviniente no impide la prescripción adquisitiva.

❖ **MALA FIDES SUPERVENIENS NON NOCET.**

La mala fe superviniente no anula [el negocio]. Lo sucesivo no vicia el negocio.

Los negocios concluidos de mala fe son nulos; pero no si la mala fe se conoce después [es subsiguiente].

❖ **MALE**

Adv.: Mal, malamente.

❖ **MALEFACTORES ET CONSILIUM ET OCCULTATORES, DARI PŒNA PUNIUNTUR.**

A los malhechores, a sus instigadores y encubridores, se les debe dar igual pena [de la "Partida 7ª"].

❖ **MALEFICIUM ITERATUM GRAVIUS.** [260]

El delito reiterado es más grave.

C.P.urug. *Art. 54:*

"[Reiteración real] Al culpable de varios delitos, no excediendo el número de tres, cometidos en el país o fuera de él, se le aplicará la pena que corresponda por el delito mayor, aumentada en razón del número y gravedad de los otros delitos, pero sin que el aumento pueda exceder de la mitad de la misma pena, salvo que tales delitos se hubieren ejecutado en el término de cinco años a partir del primero, en cuyo caso el aumento puede llegar a las dos terceras partes".

❖ **MALITIA** (pronunc.: *"malicia"*) **CRESCENTE ET PŒNA CRESCERE DEBET.**

Con la malicia creciente, debe aumentarse también la pena.

❖ **MALITIA SUPPLET ÆTATEM.**

La malicia suple la falta de edad. O sea: el negocio con el menor no es nulo si éste actuó con malicia.

❖ **MALUS USUS EST ABOLENDUS.**

El mal uso debe ser abolido.

❖ **MANCIPATIO** (pronunc.: *"mancipacio"*).

Sust.: Emancipación. Cesión de capacidad al menor. Cesión de bienes de la propiedad original.

❖ **MANDATARIUS NON DEBET SENTIRE LUCRUM NEC DAMNUM.**

El mandatario no debe experimentar lucro ni daño.

❖ **MANDATOR CÆDIS PRO HOMICIDA HABETUR.**

Al que ordena matar se le debe considerar homicida.

Ver: "Malefactores et consilium...".

❖ **MANDATUM AGENDI NON EXTENDITUR AD TRANSIGENDUM.** [261]

El mandato general no se extiende a la transacción.

C.C.arg. *Art. 1880:*

"El mandato concebido en términos generales no comprende más que los actos de administración, aunque el mandante declare que no se reserva ningún poder, y que el mandatario puede hacer todo lo que juzgue conveniente, o aunque el mandato contenga cláusula de general y libre administración".

Art. 1881:

"Son necesarios poderes especiales: 1º. Para hacer pagos que no sean los ordinarios de la administración. 2º. Para hacer novaciones que extingan obligaciones ya existentes al tiempo del mandato. 3º. Para transigir, comprometer en árbitros, prorrogar jurisdicciones, renunciar al derecho de apelar o a prescripciones adquiridas [...]".

C.C.bras. *Art. 1295, inc. 1.*

C.C.esp. *Art. 1713:*

"El mandato concebido en términos generales, no comprende más que los actos de administración. Para transigir, enajenar, hipotecar o ejecutar cualquier otro acto de riguroso dominio, se necesita mandato expreso".

C.C.port. *Art. 1159.*

C.C.urug. *Art. 2056:*

"El mandato concebido en términos generales no comprende más que los actos de administración, aunque el mandante declare que no se reserva poder alguno, y que el mandatario puede hacer todo lo que juzgue conveniente, o aunque el mandato contenga la cláusula de general y libre administración. Para transigir, enajenar, hipotecar o hacer cualquier acto riguroso de dominio, se requiere poder expreso. La facultad de transigir no encierra la de comprometer, ni viceversa".

❖ **MANDATUM NISI GRATUITUM NULLUM EST.**

Si el mandato no es gratuito, es nulo [según Paulo].

C.C.arg. *Art. 1871:*

"El mandato puede ser gratuito y oneroso. Presúmese que es gratuito cuando no se hubiese convenido que el mandatario perciba una retribución por su trabajo. Presúmese que es oneroso cuando consista en atribuciones o funciones conferidas por la ley al mandatario, y cuando consista en los trabajos propios de la profesión lucrativa del mandatario o de su modo de vivir".

C.C.bras. *Art. 1290.*

C.C.esp. *Art. 1711:*

"A falta de pacto en contrario, el mandato se supone gratuito. Esto no obstante, si el mandatario tiene por ocupación el desempeño de servicios de la especie a que se refiere el mandato, se presume la obligación de retribuirlo".

C.C.port. *Art. 1158.*

C.C.urug. *Art. 2052:*

"El mandato puede ser gratuito u oneroso. Se presumirá que es gratuito cuando no se hubiese convenido que el mandatario perciba una retribución por su trabajo. Se presumirá que es oneroso, cuando consista en atribuciones o funciones conferidas a alguno por la ley, y cuando consiste en trabajos propios de la profesión lucrativa del mandatario o de su modo de vivir".

❖ **MANDATUM PECUNIÆ CREDENDŒ.**

Mandato de prestar dinero. [Por el mismo, se garantizaba el reembolso del dinero prestado por el mandatario].

❖ **MANDATUM SOLVITUR MORTE.**

El mandato se disuelve con la muerte [del mandante o del mandatario].

C.C.arg. Art. 1963:

"El mandato se acaba: [...] 3. Por el fallecimiento del mandante o del mandatario [...]".

C.C.bras. Art. 1316, II.

C.C.esp. Art. 1732:

"El mandato se acaba: [...] 3. Por la muerte, quiebra o insolvencia del mandante o del mandatario".

C.C.port. Art. 1174, a.

C.C.urug. Art. 2086:

"El mandato se acaba: [...] 5. Por la muerte del mandante o del mandatario [...]".

❖ **MANDATUM SPECIALE DEROGAT GENERALI.**

El mandato especial deroga el general.

C.C.arg. Art. 1975:

"Cuando el mandato es general, la procuración especial dada a otro mandatario deroga, en lo que concierne a esta especialidad, la procuración general anterior".

C.C.port. Art. 1171.

❖ **MANEO**

Verb.: Permanecer.

❖ **MANIFESTA NON EGENT** (pronunc.: *"éguent"*) **PROBATIONEM.** (pronunc.: *"probaciónem"*).

Lo manifiesto no necesita probarse.

C.G.P.urug. Art. 138:

"No requieren ser probados: [...] 2. Los hechos evidentes [...]".

C.P.C.bras. Art. 334, I.

❖ **MANUMISSIO**

Sust.: Manumisión. Liberación de un esclavo o de persona sin derechos civiles. Ver: "Alieni iuris".

❖ **MANUS INIECTIO IUDICATI**

Aprehensión. "Echar mano" a una persona, para ejecutar en ella una obligación [en el Derecho romano primitivo].

❖ **MARITUS**

Sust.: Marido. Hombre casado.

❖ **MATER IN IURE, SEMPER CERTA EST.**

En Derecho, la madre es siempre cierta.

C.C.arg. Art. 242, según ley 24.540:

"La maternidad quedará establecida, aun sin reconocimiento expreso, por la prueba del nacimiento y la identidad del recién nacido. La inscripción deberá realizarse a petición de quien presente un certificado del médico u obstétrica que haya atendido el parto de la mujer a quien se atribuye la maternidad del hijo y la ficha de identificación del recién nacido. Esta inscripción deberá serle notificada a la madre salvo su reconocimiento expreso, o que quien hubiese denunciado el nacimiento fuere el marido".

C.C.esp. Art. 120:

"La filiación no matrimonial quedará determinada legalmente: [...] 4. Respecto de la madre, cuando se haga constar la filiación materna en la inscripción de nacimiento practicada dentro de plazo, de acuerdo con lo dispuesto en la Ley de Registro Civil".

C.C.port. Art. 1796.

❖ **MATER SEMPER CERTA, PATER AUTEM INCERTUM MATER SEMPER CERTA, PATER NUNQUAM CERTUM.**

La maternidad es siempre cierta; la paternidad es siempre incierta. La maternidad es siempre cierta; la paternidad nunca es cierta.

❖ **MELIUS EST ABUNDARE QUAM DEFICERE.**

Mejor es que abunde y no que falte.

❖ **MELIUS EST CAUSA POSSIDENTIS.** [262]

Es mejor el derecho de quien posee.

C.C.arg. Art. 2362:

"Todo poseedor tiene para sí la presunción de la buena fe de su posesión, hasta que se pruebe lo contrario, salvo los casos en que la mala fe se presuma".

C.C.bras. Art. 507.

C.C.esp. Art. 448:

"El poseedor en concepto de dueño tiene a su favor la presunción legal de que posee con justo título, y no se le puede obligar a exhibirlo".

C.C.port. Art. 1268.

C.C.urug. Art. 649:

"La posesión da diferentes derechos al que la tiene: 1. Se le presume dueño, mientras no se pruebe lo contrario [...]".

❖ **MENDACIUM**

Sust.: Mentira.

❖ **MENDAX**

Adj.: Mentiroso, mendaz.

❖ **MENS**

Sust.: Mente, ánimo, intención.

❖ **MENS LEGIS** (pronunc.: *"leguis"*).

Mente de la ley. Voluntad abstracta del legislador, diferente de la voluntad personal de los legisladores.

❖ **MERCES**

Alquiler o renta. Salario. Precio en el contrato de empresa y en el comercio minorista.

❖ **MERCIS APPELLATIO AD RES MOBILES TANTUM PERTINET.**
La palabra mercancía corresponde solamente a las cosas muebles.

❖ **MERX**
Sust.: Mercancías. Bienes muebles destinados a venderse.

❖ **METUS**
Sust.: Miedo, temor.

❖ **MIGRO**
Verb.: Emigrar, trasladarse.

❖ **MINIMA NON CURAT PRÆTOR** (pronunc.: *"pretor"*).
De las minucias no se ocupe el pretor, el juez. Véase: "De minima non cavet iudex".

❖ **MINIMUM IN DELICTI EST ELIGENDUS.**
Para imputar un delito debe elegirse el menos grave.

❖ **MINIMUS**
Adj.: Mínimo. Muy pequeño.

❖ **MINORIBUS ÆTAS IN DAMNIS SUBVENIRE, NON REBUS PROSPERE GESTIS OBESSE CONSUEVIT.**
Fue costumbre que la edad favoreciese en caso de perjuicios, a los menores, pero no que los perjudicase en los negocios ventajosos.

❖ **MINUS DICTUM QUAM COGITATUM.** [263]
Dice menos de lo que pensó. Reticente. Que obra con reserva mental.

❖ **MINUS DIXIT QUAM VOLVIT.** [264]
[El legislador] dijo menos de lo que quiso decir. Necesidad de la interpretación extensiva.

❖ **MOBILIA SEQUUNTUR PERSONAM, SIVE DOMICILIUM ILLORUM CUIUS SUNT.** [265]

Los muebles siguen a la persona o al domicilio de aquellos a los cuales pertenecen [jurisdicción].

❖ **MODICA CIRCUNSTANTIA FACTI, IUS VARIAT.**

La menor circunstancia de hecho, cambia el derecho.

❖ **MODO**

Adv.: Con tal que, hace poco, únicamente.

❖ **MONSTRUM VEL PRODIGIUM**

Monstruo o prodigio. Decíase del recién nacido con graves malformaciones.

❖ **MORA EST INIUSTA DILATIO IN ADIMPLENDA OBLIGATIONE.**

La mora es el retardo injustificado en el cumplimiento de la obligación.

C.C.arg. *Art. 508:*

"El deudor es igualmente responsable por los daños e intereses que su morosidad causare al acreedor en el cumplimiento de la obligación".

C.C.esp. *Art. 1100:*

"Incurren en mora los obligados a entregar o a hacer alguna cosa desde que el acreedor les exija judicial o extrajudicialmente el cumplimiento de su obligación [...]".

❖ **MORBUS EST IMPEDIMENTUM LEGALE.**

La enfermedad es impedimento legal.

❖ **MORES MAIORUM.**

Costumbres de los antepasados.

❖ **MORTIS CAUSA**

Por causa de muerte. Se emplea en institutos motivados por el hecho de la muerte humana, como las sucesiones, los seguros de vida; la renta vitalicia; etc.

C.C.arg. Art. 2083:

"La obligación de pagar una renta vitalicia se extingue por la muerte de la persona en cabeza de quien ha sido constituida".

C.C.esp. Art. 620:

"Las donaciones que hayan de producir sus efectos por muerte del donante, participan de la naturaleza de las disposiciones de última voluntad, y se regirán por las reglas establecidas para la sucesión testamentaria".

C.C.port. Art. 2031.

C.C.urug. Art. 776:

"La sucesión o herencia, modo universal de adquirir, es la acción de suceder al difunto y representarle en todos sus derechos y obligaciones que no se extinguen por la muerte. Se llama heredero el que sucede en esos derechos y obligaciones".

❖ **MORTIS CAUSA DONATIONES COMPARATUR LEGATU.** [266]

Las donaciones por causa de muerte se asemejan a los legados [según Ulpiano].

❖ **MOS ITALICUS IURA DOCENDI ET DISCENDI.**

Modo italiano de enseñar y aprender el Derecho. Método basado en el de la escuela de Bolonia, usado por los glosadores.

❖ **MOS - MORIS**

Sust.: Costumbre, uso, hábito, modo.

❖ **MOS NAMQUE** (pronunc.: *"namcue"*) **RETINENDUS EST, FIDELISSIMAE VETUSTATIS.**

Hay que conservar fielmente las costumbres antiguas.

❖ **MOTU PROPRIO.**

Adv.: Por iniciativa propia.

❖ **MOTUS DOLUM IN SE RECIPIT.**
La violencia comprende en sí al dolo.

❖ **MULIER**
Sust.: Mujer, señora. Ver: "Femina est finis...".

❖ **MULIERIBUS TUNC SUCCURRENDUM EST, QUUM DEFENDANTUR, NON UT FACILIUS CALUMNIENTUR.**
Se ha de auxiliar a las mujeres siempre, y cuando hayan de ser defendidas, pero no para que calumnien más fácilmente [Ulpiano].

❖ **MULTUM LUCRANTUR QUI A LITE DISCENDIT.** [267]
Mucho gana quien huye de los pleitos.

❖ **MUNERA**
Sust.: Prestación o cargo remunerado. Impuesto. Ver: "Honores et munera...".

❖ **MUNICEPS**
Sust.: Ciudadano. Miembro libre de la ciudad, con facultades políticas y civiles.

❖ **MUNUS PROPRIE EST, QUOD NECESSARIE OBIMUS, LEGE, IMPERIOVE EIUS, QUI IUBENDI HABET POTESTATEM.**
Cargo es el que propiamente nos coresponde. El que de modo necesario desempeñamos por ministerio de la ley, por la costumbre o por imperativo de quien tiene potestad para mandar.

❖ **MUNUS PUBLICUM.**
Sust.: Trabajo público. Función pública.

❖ **MUTARE CONSILIUM QUIS NON POTEST IN ALTERIUS DETRIMENTUM.** [268]

Nadie puede mudar su opinión en perjuicio de otros. Ver: "Consilii non fraudulenti...".

❖ **MUTATA FORMA PROPE INTERMIT SUBSTANTIAM REI.**
Con la transformación, casi se destruye la sustancia de las cosas [según Ulpiano].

❖ **MUTATIO** (pronunc.: *"mutacio"*) **LIBELLI.** [269]
Mutación del escrito. Nombre que en el Derecho medieval se daba a la modificación de la demanda.

❖ **MUTATIS MUTANDI.**
Dicho de otro modo. Hecha la debida corrección.

❖ **MUTO**
Verb.: Mudar, cambiar.

❖ **MUTUUS DISSENSUS O CONTRARIUS CONSENSUS** [270]
Mutuo disenso. Rescisión.

C.C.arg. *Art. 1200:*

"Las partes pueden, por mutuo consentimiento, extinguir las obligaciones creadas por los contratos, y retirar los derechos reales que se hubiesen transferido; y pueden también por mutuo consentimiento revocar los contratos, por las causas que la ley autoriza".

C.C.port. *Art. 432.*

C.C.urug. *Art. 1294:*

"Las partes pueden, por mutuo consentimiento, extinguir las obligaciones creadas por los contratos y retirar los derechos reales que se hubiesen transferido; y pueden también por mutuo consentimiento, revocar los contratos por las causas que la ley autoriza".

N

❖ **Nam**

Conj.: Pues, porque, en efecto, ya que.

❖ **Narro**

Verb.: Narrar, contar, relatar, hablar de.

❖ **Nasciturus proiam nato habetur, si de eius commodo agitur.**

A la persona por nacer se la considera como nacida, cuando se trata de una ventaja [según Paulo].

C.C.arg. *Art. 70:*

"Desde la concepción en el seno materno comienza la existencia de las personas; y antes de su nacimiento pueden adquirir algunos derechos, como si ya hubiesen nacido. Estos derechos quedan irrevocablemente adquiridos si los concebidos en el seno materno nacieren con vida, aunque fuera por instantes, después de estar separados de su madre".

C.C.esp. *Art. 29:*

"El nacimiento determina la personalidad; pero el concebido se tiene por nacido para todos los efectos que le sean favorables, siempre que nazca con las condiciones que expresa el artículo siguiente".

Art. 30:

"Para los efectos civiles, sólo se reputará nacido el feto que tuviere figura humana y viviere veinticuatro horas enteramente desprendido del seno materno".

C.C.port. *Art. 1797.*

❖ **Natio** (pronunc.: *"nacio"*).
Sust.: Nación, pueblo, raza.

❖ **Naturalis obligatio rei impedit repartitionem indebiti.**
Lo pagado por una obligación natural no puede repetirse.

❖ **Natus - natum**
Adj.: Nacido.

❖ **Ne bis (o non bis) in idem.**
No debe juzgarse dos veces por el mismo asunto.

C.P.P.urug. *Art. 5:*

"[Prohibición del 'bis in idem'] Ninguna persona debe ser investigada más de una vez por un mismo hecho por el cual haya sido sometida a proceso, en el país o fuera de él, aunque se modifique la calificación jurídica o se afirmen nuevas circunstancias. Se exceptúa el caso en que el proceso haya concluido por falta de presupuestos procesales o defectos de procedimiento".

❖ **Necessitas caret lege** (pronunc.: *"legue"*).
La necesidad carece de ley. Es la formulación del estado de necesidad. Ver aforismo siguiente.

❖ **Necessitas facit licitum quod non est licitum in lege.**
La necesidad hace lícito lo que no es lícito por ley.

C.P.esp. *Art. 20:*

"Están exentos de responsabilidad criminal: [...] 5º El que en estado de necesidad, para evitar un mal propio o ajeno lesione un bien jurídico de otra o infrinja un deber, siempre que concurran los siguientes requisitos: Primero. Que el mal causado no sea mayor que el que se trate de evitar. Segundo. Que la situación de necesidad no haya sido provocada intencionadamente por el sujeto. Tercero. Que el necesitado no tenga, por su oficio o cargo, obligación de sacrificarse".

C.P.urug. *Art. 27:*

"[Del estado de necesidad] Está exento de responsabilidad el que, para defender su vida, su integridad física, su libertad, su honra o su patrimonio, ataca alguno de estos derechos en los demás, con tal que el mal causado sea igual o menor que el que tratare de evitar, que éste no haya sido provocado por su conducta y que revista el doble carácter de inminente e inevitable. Cuando el daño causado fuere patrimonial y tuviere por objeto provocar un daño de la misma naturaleza, el mal causado debe necesariamente ser menor. El artículo no se aplica al que tuviere jurídicamente el deber de afrontar el mal ni al que intentare prevenir el mal que amenazare a terceros, salvo que éstos fueran sus parientes dentro del grado establecido por el inciso 2 del artículo 26" [consanguíneos en toda la línea recta y hasta el segundo inclusive en la colateral].

❖ **NECO - NECARE**

Verb.: Matar.

❖ **NEC VI NEC CLAM NEC PRECARIO.** [271]

Ni en forma violenta, ni de modo clandestino, ni de modo precario se puede usucapir.

C.C.arg. *Art. 2351:*

"Habrá posesión de las cosas, cuando alguna persona, por sí o por otro, tenga una cosa bajo su poder, con intención de someterla al ejercicio de un derecho de propiedad".

Art. 2364:

"La posesión será viciosa cuando fuere de cosas muebles adquiridas por hurto, estelionato o abuso de confianza; y siendo de inmuebles, cuando sea adquirida por violencia o clandestinamente; y siendo precaria, cuando se tuviese por un abuso de confianza".

Art. 4010:

"El justo título para la prescripción es todo título que tiene por objeto transmitir un derecho de propiedad, estando revestido de las solemnidades exigidas para su validez, sin consideración a la condición de la persona de quien emana".

C.C.bras. *Arts. 550 y 551.*

C.C.esp. *Art. 1941:*

"La posesión ha de ser en concepto de dueño, pública, pacífica y no interrumpida".

C.C.port. *Art. 1297.*

C.C.urug. *Art. 649:*

"La posesión da diferentes derechos al que la tiene: [...] 5º Puede prescribir el dominio y demás derechos reales, concurriendo las circunstancias requeridas por la ley [...]".

Art. 650:

"Son posesiones viciosas relativamente al despojado: 1º la violenta; 2º la clandestina".

Art. 1199:

"El que tiene la cosa en el lugar o nombre de otro y sus herederos, no pueden jamás prescribirla, a menos que se haya mudado su mera tenencia en posesión, sea por causa procedente de un tercero, o por la oposición que ellos mismos hayan hecho al derecho del propietario, poseyendo en adelante con la condiciones requeridas en el art. 1196" [posesión continua, no interrumpida, pacífica, pública, no equívoca y en concepto de dueño].

❖ **NEGANTIS NATURALI RATIONE** (pronunc.: "*racione*") **NULLA EST PROBATIO** (pronunc.: "*probacio*"). [272]

Por razón natural, el que niega carece de prueba.

❖ **NEGLIGENTIA** (pronunc.: *"negliguencia"*) **NON PRÆSUMITUR** (pronunc.: *"presumítur"*).

La negligencia no se presume.

❖ **NEGO**

Verb.: Negar.

❖ **NEGOTIORUM** (pronunc.: *"negociorum"*) **GESTIO** (pronunc.: *"guestio"*).

Gestión de negocios.

C.C.arg. *Art. 2288:*

"Toda persona capaz de contratar, que se encarga sin mandato de la gestión de un negocio que directa o indirectamente se refiere al parimonio de otro, sea que el dueño del negocio tenga conocimiento de la gestión, sea que la ignore, se somete a todas las obligaciones que la aceptación de un mandato importa al mandatario".

C.C.bras. *Art. 1331.*

C.C.esp. *Art. 1188:*

"El que se encarga voluntariamente de la agencia o administración de los negocios de otro, sin mandato de éste, está obligado a continuar su gestión hasta el término del asunto y sus incidencias, o a requerir al interesado para que le sustituya en la gestión, si se hallase en estado de poder hacerlo por sí".

C.C.port. *Art. 464.*

C.C.urug. *Art. 1309:*

"El que se encarga de la agencia o administración de los bienes o negocios ajenos sin mandato ni conocimiento del dueño, está obligado a continuar en su cargo con todo lo anejo o dependiente hasta su conclusión o hasta que el mismo dueño o interesado se halle en estado de proveer por sí, o bien hasta que puedan proveer sus herederos en caso de que muriese aquél durante la referida agencia. Las obligaciones del agente oficioso son las mismas que las del mandatario".

❖ **Negotium**

Negocio jurídico. Declaración de voluntad con efectos jurídicos. Convenio, contrato.

❖ **Neminem laedit qui suo iure utitur.** [273]

El que ejerce su derecho no daña a nadie.

C.C.arg. *Art. 1071:*

"El ejercicio regular de un derecho propio o el cumplimiento de una obligación legal no puede constituir como ilícito ningún acto. La ley no ampara el ejercicio abusivo de los derechos. Se considerará como tal al que contraríe los fines que aquélla tuvo en mira al reconocerlos o al que exceda los límites impuestos por la buena fe, la moral y las buenas costumbres".

C.C.urug. *Art. 1321:*

"El que usa de su derecho no daña a otro, con tal que no haya exceso de su parte. El daño que puede resultar no le es imputable".

❖ **Nemini res sua servit.**

Nadie tiene servidumbres sobre su propiedad.

❖ **Nemo**

Sust. y pron.: Nadie.

❖ **Nemo audire debet turpitudem propriam allegans.** [274]

Nadie debe ser oído si alega su propia culpa. Nadie puede ampararse en su propia culpa.

❖ **Nemo censetur donare.** [275]

Las donaciones no se presumen. Nadie debe presumir una donación.

❖ **Nemo censetur ignorare legem.** [276]

Nadie puede excusarse en que ignora la ley. Nadie está excusado por ignorar el Derecho.

❖ **NEMO CUM ALTERIUS DAMNO LOCUPLETIOR FIERI DEBET.**

La culpa de alguno no debe dañar al que no tuvo parte en ella.

❖ **NEMO DAT QUOD NON HABET.**

Nadie puede dar más de lo que tiene.

❖ **NEMO INAUDITUS CONDEMNETUR.** [277]

Nadie sea condenado sin ser oído. Véase: "Inaudita altera parte".

Const.arg. *Art. 18:*

"Ningún habitante de la Nación puede ser penado sin juicio previo fundado en ley anterior al hecho del proceso, ni juzgado por comisiones especiales, o sacado de los jueces designados por la ley antes del hecho de la causa. Nadie puede ser obligado a declarar contra sí mismo; ni arrestado sino en virtud de orden escrita de autoridad competente. Es inviolable la defensa en juicio de la persona y de los derechos [...]".

Const.bras. *Art. 5, XXXVIII, a.*

Const.esp. *Art. 17:*

"1. Toda persona tiene derecho a la libertad y a la seguridad. Nadie puede ser privado de su libertad sino con la observancia de lo establecido en este artículo y en los casos y en la forma previstos en la ley. [...] Toda persona detenida debe ser informada de forma inmediata y de modo que le sea comprensible, de sus derechos y de las razones de su detención, no pudiendo ser obligada a declarar. Se garantiza la asistencia de abogado al detenido en las diligencias policiales y judiciales en los términos que la ley establezca [...]".

Const.port. *Art. 20.*

Const.urug. *Art. 12:*

"Nadie puede ser penado ni confinado sin forma de proceso y sentencia legal".

Art. 16:

"En cualquiera de los casos del artículo anterior, el juez, bajo la más seria responsabilidad, tomará al arrestado su declaración dentro de veinticuatro horas, y dentro de cuarenta y ocho horas, lo más, empezará el sumario. La declaración del acusado deberá ser tomada en presencia de su defensor. Éste tendrá también el derecho de asistir a todas las diligencias sumariales".

Art. 66:

"Ninguna investigación parlamentaria o administrativa sobre irregularidades, omisiones o delitos, se considerará concluida mientras el funcionario inculpado no pueda presentar sus descargos y articular su defensa".

❖ **NEMO IUDEX SINE ACTOR.**

No hay juez sin actor. No se puede sustanciar un proceso [civil] de oficio.

❖ **NEMO IUS IN RE ALIENA TRIBUERE POTEST.**

Nadie puede conceder derechos sobre cosa ajena. Ver: "Nemo dat quod non habet" y aforismo siguiente.

❖ **NEMO PLUS IURIS AD ALIUM TRANSFERRE POTEST, QUAM IPSE HABERET.**

Nadie puede transmitir a otro más derechos de los que él mismo tiene [según Ulpiano]. Ver: "Nemo dat quod non habet".

C.C.arg. *Art. 3270:*

"Nadie puede transmitir a otro sobre un objeto, un derecho mejor o más extenso que el que gozaba; y recíprocamente, nadie puede adquirir sobre un objeto un derecho mejor y más extenso que el que tenía aquel de quien lo adquiriere".

❖ **NEMO POTEST AD IMPOSSIBILE OBLIGARI.** **[278]**

Nadie puede ser obligado a dar lo imposible. Ver: "Impossibilis conditio habetur...".

❖ **NEMO POTEST CONDICERE FACTUM.**

Nadie puede destruir lo hecho.

❖ **NEMO PRÆSTAT CASUS FORTUITOS.** [279]

Nadie se obliga al caso fortuito. Ver: "Fortuitus casus est...".

❖ **NEMO PUNITUR PRO ALIENO DELICTO.** [280]

Nadie puede ser castigado por el delito ajeno.

❖ **NEMO QUI CONDEMNARE POTEST ABSOLVERE NON POTEST.** [281]

Nadie que pueda condenar está impedido de absolver.

❖ **NEMO TENETUR EDERE CONTRA SE.** [282]

Nadie está obligado a proporcionar prueba contra sí.

Const.arg. *Art. 18:*

"[...] Nadie puede ser obligado a declarar contra sí mismo [...]".

Const.esp. *Art. 17, 3:*

"Toda persona detenida debe ser informada de forma inmediata y de modo que le sea comprensible, de sus derechos y de las razones de su detención, no pudiendo ser obligada a declarar [...]".

❖ **NE - NEC**

Conj.: No, ni.

❖ **NEPOS - NEPOTE**

Sust.: Nieto, sobrino, pariente.

❖ **NE PROCEDAT IUDEX EX OFFICIO.** [283]

No proceda el juez de oficio. Ver: "Nemo iudex sine actore".

❖ **NEQUAM** (pronunc.: "*nécuam*").

Adj.: Malo, vil, inútil.

❖ **NEQUE** (pronunc.: *"necue"*).
Conj.: Ni.

❖ **NEQUE CONTRA LEGES, NEQUE CONTRA BONOS MORES PACISCI POSSUMUS.** [284]
Ni contra las leyes, ni contra las buenas costumbres, podemos actuar.

❖ **NEQUE PACTA, NEQUE STIPULATIONES, FACTUM POSSE TOLLERE.** [285]
Ni los pactos, ni las estipulaciones pueden suprimir un hecho.

❖ **NEQUITIA** (pronunc.: *"necuicia"*).
Sust.: Malicia, maldad.

❖ **NESCIO**
Verb.: Ignorar, no saber. **NESCIUS**: Adj.: Ignorante.

❖ **NEUTER - NEUTRUM**
Adj. y pron.: Neutro, ninguno de los dos, ni uno ni otro.

❖ **NEXUM**
Sust.: Nexo, vínculo personal.

❖ **NIGER** (pronunc.: *"níguer"*).
Adj.: Negro.

❖ **NIHIL**
Pron. indef. y adv.: Nada.
Portugués: nada; inglés: nothing; francés: rien.

❖ **NIHIL OBSTAT.**
Nada obsta. Nada impide. Fórmula del Derecho canónico, por la cual la censura eclesiástica autoriza las publicaciones.

❖ **NIMIUM**

Adj.: Demasiado.

❖ **NISI**

Conj.: Sino.

❖ **NOCEO**

Verb.: Dañar, perjudicar.

❖ **NOLENTI NON FIT DONATIO.** [286]

No se puede donar a quien no lo quiere. El donatario debe aceptar la donación.

C.C.arg. *Art. 1792:*

"Para que la donación tenga efectos legales debe ser aceptada por el donatario, expresa o tácitamente, recibiendo la cosa donada".

C.C.bras. *Art. 1166.*

C.C.esp. *Art. 629:*

"La donación no obliga al donante ni produce efectos, sino desde la aceptación".

Art. 630:

"El donatario debe, so pena de nulidad, aceptar la donación por sí o por medio de persona autorizada con poder para el caso, o con poder general y bastante".

C.C.port. *Art. 945.*

C.C.urug. *Art. 1613:*

"La donación entre vivos es un contrato por el cual el donante, ejerciendo un acto de liberalidad, se desprende desde luego e irrevocablemente del objeto donado en favor del donatario, que lo acepta".

Art. 1622:

"El donatario debe aceptar por sí mismo o por medio de quien tenga su poder especial para el caso, o poder general para la administración de sus bienes".

❖ **NOMEN**
Sust.: Nombre.

❖ **NOMINA CHIROGRAPHARIA** (pronunc.: *"quirografaria"*) **O NOMINA PRIVILEGIATA.** [287]
Nómina de créditos privilegiados. Relación de créditos que deben pagarse antes de los comunes, o sea con privilegios.

❖ **NOMOPHYLACIA** (pronunc.: *"nomofilacia"*). [288]
Salvaguardia de las leyes. Garantía de su correcta y uniforme aplicación. Es lo que se procura con el recurso de casación. Proviene del griego νομοφιλαχια.

❖ **NON CREDITUR INIURATIS.** [289]
No se da crédito a los testigos que no han prestado juramento.

❖ **NON DEBET ALTERI PER ALTERUM INIQUA** (pronunc.: *"inicua"*) **CONDITIO INFERRI.**
No se debe hacer peor la condición de alguien por intermedio de otro [según Papiniano].

❖ **NON DEBET ILLI CUI PLUS LICET, QUOD MINUS NON LICERE.**
Quien puede lo más puede lo menos. A quien se permite lo más, se permite lo menos.

❖ **NON DECET.**
No conviene.

❖ **NON EST SINE CULPA QUÆ AD EUM NON PERTINET, SE IMMISCET.**
No está libre de culpa quien se entromete en lo que no le concierne.

❖ **NON LIQUET** (pronunc.: *"licuet"*).
Me abstengo porque no lo veo claro. Fórmula que usaron los jueces medievales para expresar que no encontraban la solución al asunto que se les planteaba. Como es sabido, las legislaciones modernas edictan la regla contraria, por la cual los tribunales nunca pueden dejar de sentenciar, debiendo emplear métodos de interpretación en caso de oscuridad o de laguna mental, tales como la extensión y la analogía. Ver citas legales en "Analogía".

❖ **NON MUTANT SUBSTANTIAM RERUM NON NECESSARIA VERBORUM MULTIPLICATIO; ET NON SOLENT QUAE ABUNDANT VITIARE SCRIPTURAS.**
Las palabras inútiles no mudan ni dañan la sustancia de las cosas, ni su abundancia suele viciar lo escrito [regla contenida en las "Partidas"].

❖ **NONNULLUS**
Adj. y pron.: Alguien, alguno.

❖ **NON SUNT IUDICANDÆ LEGES.**
Las leyes no deben ser juzgadas.

❖ **NOSCE TE IPSUM.**
Conócete a ti mismo. Según cuenta Platón, esta frase se habría encontrado grabada en el frente de un templo griego, naturalmente no en latín –con cuya versión se ha popularizado– sino en lengua helénica.

❖ **NOTARIUS**
Sust.: Notario. Escribano público.

❖ **NOTORIA NON EGENT PROBATIONE.** [290]

Los hechos notorios no necesitan ser probados.

C.G.P.urug. *Art. 138:*

"No requieren ser probados: 1) Los hechos notorios, salvo si constituyen el fundamento de la pretensión y no son admitidos por las partes [...]".

❖ **NOVISSIMA VOLUNTAS SERVATUR.**

Debe observarse la última voluntad [Paulo].

❖ **NOXA CAPUT SEQUITUR.**

La responsabilidad sigue al principal. Vale decir, que el principal es responsable por el hecho de su dependiente.

C.C.arg. *Art. 1113, inc. 1:*

"La obligación del que ha causado un daño se extiende a los daños que causaren los que están bajo su dependencia, o por las cosas de que se sirve, o que tiene a su cuidado [...]".

C.C.bras. *Arts. 1520, III y 1523.*

C.C.esp. *Art. 1903:*

"La obligación que impone el artículo anterior [daño por culpa o negligencia] es exigible, no sólo por los actos u omisiones propios, sino por los de aquellas personas de quienes se debe responder [...]".

C.C.port. *Art. 491.*

C.C.urug. *Art. 1324:*

"Hay obligación de reparar no sólo el daño que se causa por hecho propio, sino también el causado por el hecho de las personas que uno tiene bajo su dependencia o por las cosas de que uno se sirve o están a su cuidado [...]".

❖ **NOX - NOCTIS**

Sust.: Noche.

❖ **NULLO DATO VEL RETENTO.**

Sin dar ni retener nada.

❖ **NULLUM CRIMEN, NULLA PŒNA, SINE LEGE.** [291]

No hay delito ni pena sin ley que los establezca. Principio de legalidad.

Const.arg. *Art. 18:*

"Ningún habitante de la Nación puede ser penado sin juicio previo fundado en ley anterior al hecho del proceso [...]".

C.P.esp. *Parágr. 1, Art. 1.1:*

"No será castigada ninguna acción ni omisión que no esté prevista como delito o falta por ley anterior a su perpetración [...]".

C.P.P.port. *Art. 2.*

C.P.urug. *Art. 1:*

"Es delito toda acción u omisión expresamente prevista por la ley penal. Para que ésta se considere tal debe contener una norma y una sanción".

❖ **NULLUS**

Adj. y pron.: Nulo, ninguno, nadie.

❖ **NUMERUS CLAUSUS**

Número concluido. Lo que no admite nuevos casos.

❖ **NUMMUS**

Sust.: Moneda, dinero.

❖ **NUMQUAM** (pronunc.: *"numcuam"*).

Adv.: Nunca, jamás.

❖ **NUNC**

Adv.: Ahora.

❖ **NUNC HIC AUT NUMQUAM.**

Es ahora o nunca.

❖ **NUPCIÆ SUNT CONIUNCITO MARIS ET FEMINÆ, CONSORTIUM OMNIS VITÆ.**
El matrimonio es la unión del marido y la mujer, asociación por toda la vida [según Modestino].

❖ **NUPCIAS NON CONCUBITUS SED CONSENSUS FACIT.**
El matrimonio no lo hace la unión carnal, sino el consentimiento [según Ulpiano].

❖ **NUSQUAM**
Adv.: En ningún lugar. De ninguna parte. Esta palabra, en su traducción al griego: utopía, fue el título que eligió el filosófo inglés Thomas Moro, para imaginar una ciudad irreal, habiéndose adoptado posteriormente el término para imaginar un proyecto irrealizable. No confundir con "numquam".

O

❖ **Ob**

Prep.: Ante, delante de, por, a causa de.

❖ **Ob defectum formæ.**

Por defecto de forma.

❖ **Obedientia non præsumitur consensu.**

Por la obediencia no se presume el consentimiento.

❖ **Obiter dicta**

Por tanto, falla...: Palabras de la sentencia con que se inicia la parte definitiva, luego de exponer sus argumentos.

❖ **Obligatio** (pronunc.: *"obligacio"*) **ad faciendum.**

Obligación de hacer.

❖ **Obligatio ad non faciendum.**

Obligación de no hacer, u omitir.

❖ **OBLIGATIO EST IURIS VINCULUM, QUO NECESSITATE ADSTRINGIMUR ALICUIUS REI SOLVENDÆ SECUNDUM IURA NOSTRÆ CIVITATIS.**

La obligación es un vínculo jurídico por el cual estamos constreñidos al cumplimiento de una prestación, según las leyes de nuestra ciudad.

❖ **OBLIGATIO NATURALIS IMPEDIT REPETITIONEM INDEBITI.** [292]

La obligación natural impide la repetición de lo indebido.

❖ **OBLIGATIONES AUT EX CONTRACTU NASCUNTUR, AUT EX MALEFICIO, AUT PROPRIO QUODAM IURE, EX VARIIS CAUSARUM FIGURIS.**

Las obligaciones nacen, bien de un contrato, bien de un delito, bien de cierto derecho propio, según las varias especies de causas.

C.C.arg. *Art. 499:*

"No hay obligación sin causa, es decir, sin que sea derivada de uno de los hechos o de uno de los actos lícitos o ilícitos, de las relaciones de familia, o de las relaciones civiles".

C.C.esp. *Art. 1089:*

"Las obligaciones nacen de la ley, de los contratos, y de los actos u omisiones ilícitos o en que intervenga cualquier género de culpa o negligencia".

C.C.urug. *Art. 1246:*

"Las obligaciones nacen, ya del concurso real de las voluntades de dos o más personas, como en los contratos; ya de un hecho voluntario de la persona, como en los cuasicontratos; ya a consecuencia de un hecho que ha inferido injuria o daño a otra persona, como en los delitos y cuasidelitos; ya por disposición de la ley, como sucede en las relaciones de familia o en las relaciones civiles. Las obligaciones que nacen de la ley se expresan en ella".

❖ **OBLIGATIO NON PRÆSUMITUR.**

La obligación no se presume.

❖ **OBSOLETUS**

Part. y adj.: Obsoleto, anticuado, en desuso, gastado.

Portugués: obsoleto, antiquado; inglés: antiquated; francés: devenu ancien.

❖ **OBSUM**

Verb.: Dañar, perjudicar.

❖ **OBTORTO COLLO** (pronunc.: *"col-lo"*).

Con el cuello torcido. En sentido figurado: contra la propia voluntad, obligado; vicio por forzar la voluntad.

❖ **OCASIO LEGIS** (pronunc.: *"leguis"*).

Ocasión de la ley. Condiciones sociales que originaron la ley.

❖ **OCCUPANTIS MELIOR CONDITIO ESSE DEBET.**

La condición del ocupante debe ser mejor.

❖ **OCCURRERE VULNERATAM CAUSAM REMEDIUM QUARERE.**

Más vale prevenir que remediar.

❖ **OCULUM PRO OCULO, DENTEM PRO DENTE.**

Ojo por ojo y diente por diente. Ley del Talión o justicia personal.

❖ **OFFENDICULA**

Sust. : Instrumento apto para ofender o dañar. Arma.

C.P.urug. *Art. 293:*

"[Concepto de arma] Se entiende por arma, a los efectos de la ley penal, y siempre que en ella no se disponga otra cosa, tanto las propias como las impropias. Son armas propias, aquellas que tienen por objeto el ataque o la defensa, las sustancias explosivas o corrosivas, y los gases asfixiantes o corrosivos. Son armas impropias, todos los instrumentos aptos para dañar, cuando se lleven en forma de infundir temor".

❖ OFFICIA
Sust.: Oficio público. Secretaría de Estado. Magistratura.

❖ OMEN
Sust.: Presagio. Destino. Origen de nuestro adjetivo "ominoso".

❖ OMISSIS (CETERIS)
Se omite el resto. Frase que se suele anotar en un escrito, para indicar que se ha omitido voluntariamente, por razones de brevedad, parte del mismo.

❖ OMISSO MEDIO
Omitido el medio. Se omite o suprime lo que estaba en medio de un escrito: "...**et ceteris**".

❖ OMNE IUS AUT CONSENSUS FECIT AUT NECESSITAS CONSTITUIT AUT FIRMAVIT CONSUETUDO.
Todo el Derecho lo creó el conocimiento, lo instituyó la necesidad o lo estableció la costumbre.

❖ OMNE IUS QUO UTIMUR, VEL AD PERSONAS PERTINET, VEL AD RES, VEL AD ACTIONES.
Todo el Derecho que gozamos se refiere a las personas, a las cosas o a las acciones [de las "Institutas"].

❖ OMNE QUOD INÆDIFICATUR, SOLO CEDIT. [293]
Todo lo que se edifica cede al suelo [según Gayo]. Todo lo que se edifica pertenece al dueño del terreno. Ver: "Ædificium solo cedit...".

C.C.arg. Art. 2519:

"Todas las construcciones, plantaciones y obras existentes en la superficie o en el interior de un terreno, se presumen hechas por el propietario del terreno, y que a él le pertenecen, si no se probare lo contrario. Esta prueba puede ser dada por testigos, cualquiera sea el valor de los trabajos".

C.C.bras. Art. 547.

C.C.esp. Art. 358:

"Lo edificado, plantado o sembrado en predios ajenos, y las mejoras o reparaciones hechas en ellos, pertenece al dueño de los mismos con sujeción a lo que se dispone en los artículos siguientes".

Art. 359:

"Todas las obras, siembras y plantaciones se presumen hechas por el propietario y a su costa, mientras no se pruebe lo contrario".

C.C.urug. Art. 749:

"Todas las obras, siembras y plantaciones hechas en un terreno, se presumen hechas por el propietario a sus expensas, y que le pertenecen, si no se prueba lo contrario".

Art. 751:

"El dueño de un terreno en que otra persona, sin su consentimiento, hubiere edificado, plantado o sembrado, tendrá el derecho de hacer suyo el edificio, plantación o sementera, mediante las indemnizaciones prescritas a favor de los poseedores de buena o mala fe en el Título De la reivindicación (arts. 694 y siguientes), o de obligar al que edificó o plantó a pagarle el justo precio del terreno con los intereses legales por todo el tiempo que lo haya tenido en su poder, y al que sembró, a pagarle la renta y a indemnizarle los daños y perjuicios. Si se ha edificado, plantado o sembrado a ciencia y paciencia del dueño del terreno, será éste obligado, para recobrarlo, a pagar el valor del edificio, plantación o sementera".

❖ **OMNIA CONSTITUTA NON PRÆTERITIS CALUMNIAM FACIUNT, SED FUTURIS REGULAM IMPONUNT.**
Las leyes nuevas no censuran las anteriores, sino que dan otras reglas para lo sucesivo.

❖ **OMNIA DICUNTUR COMMUNIA, ID EST COMMUNICANDA, TEMPORE NECESSITATIS.**
Todas las cosas se consideran comunes, esto es, de uso común, en tiempos de necesidad.

❖ **OMNIA MORS ÆQUAT.**
Todo lo iguala la muerte.

❖ **OMNIA QUÆ IURE CONTRAHUNTUR, CONTRARIO IURE PEREUNT.**
Todo lo que se contrae en Derecho, se extingue por un derecho en contrario [según Gayo].

❖ **OMNIMODO HUIUSMODI PACTA, QUÆ CONTRA BONOS MORES INITA SUNT, REPELLUNTUR NIHILQUE EX HIS PACTIONIBUS OBSERVATUR.** [294]
Los pactos celebrados contra las buenas costumbres sean rechazados totalmente y no se observe nada de ellos.

❖ **OMNINO DE RE LITIGIOSA CONTRAHERE PROHIBITUR.** [295]
Sobre todo asunto litigioso se prohíbe contratar.

❖ **OMNI OBLIGATIONI FIDEIUSSOR ACCEDERE POTEST.** [296]
A toda obligación se le puede agregar un fiador.

❖ **OMNIS**
Adj.: Todos.

❖ **OMNIS AFFECTATIO** (pronunc.: "*afectacio*") **DOLUS.** [297]
Toda simulación es dolosa.

❖ **OMNIS DEFINITIO IN IURE PERICULOSA EST.**

Toda definición es peligrosa en Derecho.

❖ **OMNIS STIPULATIO, SIVE IN DANDO, SIVE IN ACCIPIENDO INVENATUR , ET AD HÆREDES ET CONTRA HÆREDES TRANSMITITUR.** [298]

Toda estipulación, sea de dar o de recibir , se transmite a favor y contra el heredero.

C.C.arg. Art. 1195:

"Los efectos de los contratos se extienden activa y pasivamente a los herederos y sucesores universales, a no ser que las obligaciones que nacieran de ellos fuesen inherentes a la persona, o que resultase lo contrario de una disposición expresa de la ley, de una cláusula del contrato o de la naturaleza de la misma. Los contratos no pueden perjudicar a terceros".

C.C.esp. Art. 1257:

"Los contratos sólo producen efecto entre las partes que los otorgan y sus herederos; salvo, en cuanto a éstos, el caso en que los derechos y obligaciones que procedan del contrato no sean transmisibles, o por su naturaleza, o por pacto, o por disposición de la ley. Si el contrato contuviere alguna estipulación en favor de un tercero, éste podrá exigir su cumplimiento, siempre que hubiese hecho saber su aceptación al obligado antes de que haya sido aquélla revocada".

C.C.urug. Art. 1292:

"Los efectos de los contratos se extienden activa y pasivamente a los herederos y demás sucesores de las partes, a menos que lo contrario resulte de una diposición especial de la ley, de una cláusula de la convención o de la naturaleza misma del contrato".

❖ **OMNIS VIS TESTAMENTI SOLVITUR, SI HEREDITATEM NEMO SUBIT.** [299]

[Cuando] el testamento no tiene efectividad en cuanto a la institución de heredero [se abre el **ab intestato**].

❖ Omnium rerum quas quis habere vel possidere vel persequi potest venditio recte fit. [300]

Todas las cosas que alguien puede tener, o poseer, o perseguir, se pueden vender rectamente [según Paulo].

❖ Onus

Carga. Gravamen.

❖ Onus ferendi.

Sufrir una servidumbre. Tener el gravamen de una servidumbre.

❖ Onus probandi.

Carga de la prueba. Ver: "Actori incumbit onus probandi" y entrada siguiente.

❖ Onus probandi incumbit actore, reus in excipiendo fit actor.

La carga de la prueba incumbe al actor; el demandado, al excepcionarse, hace el papel de actor.

❖ Onus probandi incumbit ei qui dicit, non ei qui negat.

La carga de la prueba incumbe al que afirma, no al que niega.

❖ Ope legis.

Por la fuerza de la ley. De pleno derecho.

❖ Operæ

Servicios o prestaciones personales. Obra. Ver: "Locatio operis".

❖ Oportet

Verb.: Convenir. Ser conveniente.

❖ **OPORTET UT BONAS CAUSAS ET VERACITER AGANT ADVOCATI.**
Conviene que los abogados intervengan en buenas causas y verazmente.

❖ **OPS - OPIS**
Sust.: Poder, fuerza, riqueza.

❖ **OPTIMAM LEGEM QUAE MINIMUM RELINQUIT ARBITRIO IUDICII.**
La mejor ley es la que menos deja al arbitrio del juez.

❖ **OPTIONE FACTA, IUS ELIGENDI CONSUMITUR.**
Hecha la opción, se extingue el derecho de elegir.

❖ **OPUS**
Sust.: Obra, empresa, trabajo. Ver: "Labor".

❖ **ORATIO** (pronunc.: *"oracio"*).
Sust.: Oración, discurso, cláusula.

❖ **ORATIO CONDITIONALIS HABET A CONTRARIO SENSU IMPLICITAM NEGATIVAM.**
La cláusula condicional en sentido contrario implica una negativa [según Godofredo].

❖ **ORDO**
Sust.: Orden, grado, clase social.

❖ **ORDO EQUESTER** (pronunc.: *"ecuéster"*).
Orden de los caballeros, o guerreros nobles con bastante riqueza para tener un caballo.

❖ **ORDO SENATORIUS.**
Orden de los senadores, o nobles cabezas de familia; aristócratas, miembros del senado romano.

❖ **O TEMPORA, O MORES.**
Vocat.: ¡Qué tiempos, qué costumbres! [locución utilizada por Cicerón en su disputa con Catilina].

❖ **OTIUM** (pronunc.: *"ocium"*).
Ocio, descanso, inactividad.

P

❖ **PACTA LEGEM CONTRACTUI DANT.**

Los pactos dan fuerza de ley al contrato.

C.C.arg. *Art. 1197:*

"Las convenciones hechas en los contratos forman para las partes una regla a la cual deben someterse como a la ley misma".

C.C.esp. *Art. 1258:*

"Los contratos se perfeccionan por el mero consentimiento, y desde entonces obligan no solo al cumplimiento de lo expresamente pactado, sino también a todas las consecuencias que, según su naturaleza, sean conformes a la buena fe, al uso y a la ley".

C.C.port. *Art. 406.*

C.C.urug. *Art. 1291:*

"Los contratos legalmente celebrados forman una regla a la cual deben someterse las partes como a la ley misma. Todos deben ejecutarse de buena fe, y por consiguiente obligan a lo que en ellos se expresa, sino a todas las consecuencias que según su naturaleza sean conformes a la equidad, al uso y a la ley".

❖ **PACTA QUÆ CONTRA LEGES, CONSTITUTIONESQUE VEL BONOS MORES FIUNT, NULLAM VIM HABERE INDUBITATI IURIS EST.** [301]

Sin duda no son válidos los pactos contrarios a las leyes, los decretos y las buenas costumbres.

C.C.arg. *Art. 953:*

"El objeto de los actos jurídicos deben ser cosas que estén en el comercio, o que por motivo especial no se hubiese prohibido que sean objeto de algún acto jurídico, o hechos que no sean imposibles, ilícitos, contrarios a las buenas costumbres o prohibidos por las leyes, o que se opongan a la libertad de las acciones o de la conciencia, o que perjudiquen los derechos de un tecero. Los actos jurídicos que no sean conformes a esta disposición, son nulos como si no tuviesen objeto".

C.C.bras. *Art. 145.*

C.C.esp. *Art. 1275:*

"Los contratos sin causa, o con causa ilícita, no producen efecto alguno. Es ilícita la causa cuando se opone a las leyes o a la moral".

C.C.port. *Art. 281.*

C.C.urug. *Art. 1288:*

"La obligación, y por consiguiente el contrato, que se funda en una causa falsa o ilícita, no puede tener efecto alguno. La causa es ilícita cuando es prohibida por la ley o contraria a las buenas costumbres o al orden público [...]".

❖ **PACTA SUNT SERVANDA, SEMPER.**

Los pactos siempre deben ser observados. Los acuerdos deben ser respetados siempre [máxima atribuida a Ulpiano].

❖ **PACTUM**

Sust.: Pacto, acuerdo, cláusula contractual.

❖ **PÆNE**

Adv.: Casi.

❖ **PALLIUM**
Sust.: Capa, manto, palio.

❖ **PANEM ET CIRCENSES.**
Pan y circo. Bienes suficientes para que los políticos demagogos satisficieran al pueblo [según una sátira del poeta romano Juvenal].

❖ **PANIS**
Sust.: Pan.

❖ **PARAPHERNALIA** (pronunc.: *"parafernalia"*).
Conjunto de bienes dotales, o sea de la mujer en el matrimonio. Del griego παραφερνα.

❖ **PAR CONDITIO** (pronunc.: *"condicio"*) **CREDITORUM.** [302]
Paridad de condiciones de los acreedores.

❖ **PAREATIS**
Cúmplase. Estése a lo ordenado o proveído. Cartas patentes emitidas por los magistrados en la Edad Media.

❖ **PARIA SUNT NULLAM ET INFIRMAM ACTIONEM HABERE.** [303]
Es igual no tener ninguna acción a que ésta resulte rechazada.

❖ **PARS - PARTIS**
Sust.: Parte.

❖ **PARVA DOMUS, MAGNA QUIES.**
Casa pequeña, gran tranquilidad.

❖ **PARVUS**
Adj.: Pequeño, escaso.

❖ **PASSIM**

Adv.: Por todas partes. Úsase en las citas de los trabajos escritos, para indicar que el tema a que se hace referencia está distribuido por varias o todas partes de la obra citada.

❖ **PATER IS EST, QUEM NUPTIÆ** (pronunc.: *"nupcie"*) **DEMONSTRANT.** [304]

Padre [legítimo] es el que demuestra el matrimonio [con la madre del niño].

C.C.arg. *Art. 243:*

"Se presumen hijos del marido los nacidos después del matrimonio y hasta los trescientos días posteriores a su disolución, anulación o la separación personal o de hecho de los esposos. No se presume la paternidad del marido con respecto al hijo que naciere después de los trescientos días de la interposición de la demanda del divorcio vincular, separación personal o nulidad del matrimonio, salvo prueba en contrario".

C.C.bras. *Art. 338.*

C.C.esp. *Art. 108:*

"La filiación puede tener lugar por naturaleza y por adopción. La filiación por naturaleza puede ser matrimonial y no matrimonial. Es matrimonial cuando el padre y la madre están casados entre sí. La filiación matrimonial y la no matrimonial, así como la adoptiva plena, surten los mismos efectos, conforme a las disposiciones de este Código".

C.C.port. *Art. 1796, 2.*

C.C.urug. *Art. 213:*

"Se considerarán únicamente legítimos los hijos que procedan de matrimonio civil".

❖ **PATRIA POTESTAS IN PIETATE DEBET, NON ATROCIDATE CONSISTERE.**

La patria potestad debe consistir en el afecto, no en la severidad excesiva [según Marciano].

C.C.arg. *Art. 278:*

"Los padres tienen la facultad de corregir o hacer corregir la conducta de sus hijos menores. El poder de corrección debe ejercerse moderadamente, debiendo quedar excluidos los malos tratos, castigos o actos que lesionen o menoscaben física o psíquicamente a los menores. Los jueces deberán resguardar a los menores de las correcciones excesivas de los padres, disponiendo su cesación y las sanciones pertinentes si correspondieren".

C.C.bras. *Art. 384.*

C.C.esp. *Art. 154:*

"Los hijos no emancipados están bajo la potestad del padre y de la madre. La patria potestad se ejercerá siempre en beneficio de los hijos, de acuerdo con su personalidad, y comprende los siguientes deberes y facultades: 1º Velar por ellos, tenerlos en su compañía, alimentarlos, educarlos y procurarles una formación integral. 2º Representarlos y administrar sus bienes. Si los hijos tuvieren suficiente juicio deberán ser oídos siempre antes de adoptar decisiones que les afecten. Los padres podrán en el ejercicio de su potestad recabar el auxilio de la autoridad. Podrán también corregir razonable y moderadamente a los hijos".

C.C.port. *Art. 1885.*

Const.urug. *Art. 41:*

"El cuidado y educación de los hijos para que éstos alcancen su plena capacidad corporal, intelectual y social, es un deber y un derecho de los padres. Quienes tengan a su cargo numerosa prole tienen derecho a auxilios compensatorios, siempre que los necesiten [...]".

❖ **PATRIMONIUM**

Sust.: Patrimonio, conjunto de bienes de una persona o de una familia.

❖ **PAUCUS**

Adj.: Poco, escaso, pobre.

❖ **PAUPER**

Adj.: Pobre.

❖ **PECCATA SUOS TENEANT AUCTORES.**

Los delitos obligan a sus autores.

❖ **PECCO - PECCARE**

Verb.: Delinquir, pecar.

❖ **PECULIUM EXTRA DOTE.**

Peculio ajeno a la dote. Ver.: "Paraphernalia".

❖ **PECUNIA**

Sust.: Dinero.

❖ **PECUNIÆ SIGNIFICATIO AD EA REFERATUR, QUAE IN PATRI- [305]
MONIUM SUNT.**

La palabra dinero se refiere a lo que hay en el patrimonio [según Paulo].

❖ **PECUS**

Sust.: Ganado, rebaño.

❖ **PEDESTER**

Adj.: Pedestre, que anda a pie.

❖ **PENDENTE LITE NIHIL INNOVETUR.**

Estando pendiente el litigio, no puede innovarse.

C.G.P.urug. Art. 121.1:

"Podrá cambiarse la demanda antes de que haya sido contestada".

Art. 121.2:
"Si después de contestada la demanda sobreviniere algún hecho nuevo con influencia sobre el derecho invocado por las partes en el proceso, éstas podrán alegarlo y probarlo hasta la conclusión de la causa; si fuera posterior a ese momento, podrán alegarlo y probarlo en segunda instancia. En todos los casos se concederá a la contraparte las facultades de contradicción y prueba correspondientes".

C.P.C.bras. *Arts. 455 y 456.*

C.P.C.C.N.arg. *Art. 34, 5, e:*
"Son deberes de los jueces [...] Vigilar para que en la tramitación de la causa se procure la mayor economía procesal".

C.P.C.port. *Arts. Art.481.*

❖ **PENDO - PENDERE**
Verb.: Juzgar, opinar, pensar.

❖ **PEREGRINI**
Extranjeros, forasteros. Llamábase así a los extranjeros regidos por el Derecho de gentes, en la antigua Roma.

❖ **PER NUNTIUM, QUASI** (pronunc.: "*cuasi*") **PER LITTERAS.**
La comunicación por nuncio [mensajero] es casi tan fiel como por escrito.

❖ **PERPETUÆ ATQUE PEREMTORIÆ EXCEPTIONES SUNT, QUÆ SEMPER AGENTIBUS OBSTANT ET SEMPER REM, DE QUA AGITUR, PERIMUNT; TEMPORALES ATQUE DILATORIÆ, QUAE AD TEMPUS NOCENT ET TEMPORIS DILATIONEM TRIBUUNT.** [306]
Son excepciones perpetuas y dilatorias las que sirven siempre de obstáculo para los demandantes y siempre ponen término al asunto de que se trata; son temporales y dilatorias las que perjudican por cierto tiempo y conceden una dilación.

C.P.C.port. *Arts. 495 y 496.*

❖ **Perquisitio** (pronunc.: *"perquisicio"*).

Sust.: Pesquisa, investigación.

Portugués: pesquisa, indagaçâo; inglés: enquiry, investigation; francés: perquisition, recherche.

Const.urug. *Art. 22:*

"Todo juicio criminal empezará por acusación de parte o del acusador público, quedando abolidas las pesquisas secretas".

C.P.P.bras. *Arts. 4 y siguientes.*

C.P.P.port. *Arts. 176 y 177.*

❖ **Per se**

Pron.: Por sí mismo.

❖ **Persona**

Sust.: Persona. Máscara teatral ["**per-sonare**"].

❖ **Pertineo**

Verb.: Pertenecer, ser pertinente, tener relación, concernir.

❖ **Pignus** (pronunc.: en bajo latín: *"piñus"*).

Sust.: Empeño, prenda, garantía real.

❖ **Pius**

Adj.: Piadoso. Que usa de piedad. Que cree en sus dioses y los adora.

❖ **Placet**

Sust.: Aprobación, autorización, beneplácito.

❖ **Plagium** [307]

Delito de plagio, que consiste en secuestrar a personas. Privación ilegítima de libertad. En el Derecho moderno: atentado contra la propiedad intelectual.

C.C.bras. Art. 148.

C.C.urug. Art. 346:

"El que privare de su libertad a una persona para obtener de ella, o de un tercero, como precio de su liberación, un provecho injusto en beneficio propio o ajeno, consiguiere o no su objeto, será castigado con seis a doce años de penitenciaría".

Ley de Propiedad Literaria y Artística 9739, del 17 de diciembre de 1937, Art. 46:

"El que edite, venda o reproduzca por cualquier medio o instrumento, una obra inédita o publicada sin autorización de su autor o causahabiente, o la atribuya a autor distinto contraviniendo en cualquier forma lo dispuesto en la presente ley, será castigado con multa [....]* o prisión equivalente, sin perjuicio a las acciones civiles a que hubiere lugar".

* Sumas que se adecuan en sus valores monetarios periódicamente.

C.P.esp. Parágr. 1, Art. 163, inc. 1:

"El particular que encerrare o detuviere a otro, privándole de su libertad, será castigado con la pena de prisión de cuatro a seis años [...]".

Parágr. 1, Art. 270:

"Será castigado con la pena de prisión de seis meses a dos años o de multa de seis a veinticuatro meses quien, con ánimo de lucro y en perjuicio de tercero, reproduzca, plagie, distribuya o comunique públicamente, en todo o en parte, una obra literaria, artística o científica, o su transformación interpretación o ejecución artística fijada en cualquier tipo de soporte o comunicada a través de cualquier medio, sin la autorización de los titulares de los correspondientes derechos de propiedad intelectual o de sus cesionarios [...]".

❖ **PLENA IN RE POTESTAS.**

Pleno poder sobre las cosas. Facultad del propietario.

❖ **PLURES**

Adj. y pron.: Varios, muchos, más de uno.

❖ **PLUS DICTUM QUAM COGITATUM.**
Dice más de lo que pensaba.

❖ **PLUS DIXIT QUAM VOLUIT.**
Dijo más de lo que quería decir. Se emplea para significar que una ley se expresó con excesiva extensión, abarcando más situaciones de las que en realidad se quiso.

❖ **PLUS PETERE**
Pedir más de lo debido. **MINUS PETERE**: Pedir menos de lo debido. Ver: "Plus petitio".

❖ **PLUS PETITIO** (pronun: *"peticio"*).
Reclamación o decisión judicial por monto superior al que corresponde o se pidió.

***C.P.C.C.N.arg.** Art.72:*

"[Pluspetición inexcusable] El litigante que incurriere en pluspetición inexcusable será condenado en costas, si la otra parte hubiese admitido el monto hasta el límite establecido en la sentencia. Si no hubiese existido dicha admisión o si ambas partes incurrieren en pluspetición, regirá lo dispuesto en el artículo precedente [distribución equitativa de las costas por el juez]. No se entenderá que hay pluspetición, a los efectos determinados en este artículo, cuando el valor de la condena dependiese legalmente del arbitrio judicial, del juicio pericial o de rendición de cuentas o cuando las pretensiones de la parte no fuesen reducidas por la condena en más de un 20%".

❖ **PŒNA** (pronunc. en latín arcaico: *"poina"*, del griego: ποινε; *"pena"* en el bajo latín).
Pena, sanción, castigo.

❖ **PŒNA CULLEI** (pronunc.: *"cúlei"*).
Pena capital. Pena de muerte.

Const.arg. Art. 18:

"[...] Quedan abolidos para siempre la pena de muerte por causas políticas, toda especie de tormento y los azotes [...]".

Const.bras. Art. 5, XLVII, a.

Const.esp. Art. 15:

"Todos tienen derecho a la vida y a la integridad física y moral, sin que, en ningún caso, puedan ser sometidos a torturas ni a penas o tratos inhumanos o degradantes. Queda abolida la pena de muerte, salvo lo que puedan disponer las leyes penales militares para tiempos de guerra".

Const.port. Art. 24, 2.

Const.urug. Art. 26:

"A nadie se le aplicará la pena de muerte. En ningún caso se permitirá que las cárceles sirvan para mortificar y sí sólo para asegurar a los procesados y penados, persiguiendo su reeducación, la aptitud para el trabajo y la profilaxis del delito".

❖ **Pomerium**

Sust.: Límites urbanos.

❖ **Pontifex**

Sust.: Pontífice. Sacerdote y magistrado, encargado del control de los puentes y del archivo de los textos legales, en la antigua Roma.

❖ **Populares**

Integrantes de la fracción democrática en Roma.

Optimates: integrantes de la fracción aristocrática.

❖ **Possessio**

Sust.: Posesión.

C.C.arg. Art. 2351:

"Habrá posesión de las cosas, cuando alguna persona, por sí o por otro, tenga una cosa bajo su poder, con intención de someterla al ejercicio de un derecho de propiedad".

C.C.bras. *Art. 485.*

C.C.esp. *Art. 430:*

"Posesión natural es la tenencia de una cosa o el disfrute de un derecho por una persona. Posesión civil es esa misma tenencia o disfrute unidos a la intención de haber la cosa o derecho como suyos".

C.C.port. *Art. 1251.*

C.C.urug. *Art. 646:*

"La posesión es la tenencia de una cosa o el goce de un derecho por nosotros mismos con ánimo de dueños o por otro en nombre nuestro".

❖ **POSTULATIO** (pronunc.: *"postulacio"*) **INTERPRETATIO** (pronunc.: *"interpretacio"*) **FORMULAE, VEL ACTIONIS** (pronunc.: *"accionis"*) **VEL IUDICII.** [308]

Demanda, postulación, pedido de fórmula [en el procedimiento formulario romano], de acción o de instancia.

❖ **POTENTIOR CREDITOR**

Sust.: El acreedor más fuerte o principal.

❖ **POTESTAS**

Poder, imperio, facultad de mandar. Por ejemplo: "**patria potestas**", poder del padre.

❖ **POTESTAS DOMINORUM**

Facultad o poder de los dueños.

❖ **POTIOR**

Adj.: Mejor.

❖ **PRÆDIA VICINA ESSE DEBENT.**

Deben ser predios vecinos [en las servidumbres, el bien sirviente y el dominante].

❖ **PRÆNOMEN**

Nombre individual o "de pila". Los romanos llamaban además **nomen** al de su gens, lo que hoy llamaríamos nombre de familia o apellido; y **cognomen** a divisiones del **nomen**, algo parecido al apellido materno (de ahí lo de llamar cognados, o en español cuñados, a los afines).

❖ **PRÆSCRIPTIO** (pronunc.: "*prescripcio*") **BREVIS TEMPORIS.**

Prescripción de breve duración. Prescripciones breves.

C.C.arg. *Arts. 4023 a 4041.*

C.C.bras. *Art. 178.*

C.C.esp. *Arts. 1966 a 1970.*

C.C.port. *Art. 310.*

C.C.urug. *Art. 1227:*

"La persona a quien se opusiere alguna de las prescripciones comprendidas en los artículos 1222 a 1225 [de cinco años a seis meses] podrá exigir que el que la opone declare bajo juramento que la deuda está realmente pagada. Este juramento podrá ser también deferido a los herederos y, siendo éstos menores de edad, a sus tutores. En ningún otro caso, fuera de los exceptuados por este artículo, podrá el acreedor deferir el juramento al deudor ni a sus herederos".

❖ **PRÆSCRIPTIO** (pronunc.: "*prescripcio*") **LONGI** (pronunc.: "*longui*") **TEMPORIS.**

Prescripción de larga duración o treintañal.

C.C.arg. *Art. 4015:*

"Prescríbese también la propiedad de cosas inmuebles y demás derechos reales por la posesión continua de veinte años, con ánimo de tener la cosa para sí, sin necesidad de título y buena fe por parte del poseedor, salvo lo dispuesto respecto a las servidumbres para cuya prescripción se necesita título".

C.C.bras. Art. 177.

C.C.esp. Art. 1963:

"Las acciones reales sobre bienes inmuebles prescriben a los treinta años. Entiéndese esta disposición sin perjuicio de lo establecido para la adquisición del dominio o derechos reales por prescripción".

Art. 1959:

"Se prescriben también el dominio y demás derechos reales sobre los bienes inmuebles por su posesión no interrumpida durante treinta años, sin necesidad de título ni de buena fe, y sin distinción entre presentes y ausentes, salvo la excepción determinada en el art. 539" [las servidumbres].

C.C.port. Art. 309.

C.C.urug. Art. 1211:

"La propiedad de los bienes inmuebles y los demás derechos reales se prescribe también por la posesión de treinta años, bien sea entre presentes o ausentes, sin necesidad, por parte del poseedor de presentar título y sin que pueda oponérsele la mala fe; salvo la excepción establecida en el artículo 633" [las servidumbres].

❖ **PRAGMATICÆ SANCTIONES**

Leyes imperiales de carácter administrativo.

❖ **PRESUMPTIO IURIS ET DE IURE.**

Presunción legal. Que no admite prueba en contrario.

❖ **PRESUMPTIO IURIS TANTUM.**

Presunción relativa. Admite prueba en contrario.

❖ **PRIMUM VIVERE, DEINDE** (pronunc.: "*deínde*") **PHILOSOPHARE.**

Primero [es preciso] vivir; después, filosofar.

❖ **PRIMUS INTER PARES.**

Primero entre iguales. Título que se atribuía a Augusto. Príncipe.

❖ **PRIOR IN TEMPORE, PRIOR IN IURE.**

Primero en el tiempo, primero en Derecho.

C.G.P.urug. *Art. 380.7:*

"Prelación. La eficacia de los embargos frente a terceros, así como las preferencias entre los embargantes para el cobro de sus créditos, intereses, costas y costos, se determinará por la fecha de realización de los respectivos actos que hacen efectivos los embargos".

C.P.C.C.N.arg. *Art. 568, inc. 1:*

"[Preferencia para el remate] Si el bien estuviese embargado en diversos procesos seguidos contra el ejecutado, salvo disposición específica de otra ley que regule ejecuciones especiales, la subasta se realizará en el que estuviere más adelantado en su trámite, con prescindencia de la naturaleza o garantías que tuvieren los créditos [...]".

❖ **PRIOR - PRIUS**

Adj.: Primero, anterior.

❖ **PRIUS IN USURAS ID QUOD SOLVITUR, DEINDE** (pronunc.: *"deínde"*) **IN SORTEM ACCEPTO FERETUR.** [309]

Lo que se paga se imputa primero a los intereses y luego al capital.

C.C.arg. *Art. 777:*

"El pago hecho por cuenta de capital e intereses, se imputa primero a los intereses, a no ser que el acreedor diese recibo por cuenta del capital".

C.C.bras. *Art. 993.*

C.C.esp. *Art. 1173:*

"Si la deuda produce interés, no podrá estimarse hecho el pago por cuenta del capital mientras no estén cubiertos los intereses".

C.C.urug. *Art. 1477:*

"El que debe un capital con intereses no puede, sin consentimiento del acreedor, imputar al capital la paga que verifica. La paga por cuenta del capital e intereses se imputa a éstos en primer lugar. Sin embargo, si declarando el deudor que pagaba por cuenta del capital, consintiese el acreedor en recibir bajo esa calidad, no podrá después oponerse a la imputación".

❖ **PRIVILEGIS RECIPIUNT LARGAM INTERPRETATIONEM VOLUNTATI CONSONAM CONCEDENTIS.**

Las menciones a los privilegios, cuando son oscuras, deben ser interpretadas ampliamente, cuidando siempre que concuerden con el propósito del que concedió el privilegio [según Meciano].

❖ **PROBATA VIOLENTIA** (pronunc.: *"violencia"*) **PER TESTES, RES AMISSÆ PROBANTUR PER IURAMENTUM.** [310]

Probada la violencia por testigos, la pérdida de las cosas se prueba por juramento.

❖ **PROBATIO DIABOLICA**

Prueba diabólica. Prueba muy difícil o imposible.

❖ **PROBUS**

Adj.: Honrado, virtuoso, probo.

❖ **PRO DOMO SUA.**

En su propio beneficio.

❖ **PRŒDIA RUSTICA VEL SUBURBANA.**

Terrenos rurales o suburbanos.

❖ **PROMOVEATUR UT AMOVEATUR.**

Promoverlo, ascenderlo, para alejarlo del cargo.

❖ **PROPE**

Adj.: Cerca de, junto a, casi.

❖ **PROPIETAS**

Sust.: Propiedad privada.

❖ **PROPRIO**
Adj.: Propio.

❖ **PROPRIUM FACTUM NEMO IMPUGNARE POTEST.**
Nadie puede impugnar su propio hecho.

❖ **PROPTER PREASUMPTIONEM ETIAM VEHEMENTER NON DEBET QUIS DE GRAVE CRIMINE CONDEMNARI.** [311]
Por una presunción, aunque sea vehemente, no debe condenarse a nadie como reo de un delito grave.

❖ **PRO RATA**
Adv.: Proporcionalmente.
PRO RATA PARTE: En proporción a su parte.
PRO RATA TEMPORIS: En proporción al tiempo.

❖ **PRO SOLVENDO**
A pagar. Debido. A crédito.
PRO SOLUTO: Ya pagado.

❖ **PROVOCATIO AD POPULUM**
Llamado al pueblo. Convocatoria o apelación al público.

❖ **PUBLICATIO BONORUM**
Confiscación o embargo de bienes. Expropiación.

❖ **PUELLA** (pronunc.: *"puela"*).
Sust.: Niña, muchacha, doncella. Ver: "Ancilla".

❖ **PULCHER** (pronunc.: *"púlker"*).
Adj.: Pulcro, limpio, hermoso.

❖ **PUNIO - PUNIRE**
Verb.: Penar, castigar.

❖ PUPILLUS (pronunc.: *"pupilus"*) OMNIA TUTORE AUCTORE AGERE POTEST.

El pupilo puede hacer todos los negocios con la autorización del tutor.

Q

❖ **Qua** (pronunc.: *"cuá"*).
Adv.: Por dónde.

❖ **Quacunque** (pronunc.: *"cuacuncue"*).
Adv.: Por cualquier parte.

❖ **Quæ plus damni quam utilitatis offerunt, inter bona non adnumerantur.**
No se cuentan como bienes las cosas que causan más daño que provecho.

❖ **Quæro - quære** (pronunc.: *"cuero, cuere"*).
Verb.: Preguntar, pedir, buscar.

❖ **Quæstio** (pronunc.: *"cuestio"*).
Sust.: Tribunal, investigación, sumario, pregunta, consulta a un jurisconsulto.

❖ **Quæstiones perpetuæ**
Tribunales perpetuos. Tribunales judiciales con muy

amplias facultades, presididos por el pretor. Decayeron y al final se extinguieron con el Imperio.

❖ **Qualis** (pronunc.: *"cualis"*).
Adj. y pron.: Cómo, cuál, qué.

❖ **Quam** (pronunc.: *"cuam"*).
Adv.: Al que, cuan, cuanto.

❖ **Quanti actoris interest.**
[Condena] que incluye los intereses reparatorios del actor.

❖ **Quantum debeatur.**
¿Cuánto se debe? Condena por cuanto se debe, según estimación del juez. Liquidación de la condena.

❖ **Quem de evictione tenet actio eundem agentem repelli exceptio.** [312]
Quien está obligado por la evicción no puede invocar esa excepción.

❖ **Querella** (pronunc.: *"cuerela"*).
Sust.: Querella, queja, demanda.

❖ **Querella non numeratæ pecuniæ**
Demanda o querella por dinero debido y no pagado.

❖ **Qui** (pronunc.: *"cui"*).
Pron.: Quien, el que, la que, lo que, lo cual.

❖ **Quicquid** (pronunc.: *"cuicuid"*) **facere oportet.**
Condena que correspondería según lo convenido.

❖ **Quicumque** (pronunc.: *"cuicumcue"*).
Pron.: Cualquiera.

❖ **QUIDAM** (pronunc.: *"cuídam"*).
Pron. y adj.: Un tal, cierto, cualquiera.

❖ **QUI DE UNO DICIT, DE ALTERO NEGAT; QUI DE UNO NEGAT, DE ALTERO DICIT.**
Quien afirma de uno, se supone que niega de los demás; quien niega de uno, se supone que afirma de los demás.

❖ **QUID PRO QUO** (pronunc.: *"cuid-pro-cúo"*).
Una cosa por otra.

❖ **QUI IN RE ILLICITA VERSATUR, TENETUR ETIAM PRO CASU.** [313]
El caso fortuito es a riesgo del deudor que está en situación de incumplidor.

❖ **QUI IURE SUO UTITUR, NEMINEM LÆDIT.** [314]
Quien ejerce su derecho no perjudica a nadie [según Paulo].

C.C.arg. Art. 1071:

"El ejercicio regular de un derecho propio o el cumplimiento de una obligación legal no puede constituir como ilícito ningún acto. La ley no ampara el ejercicio abusivo de los derechos. Se considerará tal al que contraríe los fines que aquella tuvo en mira al reconocerlos o al que exceda los límites impuestos por la buena fe, la moral o las buenas costumbres".

C.C.urug. Art. 1321:

"El que usa de su derecho no daña a otro, con tal que no haya exceso por su parte. El daño que pueda resultar no le es imputable".

❖ **QUILIBET OPTIMUS VERBORUM SOURUM INTERPRES EST.**
Cada cual es el mejor intérprete de sus propias palabras.

- **QUI OCCASIONEM DAMNI, DAT, DAMNUM DEDISSE VIDETUR.**
  Quien da ocasión para que se dañe a otro, se considera que hizo el daño [según Paulo].

- **QUI POTEST CONDEMNARE, POTEST ABSOLVERE.**
  Quien puede condenar, puede absolver [según Ulpiano].

- **QUI? - QUIS?**
  Adj. y pron.: ¿Cuál?, ¿quién?

- **QUISQUIS** (pronunc.: *"cuiscuis"*).
  Pron. y adj.: Cualquiera.

- **QUI TACET NON UTIQUE FATETUR, SED TAMEN VERUM EST EUM** [315]
  NON NEGARE.
  Quien calla no afirma; pero también es verdad que tampoco niega. Quien calla, ni afirma ni niega. Regla 25ª de la "Partida 7ª".

- **QUI TESTATUR, LEGEM DICIT POTERISTATI SUÆ.**
  El que hace un testamento dicta una ley a su posteridad.

- **QUI VIDET ET NON IMPEDIT, CUM POSSIT, DAMNUM QUOD AB ALIO NON REBUS SUIS INFERTUR ILLUD CONSENTIRE INTELLIGITUR.**
  El que ve y no impide, pudiéndolo, el daño que otro hace en sus cosas, da a entender que lo consiente.

- **QUOD** (pronunc.: *"cuod"*).
  Adj. y conj.: Porque, en cuanto, lo que.

- **QUOD ABUNDANT NON VITIAT.**
  Lo que abunda no vicia [el acto].

❖ **QUOD CONTRA RATIONEM IURIS RECEPTUM EST, NON EST PRODUCENDUM AD CONSEQUENTIAS.**

Lo que ha sido establecido contra los principios fundamentales del Derecho, no debe ser llevado a sus extremas consecuencias [según Paulo].

❖ **QUOD NON EST, CONFIRMARI NEQUIT.**

Lo que no existe no se puede confirmar.

❖ **QUOD NON EST IN ACTIS, NON EST IN HOC MUNDO.**

Lo que no está en las actas –o en el expediente, o en el proceso– no está en este mundo.

❖ **QUOD NULLUM EST, NULLUM PRODUCIT EFFECTUM.**

Lo que es nulo no produce ningún efecto.

C.C.arg. *Art. 1050:*

"La nulidad pronunciada por los jueces vuelve las cosas al mismo o igual estado en que se hallaban antes del acto anulado".

C.C.bras. *Art. 158.*

C.C.esp. *Art. 1303:*

"Declarada la nulidad de una obligación, los contratantes deben restituirse recíprocamente las cosas que hubiesen sido materia del contrato, con sus frutos, y el precio con los intereses, salvo lo que se dispone en los artículos siguientes".

C.C.port. *Art. 289.*

C.C.urug. *Art. 1565:*

"La nulidad pronunciada por sentencia pasada en autoridad de cosa juzgada da a las partes derecho para ser repuestas al mismo estado en que se hallarían, si no hubiese existido el acto o contrato nulo, con tal que la nulidad no sea por lo ilícito del objeto o de la causa del contrato, en cuyo caso no puede repetirse lo que se ha dado o pagado a sabiendas. La nulidad judicialmente declarada da también acción reivindicatoria contra terceros poseedores, sin perjuicio de las excepciones legales".

❖ **QUOD OMNES TANGIT** (pronunc.: *"tanguit"*) **AB OMNIBUS DEBET APPROBARI.**

Lo que concierne a todos, por todos debe aprobarse.

❖ **QUOD POSTREMO POPULUS IUSSISSET, ID IUS RATUMQUE ESSET.** [316]

Lo que el pueblo legisla en último lugar es el Derecho que debe regir. Lo posterior deroga lo anterior.

C.C.arg. *Art. 3:*

"A partir de su entrada en vigencia, las leyes se aplicarán aun a las consecuencias de las relaciones y situaciones jurídicas existentes. No tienen efecto retroactivo, sean o no de orden público, salvo disposición en contrario. La retroactividad establecida por la ley en ningún caso podrá afectar derechos amparados por garantías constitucionales. A los contratos en curso de ejecución no son aplicables la nuevas leyes supletorias".

C.C.esp. *Art. 2:*

"1. Las leyes entrarán en vigor a los veinte días de su completa publicación en el 'Boletín Oficial del Estado', si en ellas no se dispone otra cosa. 2. Las leyes sólo se derogan por otras posteriores. La derogación tendrá el alcance que expresamente se disponga y se extenderá siempre a todo aquello que en la ley nueva, sobre la misma materia, sea incompatible con la anterior. Por la simple derogación de una ley no recobran vigencia las que ésta hubiere derogado. 3. Las leyes no tendrán efecto retroactivo si no dispusieren lo contrario".

C.C.port. *Art. 7.*

C.C.urug. *Art. 7:*

"Las leyes no tienen efecto retroactivo".

Art. 9:

"Las leyes no pueden ser derogadas sino por otras leyes; y no valdrá alegar, contra su observancia, el desuso ni la costumbre o práctica en contrario. La costumbre no consituye fuente de derecho, sino en los casos en que la ley se remite a ella".

Ley de Introducción al C.C.bras. *Art. 2, 1.*

❖ **QUOD REUS IURAVIT, ETIAM FIDEIUSSORI PROFICIT.** [317]

Lo que juró el deudor aprovecha también al fiador.

❖ **QUOD TIBI FIERI NON VIS, ALTERI NE FECERIS.**

No hagas a los demás lo que no quieres que te hagan a ti [según Justiniano]. Ver, además: "Alterum non lædere...".

❖ **QUOTIENS IDEM SERMO DUAS SENTENTIAS EXPRIMIT, EA POTISSIMUM EXCIPIATUR, QUÆ REI GERENDAE APTIOR EST.** [318]

Cuando una misma expresión tiene dos sentidos, debe preferirse la más adecuada al acto que se realiza [según Juliano].

C.C.arg. *Art. 1198, inc. 1:*

"Los contratos deben celebrarse, interpretarse y ejecutarse de buena fe y de acuerdo con lo que verosímilmente las partes entendieron o pudieron entender, obrando con cuidado y previsión [...]".

C.C.bras. *Art. 85.*

C.C.esp. *Art. 1284:*

"Si alguna cláusula de los contratos admitiere diversos sentidos, deberá entenderse en el más adecuado para que produzca efecto".

C.C.port. *Art. 237.*

C.C.urug. *Art. 1300:*

"Las cláusulas susceptibles de dos sentidos, del uno de los cuales resultare la validez y del otro la nulidad del acto, deben entenderse en el primero. Si ambas dieren igualmente validez al acto, deben tomarse en el sentido que más convenga a la naturaleza del contrato y a las reglas de la equidad".

❖ **QUOTIES DUBIA INTERPRETATIO LIBERTATIS EST.** [319]
Siempre debe favorecerse a la libertad en caso de duda.

R

❖ **Radix - radicis**
Sust.: Raíz.

❖ **Rapina**
Sust.: Rapiña, pillaje, asalto.

❖ **Rapio**
Verb.: Robar, arrebatar.

❖ **Ratihabitio mandato æquiparatur.**
Confirmar lo que otro hace por nosotros, se equipara a darle un mandato.

❖ **Ratio iuris**
La razón del Derecho. Lo razonable para el Derecho. El motivo que tuvo en cuenta el legislador.

❖ **Ratione materiæ**
La razón de la materia. En razón del asunto de que se trata.

❖ **RATIONE PERSONÆ**

En razón de la persona. Por ejemplo, los derechos personales.

❖ **REBUS SIC STANTIBUS.**

Las cosas así como están. Estando así las cosas. Si las cosas están así. Permanezcan las cosas así como están, en el estado actual de las cosas. Locución muy usada en las relaciones diplomáticas, especialmente en los problemas sobre límites, para convenir que no se modifiquen las situaciones hasta la solución final.

C.C.arg. *Art. 1050:*

"La nulidad pronunciada por los jueces vuelve las cosas al mismo o igual estado en que se hallaban antes del acto anulado".

C.C.bras. *Art. 158.*

C.C.esp. *Art.1303:*

"Declarada la nulidad de una obligación, los contratantes deben restituirse recíprocamente las cosas que hubiesen sido materia del contrato, con sus frutos, y el precio con sus intereses, salvo lo que se dispone en los artículos siguientes".

C.C.port. *Art. 289.*

C.C.urug. *Art. 1565:*

"La nulidad pronunciada por sentencia pasada en autoridad de cosa juzgada da a la partes derecho para ser repuestas al mismo estado en que se hallarían, si no hubiese existido el acto o contrato nulo, con tal que la nulidad no sea por lo ilícito del objeto o de la causa del contrato, en cuyo caso no puede repetirse lo que se ha dado o pagado a sabiendas. La nulidad judicialmente declarada da también acción reivindicatoria contra terceros poseedores, sin perjuicio de las excepciones legales".

❖ **REDUCTIO AD ABSURDUM.**

Reducción al absurdo. Demostración de una solución por comparación de lo absurdo de la solución contraria.

❖ **REDUCTIO AD ÆQUITATEM** (pronunc.: *"reduccio ad ecuitátem"*). [320]

Reducir un contrato a la equidad, eliminando las cláusulas abusivas. Evitar la excesiva onerosidad de la obligación.

C.C.arg. *Art. 954:*

"Podrán anularse los actos viciados de error, dolo, violencia, intimidación o simulación. También podrá demandarse la nulidad o la modificación de los actos jurídicos cuando una de las partes explotando la necesidad, ligereza o inexperiencia de la otra, obtuviera por medio de ellos una ventaja patrimonial evidentemente desproporcionada y sin justificación. Se presume, salvo prueba en contrario, que existe tal explotación en caso de notable desproporción de las prestaciones. Los cálculos deberán hacerse según valores al tiempo del acto y la desproporción deberá subsistir en el momento de la demanda. Sólo el lesionado o sus herederos podrán ejercer la acción cuya prescripción se operará a los cinco años de otorgado el acto. El accionante tiene opción para demandar la nulidad o un reajuste equitativo del convenio, pero la primera de estas acciones se transformará en acción de reajuste si éste fuere ofrecido por el demandado al contestar la demanda".

❖ **REFORMATIO IN MELIUS**

Reforma favorable.

❖ **REFORMATIO IN PEIUS**

Reforma o resolución no favorable que agrava en el recurso los agravios del recurrente.

C.G.P.urug. Art. 257.1:

"El tribunal que conoce el recurso de apelación no podrá modificar en perjuicio de la parte apelante el contenido de la resolución impugnada, salvo que la contraria también hubiera recurrido en forma principal o adhesiva".

❖ **REGIO** (pronunc.: *"reguio"*, en la forma arcaica, o *"reyio"* –con el sonido de *"g"* fuerte, al modo francés o de la "ye" ríoplatense– en el bajo latín, en este vocablo y el siguiente) **- REGIONIS**

Sust.: Región.

❖ **REGULA EST QUÆ REM QUÆ BREVITER ENARRAT, ET EST QUASI CAUSÆ CONIECTIO.**

Las reglas, brevemente, muestran los asuntos a que se refieren y tienen fuerza vinculante en los casos no previstos por la ley [definición de las Reglas jurídicas; dada por la ley 1ª del tit. 34 de la "Partida 7ª"].

❖ **RELATA REFERO**

Refiero lo que se me ha relatado. Razón de sus dichos del testigo "de oídas".

❖ **RELEGATO IN INSULAM.**

Relegación [forzada] en una isla. Confinamiento. Deportación.

❖ **RELIGO - RELIGARE**

Verb.: Atar, sujetar, anudar. Es el origen de la palabra "religión": sujetarse a la divinidad.

❖ **RELINQUO** (pronunc.: *"relincuo"*).

Verb.: Dejar, abandonar.

❖ **RELOCATIO TACITA**

Tácita reconducción. Renovación automática de una relación periódica, como la locación.

❖ **REM TENE, VERBA SEQUENTUR.**

Domina la materia: las palabras vendrán solas [locución atribuida a Catón].

❖ **RENUNCIATIO EST STRICTISSIMÆ INTERPRETATIONIS.**

La renuncia es de muy estricta interpretación.

C.C.arg. Art. 874:

"La intención de renunciar no se presume y la interpretación de los actos que induzca a probarla debe ser restrictiva".

❖ **RENUNCIATIO NON PRÆSUMITUR.**

La renuncia no se presume. Ver cita de regla anterior.

❖ **RES CORPORALES SUNT QUÆ TANGI POSSUNT; INCORPORALES, QUÆ TANGI NON POSSUNT.**

Los bienes corporales son los que pueden tocarse; incorporales, los que no pueden tocarse [según Gayo].

C.C.urug. Art. 460:

"Bajo la denominación de bienes o de cosas se comprende todo lo que tiene una medida de valor y puede ser objeto de propiedad. Los bienes son corporales o incorporales".

Art. 461:

"Los bienes corporales se dividen en muebles e inmuebles".

Art. 471:

"Los bienes incorporales son derechos reales o personales".

❖ **RES DERELICTÆ**

Cosas abandonadas, sin dueños.

C.C.arg. Art. 2525:

"La aprehensión de las cosas muebles sin dueño, o abandonadas por el dueño, hecha por persona capaz de adquirir con el ánimo de apropiárselas, es un título para adquirir el dominio de ellas".

***C.C.bras.** Art. 604.*

***C.C.esp.** Art. 610:*

"Se adquieren por la ocupación los bienes apropiables por su naturaleza que carecen de dueño, como los animales que son objeto de la caza y pesca, el tesoro oculto y las cosas muebles abandonadas".

***C.C.port.** Art. 1318.*

C.C.urug. Art. 717:

"La invitación o hallazgo es una especie de ocupación por la cual el que encuentra una cosa inanimada que no pertenece a nadie, adquiere su dominio, apoderándose de ella".

Art. 719:

"También pueden ser objeto de hallazgo las cosas cuya propiedad abandona voluntariamente su dueño, como las monedas que se arrojan para que las haga suyas el primer ocupante".

❖ RESERVATIO MENTIS

Reserva mental. Declarar exteriormente una voluntad diferente de la voluntad interior.

***C.C.port.** Art. 244.*

❖ RES FUNGIBLES SUNT QUÆ PONDERE, NUMERO, MENSURA CONSISTUNT.

Bienes fungibles son los que consisten en cosas que se pesan, se miden y se cuentan [de las "Institutas" de Justiniano].

C.C.arg. Art. 2324:

"Son cosas fungibles aquellas en que todo individuo de la especie equivale a otro individuo de la misma especie, y que pueden sustituirse las unas por las otras de la misma calidad y en igual cantidad".

C.C.bras. Art. 50.

C.C.esp. Art. 337:

"Los bienes muebles son fungibles o no fungibles. A la primera especie pertenecen aquellos de que no puede hacerse el uso adecuado a su naturaleza sin que se consuman; a la segunda especie corresponden los demás".

C.C.port. Art. 1142.

C.C.urug. Art. 470:

"Los bienes muebles son fungibles o no fungibles. A los primeros pertenecen aquellas cosas de que no puede hacerse el uso conveniente a su naturaleza sin que se consuman. Las especies monetarias son fungibles en cuanto perecen para el que las emplea como tales".

❖ RES INTER ALIOS ACTA ALLIS NEQUE PRODESSE POTEST, NEC NOCET NEC PRODEST.

El acuerdo entre unos interesados no puede dañar ni aprovechar a otros [según Maximiano, recogido por Justiniano].

C.C.arg. Art. 503:

"Las obligaciones no producen efecto sino entre acreedor y deudor, y sus sucesores a quienes se transmitiesen".

C.C.bras. Art. 1081.

C.C.esp. Art. 1259:

"Ninguno puede contratar a nombre de otro sin estar por éste autorizado o sin que tenga por la ley su representación legal. El contrato celebrado a nombre de otro por quien no tenga su autorización o representación legal será nulo, a no ser que lo ratifique la persona a cuyo nombre se otorgue, antes de ser revocado por la otra parte contratante".

C.C.port. Art. 406.

C.C.urug. Art. 1291:

"Los contratos legalmente celebrados forman una regla a la cual deben someterse las partes como a la ley misma [...]".

Art. 1293:

"Los contratos no pueden oponerse a terceros, ni invocarse por ellos, sino en los casos de los arts. 1254 a 1256" [facultad especial, representación].

❖ **Res iudicata pro veritate habetur.**

La cosa juzgada se tiene por verdad.

C.P.C.bras. Art. 467.

❖ **Res mobiles**

Bienes muebles.

Res immobiles: Bienes inmuebles.

❖ **Res, non persona debet.** [321]

[En la hipoteca] el que responde es el bien, no la persona. Derecho de persecución.

C.C.arg. Art. 3162:

"Si el deudor enajena, sea por título oneroso o lucrativo, el todo o una parte de la cosa o una desmembración de ella, que por sí sea susceptible de hipoteca, el acreedor podrá perseguirla en poder del adquirente y pedir su ejecución y venta como podría hacerlo contra el deudor. Pero si la cosa enajenada fuere mueble, que sólo está inmovilizada y sujeta a la hipoteca, como accesoria del inmueble, el acreedor no podrá perseguirla en manos del tercer poseedor".

C.C.bras. Art. 759.

C.C.esp. Art.1876:

"La hipoteca sujeta directa e inmediatamente los bienes sobre que se impone, cualquiera sea su poseedor, al cumplimiento de la obligación para cuya seguridad fue constituida".

C.C.port. Art. 666.

C.C.urug. Art. 2340:

"La hipoteca da derecho al acreedor de perseguir la finca hipotecada, sea quien fuere el que la posea y a cualquier título que la haya adquirido. Sin embargo, esta disposición no tendrá lugar contra el tercero que haya adquirido los bienes hipotecados en subasta judicial, practicada con citación personal de los acreedores que tengan constituidas hipotecas sobre la misma finca".

❖ **Res nullius** (pronunc.: *"nulíus"*).

Cosa abandonada. Cosa sin dueño. Cosa de nadie. Ver: "Res derelictæ".

❖ **Resoluto iure dantis, resolvitur et ius accipientis.** [322]

Si se otorgan pocos derechos al dador, menos todavía se otorgan al causahabiente. Nadie puede dar más de lo que tiene.

❖ **Res perit domino.**

La cosa perece para el dueño. La pérdida de la cosa corresponde a su propietario.

❖ **Responsa prudentium** [323]

Respuestas de los juristas. Opiniones de los jueces. Jurisprudencia.

❖ **Res - rei**

Sust.: Cosa, objeto, hecho, asunto, bien.

❖ **Restitutio in integrum.**

Reparación total. Volver las cosas al estado como estaban, totalmente. Ver "In integrum".

❖ **Reus**

Sust. y adj.: Reo, acusado, imputado, demandado.

❖ **REUS IN EXCIPIENDO FIT ACTOR** [324]

El demandado que se excepciona se vuelve actor [respecto al asunto de su excepción].

C.G.P.urug. *Art. 132:*

"El demandado puede, eventualmente, allanarse a la pretensión, plantear excepciones previas, asumir actitud de expectativa, contestar contradiciendo o deducir reconvención. Si adoptara más de una de estas actitudes, deberá hacerlo en forma simultánea y en el mismo acto".

Art.139.1:

"Corresponde probar, a quien pretende algo, los hechos constitutivos de su pretensión; quien contradiga la pretensión de su adversario tendrá la carga de probar los hechos modificativos, impeditivos o extintivos de aquella pretensión".

C.P.C.bras. *Art. 304.*

C.P.C.C.N.arg. *Art. 377, inc. 1:*

"Incumbirá la carga de la prueba a la parte que afirme la existencia de un hecho controvertido o de un precepto jurídico que el juez o el tribunal no tenga el deber de conocer [...]".

C.P.C.port. *Art. 493.*

❖ **RUBRICA LEGIS** (pronunc.: *"leguis"*) **NON EST LEX.**

Los títulos o subtítulos de los artículos de las leyes no forman parte de la ley.

S

❖ SACER - SACRUM
Adj.: Sagrado, consagrado, ¡maldito! [como exclamación].

❖ SÆCULUM (pronunc.: *"séculum"*).
Sust.: Siglo.

❖ SALUS POPULI SUPREMA LEX ESTO.
La salvación del pueblo sea la ley suprema [según Cicerón].

❖ SANCIO
Verb.: Sancionar, consagrar, decretar.

❖ SATISFATIO PRO SOLUTIONE EST. [325]
El cumplimiento de la obligación se tiene como pago.

❖ SCELUS
Sust.: Crimen, maldad.

❖ **SCIENTI ET CONSENTIENTI NON FIT INIURIA NEQUE DOLUS.** [326]

Al que sabe y consiente [que le hagan un daño], no se le hace injuria ni dolo.

❖ **SCIRE LEGES NON EST VERBA EARUM TENERE SED VIM AC POTESTATEM.**

Saber leyes no es conocer sus palabras sino su espíritu y consecuencias [según Celso].

❖ **SECUNDUM ALLEGATA ET PROBATA, EX LEGITIMA COGNITIONE** [327] (latín arcaico: *"coñitione"*; latín clásico: *"cognicione"*) **IUDEX IUDICARE DEBET.**

Según un conocimiento completo de lo alegado y probado [por las partes] el juez debe juzgar.

C.G.P.urug. *Art. 198:*

"Las sentencias contendrán disposiciones expresas, positivas y precisas. Recaerán sobre las cosas litigadas por las partes con arreglo a las pretensiones deducidas, declararán el derecho de los litigantes y se pronunciarán sobre las condenaciones en costas y costos".

C.P.C.bras. *Art. 458.*

C.P.C.C.N.arg. *Art. 34:*

"Son deberes de los jueces [...] 4. Fundar toda sentencia definitiva o interlocutoria, bajo pena de nulidad, respetando la jerarquía de las normas vigentes y el principio de congruencia [...]".

C.P.C.port. *Art. 660.*

❖ **SED**

Conj.: Pero, mas.

❖ **SEMEL HERES, SEMPER HERES.**

Quien es heredero una vez, sigue siendo heredero siempre. Quien demuestra ser heredero una vez, lo es en forma irrevocable.

❖ **SEMPER IN CIVITATE NOSTRA SENECTUS VENERABILIS FUIT.** [328]

En nuestra ciudad siempre fue venerada la ancianidad.

❖ **SEMPER IN DUBIIS BENIGNIORA PRŒFERENDA SUNT.** [329]

En caso de duda, debe siempre preferirse [la interpretación] más benigna.

C.P.bras. *Art. 2.*

C.P.esp. *Art. 2:*

"1. No será castigado ningún delito ni falta con pena que no se halle prevista por ley anterior a su perpetración. Carecerán igualmente, de efecto retroactivo las leyes que establezcan medidas de seguridad. 2. No obstante, tendrán efecto retroactivo aquellas leyes penales que favorezcan al reo, aunque al entrar en vigor hubiera recaído sentencia firme y el sujeto estuviese cumpliendo condena. En caso de duda sobre la determinación de la ley más favorable, será oído el reo. Los hechos cometidos bajo la vigencia de una ley temporal serán juzgados, sin embargo, conforme a ella, salvo que se disponga expresamente lo contrario".

C.P.P.port. *Art. 5.*

C.P.P.urug. *Art. 17.1:*

"Cuando las leyes penales configuren nuevos delitos o establezcan una pena más severa, no se aplicarán a los hechos cometidos con anterioridad a su vigencia".

Art. 17.2:

"Cuando esas leyes supriman delitos existentes o disminuyan la pena, se aplicarán a los hechos anteriores a su vigencia. En el primer caso, determinarán la clausura del proceso o la extinción de la pena; en el segundo, sólo la modificación de la pena".

❖ **SEMPER NECESSITAS PROBANDI INCUMBIT ILLI, QUI AGIT.**

La necesidad de probar incumbe siempre al que acciona [según Marciano]. Ver: "Onus probandi incumbit ...".

❖ **Senatus consultum**
Sust.: Decreto del senado.

❖ **Senatus populusque romanus.**
El senado y el pueblo romano. Fórmula o lema oficial de la República Romana, utilizada sin embargo durante la época imperial.

❖ **Senex - senis**
Sust. y adj.: Viejo, anciano.

❖ **Sensum non verba considerare debemus.** [330]
Debemos considerar el sentido y no las palabras [de los contratos].

❖ **Sententia** (pronunc.: *"sentencia"*).
Sust. y adj.: Sentencia, opinión. Lo que siente u opina el juez sobre el asunto sometido a su decisión.

❖ **Sententia debet esse conformis libello.** [331]
La sentencia debe estar en conformidad –o ser congruente– con la demanda. Ver: "Secundum allegata et probata...".

❖ **Sequi**
Verb.: Seguir, continuar.

❖ **Sermo - sermonis**
Sust.: Conversación, comentario, discurso, sermón.

❖ **Sero venientibus ossa.** [332]
Al que llega tarde, sólo le tocan los huesos [del festín]. El que primero acciona por créditos no preferentes cobra antes en una ejecución judicial.

C.C.arg. Art. 3922:

"Los créditos no privilegiados se cubrirán a prorrata sobre el sobrante de la masa concursada".

C.C.bras. Art. 1556.

C.C.esp. Art. 1921:

"Los créditos se clasificarán, para su graduación y pago, por el orden y en los términos que en este capítulo se establecen".

Art. 1924:

"Con relación a los demás bienes muebles e inmuebles del deudor, gozan de preferencia: [...] 3º. Los créditos que sin privilegio especial consten: [...] B) En sentencia firme, si hubiesen sido objeto de litigio. Estos créditos tendrán preferencia entre sí por el orden de antigüedad de las fechas de las escrituras y de las sentencias".

Art. 1925:

"No gozarán de preferencia los créditos de cualquiera otra clase, o por cualquiera otro título, no comprendidos en los artículos anteriores".

C.C.port. Art. 604.

C.C.urug. Art. 2387:

"El cuarto y último grado comprende los créditos que no gozan de preferencia. Estos créditos se pagarán a prorrata sobre el sobrante de la masa concursada, sin consideración a su fecha".

C.G.P.urug. Art. 380.7:

"La eficacia de los embargos frente a terceros, así como las preferencias entre los embargantes para el cobro de sus créditos, intereses, costas y costos, se determinará por la fecha de realización de los respectivos actos que hacen efectivos los embargos".

❖ SERVATA PROPORTIONE

Adv.: Salvadas las proporciones.

❖ SERVI

Sust.: Siervos, esclavos.

❖ **Si**

Conj.: Si.

❖ **Sic**

Adv.: Así, de este modo.

❖ **Sic et simpliciter*.**

Así de sencillo. Así de simple. Así de fácil.

* Título del diccionario de locuciones latinas del jurista italiano Leonardo Paganelli. Ver Bibliografía.

❖ **Sic lex, sic iudex.**

Así es la ley y así es el juez.

❖ **Silva**

Sust.: Selva, bosque.

❖ **Simul**

Adv.: Al mismo tiempo, simultáneamente.

❖ **Sine pretio nulla venditio est.** **[333]**

Sin [que se indique] el precio la compraventa es nula.

C.C.arg. *Art. 1323:*

"Habrá compra y venta cuando una de las partes se obligue a transferir a la otra la propiedad de una cosa, y ésta se obligue a recibirla y a pagar por ella un precio cierto en dinero".

Art. 1326:

"El contrato no será juzgado como de compra y venta, aunque las partes así lo estipulen, si para ser tal le faltase algún requisito esencial".

C.C.bras. *Art. 1125.*

C.C.esp. *Art. 1445:*

"Por el contrato de compra y venta uno de los contratantes se obliga a entregar una cosa determinada y el otro a pagar por ella un precio cierto, en dinero o signo que lo represente".

Art. 1446:

"Si el precio de la venta consistiera parte en dinero y parte en otra cosa, se calificará el contrato por la intención manifiesta de los contratantes. No constando ésta, se tendrá por permuta, si el valor de la cosa dada en parte del precio excede al del dinero o su equivalente; y por venta en el caso contrario".

C.C.port. *Arts. 874, 883, 886.*

C.C.urug. *Art. 1661:*

"La compraventa es un contrato en que una de las partes se obliga a dar una cosa y la otra a pagarla en dinero".

Art. 1662:

"Si el precio, esto es, lo que el comprador da por la cosa vendida, consiste parte en dinero y parte en otra cosa, se calificará el contrato por la intención manifiesta de los contrayentes; y no constando ésta, se tendrá por permuta si es mayor el valor de la cosa, y por venta en el caso contrario".

❖ **SI PARVA LICET COMPONERE MAGNIS.**

Es lícito comparar las cosas menores con las mayores [verbo de Virgilio].

❖ **SI SIS AFFINIS...**

Si sois parientes por afinidad... [no podeis casaros].

C.C.arg. *Art. 166:*

"Son impedimentos para contraer el matrimonio:[...] 4º. La afinidad en línea recta en todos los grados [...]".

C.C.bras. *Art. 183. II.*

C.C.esp. *Art. 47:*

"Tampoco pueden contraer matrimonio entre sí: [...] 1º. Los parientes en línea recta por consanguinidad o adopción. 2º. Los colaterales por consanguinidad hasta el tercer grado [...]".

C.C.port. *Art. 1604, c.*

C.C.urug. *Art. 91:*

"Son impedimentos dirimentes para el matrimonio: [...] 4º. El parentesco en línea recta por consanguinidad o afinidad, sea legítimo o natural [...]".

❖ **SI TU VALES, BENE. NOS VALEMUS.**
Si tu estás sano, bien. Nosotros estamos bien de salud. Fórmula de estilo y cortesía que se empleaba habitualmente en la correspondencia familiar.

❖ **SOCER** (pronunc.: *"sócer"*).
Sust.: Suegro.

❖ **SOCIETAS DELINQUERE NON POTEST.**
La sociedad no puede delinquir. Principio de la responsabilidad individual y de la irreponsabilidad penal del Estado y sus corporaciones, como tales.

❖ **SOLUTUS**
Adj.: Desatado, liberado, pagado.

❖ **SOLVE ET REPETE.**
Pague y después reclame la devolución. Principio del Derecho administrativo, a fin de evitar la demora en el cobro de los aportes fiscales, por maniobras dilatorias injustas.

❖ **SORDIDUS**
Adj.: Sucio, manchado, sórdido.

❖ **SORS - SORTIS**
Sust.: Suerte, destino.

❖ **SPES IURIS**
Expectativa de derecho.

❖ **SPOLIO**
Verb.: Despojar, desnudar.

❖ **SPONSIO**
Sust.: Promesa, promesa de matrimonio, esponsales.

❖ **STATU**
Estado. Estado de las cosas. Relación jurídica.

❖ **STATU QUO** (pronunc.: *"cuó"*).
Volver las cosas a la situación preexistente.

❖ **STATUS**
Estado o situación personal o social. Condición jurídica de una persona.

❖ **STRICTI IURIS**
De estricto derecho.

❖ **STRICTO SENSU**
Adv.: En sentido estricto. Interpretación restrictiva.

❖ **SUBLATA CAUSA, TOLLITUR EFFECTUS.**
Suprimida la causa, desaparece el efecto.

❖ **SUCCESSIO** [334]
Sust.: Sucesión.
SUCCESSIO AB INTESTATO. Sucesión intestada.

❖ **SUFFICIT EOS QUI NEGOTIA GERUNT, CONSENTIRE.**
Basta el consentimiento de quienes concertaron el negocio [para su validez] [según Gayo].

❖ **SUI IURIS**
De derecho propio. Persona con autonomía jurídica. Legalmente capaz. Dotado de derecho propio.

❖ **SUMMUM IUS, SUMMA INIURIA.**
Exceso de derecho es injusticia. No cabe ser demasiado rigoroso [según Cicerón].

❖ **SUPERFICIES SOLO CEDIT.**
La superficie sigue la naturaleza del suelo.

❖ **SUPERFLUUM NON EST, QUOD AD DECLARATIONEM PONITUR.** [335]
No es superfluo lo que se agrega con fines de aclaración.

T

❖ **Tabellio** (pronunc.: *"tabelio"*).

Tabelión, notario, escribano. Proviene de la palabra "tábula" [tableta] en que hacían sus actas los escribanos. Ver: "Tabulæ".

❖ **Tabernæ** (pronunc.: *"taberne"*).

Sust.: Choza, cabaña, taberna, edificio pequeño, capilla.

❖ **Tabulæ** (plural de **tabula**).

Tablas o tabletas en las que se escribían los contratos, testamentos y leyes primitivas [por ej.: "Las XII Tablas"]. **Tabula rasa:** Tabla en la que se ha borrado o anulado lo escrito. Úsase para significar que se ha dejado sin efecto lo anteriormente opinado o convenido.

❖ **Tabularius** [336]

Sust.: Archivero. Funcionario encargado de la custodia y actualización de los archivos públicos.

❖ **TACENS NON FATETUR, SED NEC NEGARE VIDETUR.** [337]

El que calla no siempre otorga: se considera que no afirma ni niega [glosa de Gregorio López a las "Partidas"]. Ver: "Quitacet...".

❖ **TACITUS - TACITUM**

Adj.: Callado, silencioso, secreto, tácito, sobreentendido.

❖ **TALIS**

Adj.: Tal, igual, similar.

❖ **TAM - TANTUM**

Adv.: Tan, tanto.

❖ **TANGO - TANGERE**

Verb.: Tocar, atacar, amenazar, agitar.

❖ **TANTUM DEVOLUTUM QUANTUM APPELLATUM** (pronunc.: *"apelátum"*).

[El juez de Alzada] sólo tiene jurisdicción en lo relativo a la materia recurrida.

❖ **TELLUS**

Sust.: La tierra. El suelo.

❖ **TEMERITAS**

Sust. y adj.: Temeridad, audacia excesiva, malicia, azar.

❖ **TEMPUS REGIT ACTUS** [338]

El tiempo regula los actos [procesales]. Aplicación de la ley vigente a los actos procesales.

❖ **TENETUR AD ALIQUID DANDUM VEL FACIENDUM, NON IN FACIENDUM.** [339]

Está obligado a dar, a hacer o a no hacer.

C.C.arg. Art. 495:
"Las obligaciones son de dar, de hacer o de no hacer".

C.C.bras. Arts. 863 y siguientes.

C.C.esp. Art. 1088:
"Toda obligación consiste en dar, hacer o no hacer alguna cosa".

C.C.port. Art. 397.

C.C.urug. Art. 1245:
"Toda obligación consiste en dar, hacer o no hacer alguna cosa".

❖ **TERMINUS AD QUEM** (pronunc.: *"cuem"*).
Término hasta el cual...

❖ **TERMINUS A QUO** (pronunc.: *"cuó"*).
Término a partir del cual...

❖ **TERTIUM GENUS** (pronunc.: *"terciun guenus"*).
Tercer género.
Posición diferente a otras dos contrarias entre sí, que se conocen. Es, por ejemplo, lo que algunos dicen del Derecho social, que no pertenece al Derecho privado ni al Derecho público.

❖ **TERTIUM NON DATUR.**
No hay una tercera posibilidad. Principio lógico del tercero excluido.

❖ **TESTES**
Sust. y adj.: Testigos.
Portugués: testemunha; inglés: witness; francés: témoin.

❖ **TESTES EX AUDITU PARTIS.**
Testigos que han oído a una parte. Testigos "de oídas". Ver: "Auditu alteram partem".

❖ **TESTES NON NUMERANTUR.**
Los testigos no se cuentan. La cantidad de testigos no aumenta su validez ni les da preeminencia.

❖ **TESTIS UNUS, TESTIS NULLUS.**
El testigo único es un testigo nulo.

❖ **THEMA DECIDENDUM**
Tema o materia de la decisión judicial.

❖ **THESAURUS**
Sust.: Tesoro. Palabra de origen griego. En el lenguaje jurídico informático se emplea para referirse al catálogo o sistema de las palabras relativas a una misma materia, ordenadas de modo que sirvan de entradas en la computadora u ordenador. Su calificación de "tesoro" parece significar que contiene un número importante de conocimientos.

❖ **TOTA LEGE** (pronunc.: *"legue"*) **PERSPECTA.**
Se ha examinado íntegramente o perfectamente la ley.

❖ **TOTUM IUS CONSISTIT AUT IN ADQUIRENDO, AUT IN CONSERVANDO, AUT IN MINUENDO.**
Todo el derecho consiste en adquirir, o en conservar o en disminuir [los bienes] [según Ulpiano].

❖ **TRADENS**
Es la parte que transfiere. La que entrega o realiza tradición, en un contrato. Ver: "Accipiens".

❖ **TRADITIO** (pronunc.: *"tradicio"*).
Tradición o entrega.

C.C.arg. *Art. 2377:*

"La posesión se adquiere también por la tradición de las cosas. Habrá tradición cuando una de las partes entregare voluntariamente una cosa, y la otra voluntariamente la recibiese".

C.C.bras. *Art. 620.*

C.C.esp. *Art. 1461:*

"El vendedor está obligado a la entrega y saneamiento de la cosa objeto de la venta".

Art. 1462:

"Se entenderá entregada la cosa vendida cuando se ponga en poder y posesión del comprador [...]".

C.C.port. *Art. 1263, b.*

C.C.urug. *Art. 758:*

"La tradición o entrega es la transferencia que hace una persona a otra de la posesión de una cosa, con facultad y ánimo de transferirle el dominio de ella".

❖ **TRANSACTIO EST INSTAR REI IUDICATA.** **[340]**

La transacción equivale a la cosa juzgada.

C.C.bras. *Art. 1030.*

C.C.esp. *Art. 1816:*

"La transacción tiene para las partes la autoridad de la cosa juzgada; pero no procederá la vía de apremio sino tratándose del cumplimiento de la transacción judicial".

C.C.urug. *Art. 2161:*

"La transacción, en cuanto extingue los derechos y obligaciones que las partes hubiesen renunciado, tiene respecto de ellas toda la autoridad de la cosa juzgada".

❖ **TRUX - TRUCIS**

Adj.: Atroz.

❖ **TURBATIO SANGUINIS**

Confusión de la sangre. Dudas sobre la paternidad de un hijo cuando la madre ha tenido relaciones íntimas con más de un hombre a la fecha de la concepción. Ver: "Exceptio plurium...".

C. del N.urug. *Art. 184:*

"El demandado, para rechazar la acción de paternidad, no podrá excepcionarse en la mala conducta de la mujer".

❖ **TURPITUDO** [341]

Torpeza, negligencia, culpa inexcusable.

U

Como se indica ya en el Prólogo de este trabajo, los primitivos latinos no distinguieron, ni en la grafía ni en la pronunciación, entre las letras **U** y **V**.

Fieles a nuestro propósito de transcribir del modo más parecido a su origen los ejemplos que hemos escogido, deberíamos haberlos escrito siempre con la "V"; por ejemplo: "VNIVERSITAS", en lugar de "**Universitas**". Pero en nuestros tiempos, con nuestras costumbres y el diferente sonido que, a pesar de su origen común, hemos dado a ambos fonemas (no pronunciados del mismo modo "uno" que "vida"), preferimos diferenciarlos del modo que lo hacen todos los tratados históricos y gramaticales de la materia: separando sus expresiones en subcapítulos independientes.

❖ **Uber** (pronunc.: *"úber"*).
Adj.: Fértil, abundante.

❖ **Ubi**
Adv. y conj.: Dónde, cuándo, luego de que.

❖ **UBICUMQUE** (pronunc.: "*ubicumcue*").
Adv.: Doquiera, donde quiera.

❖ **UBI EADEM LEGIS RATIO, IBI EADEM LEGIS DISPOSITIO.**
Donde existe el mismo criterio legal, debe existir la misma resolución legal.

❖ **UBI EADEM RATIONES, IBI EADEM DISPOSITIO.**
Donde existen iguales razones debe recaer igual decisión.

❖ **UBI IUS, IBI SOCIETAS; UBI SOCIETAS, IBI IUS.** [342]
Donde hay Derecho, hay sociedad; donde hay sociedad, hay Derecho.

❖ **UBI LEX NON DISTINGUIT, NEC NOS DISTINGUERE DEBEMUS.**
Donde la ley no distingue, tampoco debemos distinguir nosotros.

❖ **UBI LEX VOLUIT DIXIT, UBI NOLUIT TACUIT.**
Cuando la ley lo quiere, lo dice. Si no lo quiere, calla.

❖ **UBI MAIOR, MINOR CESSAT.**
El menor debe ceder ante el mayor; el inferior, ante el superior.

❖ **UBIQUE** (pronunc.: "*ubicue*").
Adv.: Por todas partes.

❖ **UBI TU GAIUS, ET EGO GAIA.**
Si tu serás gayo, yo seré gaya. Fórmula de aceptación en la ceremonia matrimonial, por la que la mujer asume el nombre [apellido] del marido.

❖ **ULTRA PETITA - ULTRAPETITUM.**
Petición o peticiones excesivas. Ver: "Plus petitio".

❖ **UMBRA**

Sust.: Sombra.

❖ **UNA RES EST IN OBLIGATIONE, DUAE AUTEM IN SOLUTIONE.** [343]

En la obligación hay una o más cosas; en la rescisión, ninguna.

❖ **UNICUIQUE SUUM**

A cada uno lo suyo.

❖ **UNIUS TESTIMONIUM NON SUFFICIT AD CONDEMNATIONEM.**

Un solo testigo no es suficiente para condenar. Ver.: "Testis unus, testis nullus".

❖ **UNIVERSITAS**

Sust.: Universalidad.

UNIVERSITAS FACTI: Universalidad de hechos.

UNIVERSITAS IURIS: Universalidad de derechos.

UNIVERSITAS SCHOLARUM ET PROFESORUM: Universidad como reunión docente de estudiantes y profesores. Estudios superiores o terciarios.

***C.C.arg.** Art. 2764:*

"Una universalidad de bienes, tales como una sucesión cuestionada, no puede ser objeto de la acción de reivindicación; pero puede serlo una universalidad de cosas".

***C.C.port.** Art. 206, 1.*

***C.C.urug.** Art. 776:*

"La sucesión o herencia, modo universal de adquirir, es la acción de suceder al difunto, y representarle en todos sus derechos y obligaciones que no se extinguen por la muerte. Se llama heredero el que sucede en esos derechos y obligaciones".

❖ **UNIVERSUM IUS DEFUNCTI.**

Todo el patrimonio [derechos] del difunto. Ver: "Universitas".

❖ **USQUAM** (pronunc.: *"uscuam"*).
Adv.: En alguna parte.

❖ **USQUE** (pronunc.: *"uscue"*).
Adv.: Hasta, mientras, continuamente.

❖ **USQUE AD SIDERA, USQUE AD INFEROS**
Hasta el cielo, hasta el infierno.

❖ **USUCAPIO**
Sust.: Usucapión. Prescripción adquisitiva.

❖ **USUS EST PRO POSSESSIONE.** **[344]**
El uso manifiesta la posesión.

C.C.arg. *Art. 2373:*

"La posesión se adquiere por la aprehensión de la cosa con la intención de tenerla como suya: salvo lo dispuesto sobre la adquisición de las cosas por sucesión".

C.C.bras. *Art. 493.*

C.C.esp. *Art. 438:*

"La posesión se adquiere por la ocupación material de la cosa o derecho poseído, o por el hecho de quedar éstos sujetos a la acción de nuestra voluntad, o por los actos propios y formalidades legales establecidas para adquirir tal derecho".

C.C.port. *Art. 1268.*

C.C.urug. *Art. 647:*

"La toma de posesión se verifica por la aprehensión efectiva, esto es, haciendo sobre la cosa un acto material de los que sólo corresponden al dueño [...]".

❖ **USUS FRUCTUS EST IUS REBUS ALIENIS UTENDI AC FRUENDI SALVA RERUM SUBSTANTIA.**
El usufructo es el derecho de usar y percibir los frutos

de las cosas ajenas, quedando a salvo la sustancia de ellas [según Paulo].

C.C.arg. Art. 2807:

"El usufructo es el derecho real de usar y gozar de una cosa cuya propiedad pertenece a otro, con tal que no se altere su sustancia".

C.C.bras. Art. 713.

C.C.esp. Art. 467:

"El usufructo da derecho a disfrutar los bienes ajenos con la obligación de conservar su forma y sustancia, a no ser que el título de su constitución o la ley autoricen otra cosa".

C.C.port. Art. 1439.

C.C.urug. Art. 493:

"El usufructo es un derecho real que consiste en gozar de la cosa ajena, con cargo de conservar su forma y sustancia, y de restituirla a su dueño, si la cosa no es fungible; o con cargo de volver igual cantidad y calidad del mismo género o de pagar su valor, si la cosa es fungible. El usufructo supone necesariamente dos derechos coexistentes: el del nudo propietario y el del usufructuario. Tiene, por consiguiente, una duración limitada, al cabo de la cual pasa al nudo propietario y se consolida con la propiedad".

❖ **UTILE PER INUTILE NON VITIATUR.** [345]

El acto jurídico válido no puede ser viciado por un elemento no útil.

❖ **UTI LINGUA NUNCUPASSIT ITA IUS ESTO.**

El Derecho sigue la forma que le da la lengua. Como se haya formulado será el Derecho. La fórmula hace el Derecho. Principios muy importantes en el Derecho formulario que usaron los antiguos latinos, hoy en general desechado.

❖ **UTI POSSIDETIS IURIS.**
Como procede. Conforme a Derecho.

❖ **UTRUMQUE** (pronunc.: *"utrumcue"*).
Adv.: De ambas partes.

❖ **UTRUMQUE IUS** [346]
[Corresponde] en los dos Derechos: civil y canónico.

❖ **UT SINGULI**
Adv.: Considerado aisladamente.

❖ **UXOR**
Sust.: Cónyuge, esposa.
UXORIUS: Adj.: Propio de la esposa o del matrimonio.
MORE UXORIUS: Costumbres propias del matrimonio. Apariencia de matrimonio.

V

❖ **Vacatio legis** (pronunc.: *"vacacio leguis"*).
Vacancia de la ley. Leyes sin sancionar regularmente. Plazo que resulta entre la promulgación y publicación de la ley o antes de la fecha de vigencia de la misma. Régimen político de facto.

❖ **Vacuus**
Adj.: Vacío, vano. Espacio que se dejaba sin construir entre los muros divisorios de los edificios urbanos en Roma.

❖ **Vae**
Interjección de dolor: ¡Ay!

❖ **Valeo - valere**
Verb.: Gozar de buena salud. Ver: "Si tu vales, bene...".

❖ **Valetudo**
Sust.: Salud.

❖ **VEL**
Conj.: O bien, o sea, ya.

❖ **VELIS NOLIS**
Quieras o no. Necesariamente. De grado o por fuerza.

❖ **VENDITIO**
Sust.: Venta. Compraventa.

❖ **VENDITIO BONORUM**
Venta de los bienes. Venta. Venta convencional o forzada.

❖ **VENDITOR NON TENETUR CASU FORTUITO.** [347]
El vendedor no responde del caso fortuito.

❖ **VERBA VOLANT, SCRIPTA MANENT.**
Las palabras vuelan –o se las lleva el viento– los escritos quedan.

❖ **VERECUNDIA**
Sust.: Pudor, vergüenza.
INVERECUNDIA: Desvergüenza.

❖ **VIATOR**
Sust. y adj.: Caminante. Viajero.

❖ **VIDELICET**
Vale decir, esto es.

❖ **VIRTUS IN MEDIO CONSISTIT.**
La virtud está en el término medio [frase de una comedia de Terencio].

❖ **VIS**
Fuerza. Violencia.

❖ **VIS LEGIBUS INIMICA.**

La fuerza es enemiga de la ley.

❖ **VIS MAIOR CUI RESISTIT NON POTEST.**

Fuerza mayor irresistible.

C.C.arg. *Art. 514:*

"Caso fortuito es el que no ha podido preverse o que, previsto, no ha podido evitarse".

C.C.bras. *Art. 1058.*

C.C.esp. *Art. 1105:*

"Fuera de los casos expresamente mencionados en la ley, y de los que así los declare la obligación, nadie responderá de aquellos sucesos que no hubieran podido preverse o que, previstos, fueran inevitables".

C.C.port. *Art. 790.*

C.C.urug. *Art. 1549:*

"La obligación de dar o de hacer o de no hacer, se extingue sin responsabilidad de daños y perjuicios, cuando la prestación que forma la materia de ella viene a ser física o legalmente imposible; salvo los casos ya designados en el art. 1343 [cediendo a fuerza mayor o por caso fortuito] y lo que se dispone por los siguientes".

❖ **VITIANTUM VITIAT.**

Lo que vicia invalida.

❖ **VIX**

Adv.: Apenas, con dificultad.

❖ **VOLENTI NON FIT INIURIA.**

Quien aceptó que le hicieran un daño, no puede reclamar por ello.

❖ **VOX POPULI, VOX DEI.**
La voz del pueblo, es la voz de Dios. La soberanía de las decisiones radica en el pueblo.

❖ **VULTUS**
Cara, rostro.

APÉNDICE

DERECHO, JUSTICIA Y ABOGACÍA EN ROMA

1. Introducción.

De poco serviría el repertorio que compone la parte principal de este trabajo –por lo menos para el lector no iniciado– si no lo completásemos con una breve indicación del porqué de esos vocablos y aforismos, y del ambiente y circunstancias en que nacieron y se desempeñaron.

Trataremos de recordar, en pocas palabras, el origen de la civilización jurídica latina; la enumeración de sus normas; la descripción de sus tribunales y, en especial, las modalidades de quienes debieron profesar en ellos.

Hemos evitado las citas en que nos apoyamos, por ser sobradamente conocidos sus autores y para hacer más liviana la lectura de este Apéndice.

2. Muy sintético panorama histórico.

La Roma histórica, a pesar de sus leyendas, aparece como un pequeño poblado –o, mejor, un grupo de poblados– habitado por rudos campesinos establecidos en las márgenes del río Tíber, en lucha constante con clanes más evolucionados, sabinos y etruscos que acabaron por dominarlos, constituir su nobleza y transmitirles su cultura; cultura que, más adelante, enriquecerían con la de Grecia –a través de las colonias en Sicilia– y a la que habrían de tributar notoria admiración.

Se ha dicho en forma autorizada que, desde los inicios, ya se conoce la sociedad romana dividida en tres clases: la de los patricios, la de los plebeyos y la de los esclavos. Los patricios no eran sino los representantes de antiguas familias latinas, sabinas y etruscas, con plenos derechos; en tanto que la plebe, latina también, procedía de ciudades vecinas, conquistadas y destruidas por los anteriores, y que se vieron obligadas a vivir en la nueva urbe en condición casi servil. En tiempos de la monarquía, estos infelices plebeyos ocuparon los montes Celio, Palatino y, fundamentalmente, Aventino. Los esclavos, base inferior de la población, fueron, como en casi todas las sociedades primitivas, los prisioneros de guerra y algunos hombres que, nacidos libres, debieron sufrir esa condición como castigo de sus crímenes o pago de sus deudas.

El monarca concentraba en sí todos los poderes: el religioso, el político, el militar y el jurisdiccional. Era, desde el punto de vista religioso, el sacerdote superior: el *pontícife máximo,* pues los sacerdotes más importantes eran los "pontífices" que debían ese nombre a ser los encargados y guardianes de los puentes sobre el Tíber: puentes de la mayor importancia para las comunicaciones y el comercio de esta ciudad, cuyo centro se acostaba sobre ese río. Era, además, el juez de principal jerarquía cuando se quiso conservar el orden social dirimiendo los conflictos sin los inconvenientes de la venganza o de la autocomposición; y, como gobernante absoluto, era el jefe civil y militar de la ciudad. Establecía los días *fastos,* o sea los que eran favorables para todos los actos y, en un principio, sólo seguía el consejo de los dioses, que creía adivinar a través de los *auspicios:* esto es, los fenómenos naturales y el examen de las vísceras de aves y otros animales sacrificados. Pero pronto el rey eligió un *Senado* (de **senatus**, anciano; conjunto de trescientos ancianos), aunque en la realidad eran los jefes de las familias de patricios que el rey elegía entre quienes le eran favorables.

Uno de estos reyes, Servio Tulio, introdujo la primera reforma importante, dividiendo al pueblo (por *pueblo* se entendía, entonces, el conjunto de hombres libres, los ciudadanos) en cuatro tribus locales. Dispuso además que todo hombre, patricio o plebeyo, debía servir en el ejército, que se organizaba sobre la base de las *centurias,* o sea regimientos de cien soldados cada uno. Y constituyó asambleas populares en las que intervenían, en forma consultiva, los integrantes de las centurias: *los comicios centuriados.*

Pero la monarquía adquirió, cada vez más, carácter despótico sobre aquellos ciudadanos cuyo origen campesino y su intervención frecuente en las guerras los tentaban a exigir derechos. Esto culminó con los abusos de otro rey, Tarquino el Soberbio, que motivaron una revolución que terminó con la expulsión de los reyes y la proclamación de la República.

Las que hasta entonces habían sido facultades de los reyes pasaron, en el orden religioso, a los pontífices en general, y las judiciales y militares, a magistrados: *cónsules* o *pretores.* (Es interesante adelantar que la palabra *magistratura* se refería tanto a la función como a la persona del favorecido y, según AYMARD, proviene de **magister**, amo, y se opone a la de **minister**, servidor: **magister** por ser "más", en tanto **minister** viene de **minus**).

Una vez instituido formalmente en su cargo, el magistrado era independiente de la comunidad y estaba por encima de ella –como antes lo estuviera el rey–: era la encarnación del Estado y tenía su representación: el **imperium**, derecho de dirigir la ciudad, por contraste con la **potestas**, el poder del padre de familia en su hogar. Como los cónsules eran dos (con la posibilidad de vetarse recíprocamente), en caso de necesidad, como durante la guerra, se nombraba un *dictador* con plenas facultades.

También los cónsules abusaron de sus poderes, por lo cual la plebe se sublevó y se refugió en el Monte Sagrado, en el año 494 a.C. Ello motivó que el patriciado admitiera, a través del Senado, la designación de un representante, *el tribuno de la plebe,* para velar por los más desposeídos; de manera similar a la que hoy realiza el defensor del pueblo u *ombudsman,* en algunos países.

En forma sucesiva, los plebeyos fueron obteniendo acceso a las magistraturas: al consulado, en el 347 a.C., a la dictadura poco después, finalmente a la dignidad de edil curul, a la cuestura y a la censura, entre otras. Por la ley **Canuleia**, en el 445, la plebe obtuvo el ***ius connubium:*** el derecho a celebrar matrimonio solemne, reservado hasta entonces al patriciado. Hasta el año 339, las leyes votadas en asambleas populares necesitaban la confirmación del Senado; en el 287, por la ley **Hortensia**, tuvieron fuerza vinculante para todos los ciudadanos.

Luego de una sangrienta guerra civil, Sila obtuvo la dictadura en el año 88. Entre sus reformas, se recuerda que aumentó la autoridad del Senado, quitando algunas facultades al orden ecuestre, o sea a los *équites* o caballeros (personas adineradas, llamadas así porque poseían bastante dinero para adquirir un caballo e integrar la caballería militar en forma personal o mediante un delegado). Dio además funciones civiles en Italia a los cónsules, que habían actuado por el orden militar.

Pero la guerra civil no terminó allí: Julio César, al que diera gran prestigio su conquista de las Galias, regresó con su ejército a Roma, en cuya parte urbana la legislación impedía la entrada de las legiones. Allí dio un verdadero golpe de Estado, haciéndose otorgar el imperio, reservado hasta entonces, en forma total, a los dictadores, pero con carácter permanente. La posesión del **imperium** permitió que se considerase *emperador*. Asesinado por senadores republicanos, la dignidad de emperador pasó a su sobrino Octavio, que adoptó el apellido de César y se hizo llamar Augusto, para significar su gran autoridad.

Desde entonces y hasta su sometimiento por los bárbaros, la historia de Roma será la del *Imperio* y la de sus emperadores o césares, de cuya designación habrían de quedar luego importantes huellas, como en sus nuevas lenguas el nombre de *káiser* (Alemania) y *de czar* (Rusia), en imperios hoy también desaparecidos.

3. **Cronología.**

De conformidad con el historiador latino VARRÓN, los romanos calculaban las épocas desde una fecha que equivaldría, para nosotros, al año 753 de la era cristiana. Fecha ciertamente muy dudosa, ya que no hay certeza del establecimiento oficial de la ciudad –que, más probablemente, se haya integrado en forma gradual y de hecho– ni del año del nacimiento de Jesucristo, problema que todavía inquieta a la Iglesia. Pero, de todos modos, ese dato se ha venido incorporando desde entonces a los estudios históricos y es útil para ubicar los acontecimientos en el tiempo, aunque no sea cronológicamente exacto.

El tiempo se dividía en años de doscientos cincuenta y cinco días cada uno, coincidentes en general con la rotación de las labores agrícolas. El día romano, dice Gow, empezaba a la media noche y se dividía en dos partes: antes del medio día (la mañana) y después de medio día (**ante** y **post meridiem**). Hasta mediados del siglo III a.C., la hora del medio día era anunciada a los cónsules por un alguacil (el **accensus**). En el 290 se introdujo una novedad: los cuadrantes solares; pero como éstos perdían su utilidad en la noche, se introdujeron, desde Grecia, los relojes de agua (las **clepsidras**) que se generalizaron pronto. Esto permitió que las dos partes del día, la diurna y la nocturna, se dividieran en doce horas cada una, como en la actualidad.

El mes latino, el **mensis**, se ajustaba, como en la mayoría de los pueblos primitivos, a los ciclos lunares, constando, alternativamente, de veintinueve y treinta días; la luna llena correspondía, sucesivamente, a los días 14 y 15. Pero como los latinos no consideraban favorables los días pares, se admitía que correspondían a los días 13 y 15, alternativamente, a los que llamaban **idus** (palabra derivada del verbo **dividire**). El octavo día antes de la luna llena se llamaba *nona* y el primero de cada mes, **calenda**, o **kalenda**, como se siguió escribiendo a pesar del desuso de la "k" en el alfabeto corriente (ver letra "k" en el Diccionario). Estos nombres subsistieron, incluso cuando los meses dejaron de ser lunares.

En cuanto a los nombres de los meses, recordaremos que coincidían con los actuales, con excepción del de *julio,* al que se llamaba **quintilis** (o sea el quinto, pues el año comenzaba en marzo, hasta el 153 a.C.) y al que se dio su nombre actual en homenaje a Julio César. *Agosto*, llamado **sextilis** por la razón y hasta la fecha indicadas, pasó a su actual denominación en homenaje a Augusto, como no podía ser menos.

Los trescientos cincuenta y cinco días del año normal, en la época republicana, se repartían entre los doce meses, de manera que correspondían treinta y uno a marzo, a mayo, a julio y a octubre; veintiocho a febrero y a los demás, veintinueve. Para evitar su discordancia con el año astronómico, cada dos años se agregaba un mes supletorio de veintidós y veintitrés días, respectivamente, a partir del 23 de febrero (fiesta de las **terminalias**) y los cinco días restantes, al mes siguiente. En esa época, la guarda del calendario se confiaba a los pontífices, que anunciaban las **nonas** en febrero, así como los días a intercalar.

El *calendario juliano*, muy similar al vigente (se iniciaba en enero, contenía los meses de julio y agosto –como ya se dijo–) fue introducido por Julio César en el 45 a.C. y rigió hasta la Edad Media, cuando el Papa Gregorio introdujo importantes reformas (el *calendario gregoriano*) que, con leves modificaciones, estuvo en vigencia hasta la actualidad.

4. Fuentes del Derecho.

La palabra *derecho* provendría del verbo **dirigire**, que en latín significa enderezar u orientar; pero la voz equivalente es **ius**, que, para algunos, proviene de **iubere**, **iussum**: ordenar, mandar, dando la idea de la obligatoriedad del Derecho; y para otros, del sánscrito: *iaus, iu,* que significa ligar, yugo, voluntad divina, fusión del Derecho con la divinidad. Aunque los romanos supieron distinguir el derecho divino, el **fas** (o **ius divinum**) de la ley, el **ius humanum**.

Se recordará que las fuentes primitivas del Derecho latino fueron las costumbres y, fundamentalmente, la voluntad del rey, encargado de legislar y decidir los conflictos, y que, en caso de duda, pedía consejo a los dioses. La necesidad de interpretar las costumbres y buscar solución a las situaciones no previstas hizo que se acudiera a la opinión de pontífices, considerados muy sabios (los *prudentes*, cuya opinión sobre el Derecho era la **iuris prudentia**); asesoramiento que, si bien no tenía autoridad formal de fuente jurídica, al repetirse fue adquiriendo autoridad de tal, conservándose en colecciones sistemáticas o *códigos*, con el nombre de sus compiladores (por ejemplo, el "Código Teodosiano", atribuido a Teodosio).

Una innovación muy importante la constituyó la *publicidad de la ley*. La extensión de la escritura –recibida de Grecia a través de los etruscos y los sicilianos– más las reclamaciones populares por los abusos que suponían el monopolio del conocimiento y de la interpretación de las leyes (por las que se debía guiar la conducta y determinar las responsabilidades), reservados a ciertos patricios, hizo que se estableciera su publicación. Los autores mencionan, desde las primeras épocas, la existencia de planchas delgadas de plomo y escritos en tiras de cuero. Pero hay que tener presente que hacía mucho tiempo que babilonios, hebreos y griegos establecían sus normas en forma escrita y, lo que es muy importante, de manera que pudieran ser sabidas por todos.

Respecto de Atenas, dice Robert COHEN que "quizá, se dijeron los humildes, seríamos menos miserables si las mismas leyes se aplicaran a todos y fueran de todos conocidas": así exigieron que la justicia no fuera un secreto de los nobles y que un código público y preciso fijara en adelante las normas; y fue por ello que Zaleuco (en Lócrida) y Carondas (en Catania) redactaron leyes escritas que fueron inmediatamente copiadas en toda Grecia y, seguramente, ejemplo para el Lacio.

En Roma, la evolución del Derecho escrito se produce en forma gradual. En un principio, las leyes estaban constituidas, en realidad, por normas religiosas y prácticas consuetudinarias, como en todos los pueblos primitivos. Para conseguir la codificación de los preceptos jurídicos –dice RIZZI– fue menester largo tiempo. En la lucha trabada para conseguir la igualdad civil y política, la plebe encontró, sin duda, en sus tribunos, eficaces defensores que bregaron hasta conseguir la concesión de una ley fija y válida para todos los romanos, evitando las arbitrariedades de la casta patricia.

El primer caso con trascendencia histórica lo dan las famosas "XII Tablas". Guardadas al principio en forma reservada por el colegio de pontífices, ante el reclamo de la plebe se dieron a publicidad en el año 450 a.C. (la leyenda expresa que se dieron a conocer por la infidencia de un liberto de los pontífices, Cneo Flavio, que las exhibió sin autorización; pero es posible que las cosas hayan ocurrido en forma menos dramática) y se fueron modificando y complementando con el tiempo. Estaban divididas en doce capítulos, que contenían principios generales y algunas reglas especiales de procedimientos. En general, se las respetó hasta fines del Imperio.

El emperador Justiniano –quien se propuso la más importante codificación durante su época, en sus célebres "Institutas", que constituyen una reunión sistemática de todo el Derecho positivo de su tiempo, escritas en especial para instrucción de los estudiantes– comienza dividiendo el Derecho en *escrito* y *no escrito*, refiriéndose a aquellas normas que pueden consultarse en textos fijos generalmente accesibles y permanentes, por un lado, y las costumbres y las decisiones de las magistraturas para casos particulares, por otro: el *Derecho pretoriano* (libro II, título II, numeral III).

A su vez –y de modo muy similar a como lo hace Gayo en sus propias "Institutas"– divide el Derecho escrito en la ley, el plebiscito, el senado-consulto, las constituciones de los emperadores, los edictos de los magistrados y las respuestas de los prudentes. La *ley* era lo que establecía el Senado, partiendo de la iniciativa de un magistrado senador –muchas veces un cónsul– que, a estos efectos, se dirigía al Cuerpo. Por el contrario, el *plebiscito* es lo que establecía la plebe, cuando la consultaba un magistrado plebeyo (un tribuno). Al comienzo, esas decisiones obligaban al orden consultado; pero luego de la ley **Hortensia**, los plebiscitos adquirieron la misma fuerza generalmente obligatoria de las leyes. El *senado-consulto* era lo que decidía el Senado sin necesidad de acudir a las consultas generales, por razones de brevedad. La *voluntad del príncipe,* como es obvio, era la decisión del emperador. Teniendo el césar el total de los poderes, la fuente principal del Derecho durante el imperio fue, naturalmente, la voluntad del emperador. Se expedía a veces por *edictos,* a través del pretor; otras veces, por instrucciones a los magistrados *(mandatos)* por *rescriptos,* que eran respuestas a los magistrados que lo consultaban, o por *decretos,* que eran resoluciones sobre puntos dudosos, resoluciones que muchas veces se codificaron, como en el caso ya citado del Código de Teodosio.

5. **Un abogado en Roma.**

Nuestro término *abogado* proviene del latín **ad-vocatus**, de **ad** (cerca) y **vocatus** (llamado): el que defiende o apoya a otro, no sólo en juicio, sino en otros órdenes de la vida civil.

Como es sabido, los patricios, padres de familia, adoptaban personas, especialmente plebeyos o libertos, bajo su protección: era el *patronato,* en el que el patrocinante era el *patrono,* y el patrocinado, el *cliente.* El oficio y los cuidados del patronato –dice MOMMSEM– no eran los mismos de la hospitalidad ni los de la clientela, cuyas exigencias fueron efímeras. El patrono asistía constantemente al cliente (hasta más allá de la muerte, encargándose de su sepulcro). Ese apoyo no tenía interés económico: podía recibir ciertos donativos, como demostración de deferencia y respeto, pero le estaba prohibido enriquecerse a expensas del cliente. De todos modos, la ley **Elia Sintia** limitó esos donativos, quitando a la vez al patrono el derecho de vida y muerte sobre su patrocinado.

Se contaba que el jefe de familia, el patrono, iniciaba el día recibiendo a sus "domésticos" (clientes) sentado en un sillón especial, el **solium** en la gran sala de su casa. Trataba con ellos sus asuntos y los aconsejaba. Desde el punto de vista judicial, les debía asistencia en los tribunales y, en caso necesario, hasta en sus procesos. Pero la parte en el juicio era el cliente mismo, si bien podía acudir al patrono como consejero y a veces como procurador. Más adelante se hizo innecesaria esta asistencia derivada del patronato y se acudió a la asistencia de profesionales, abogados, procuradores, retóricos.

Ser abogado o retórico –incluso sin llegar necesariamente a ser jurisconsulto– no era cosa sencilla. Si nos atenemos, por ejemplo, a un retórico famoso, Cicerón, cuenta VARRÓN que, luego de la instrucción primaria, que le proporcionó su holgada familia provincial, fue confiado a los cuidados del célebre orador Craso, pasando luego a preparar su formación superior bajo la dirección, nada menos, que del jurisconsulto Muscio Escévola. A los 16 años vistió la toga viril y estudió profundamente el Derecho con los Escévola, a los que acompañó en los debates del foro, luciéndose en ellos. Estudió, además, política y literatura con el académico Filón. Viajó luego por otros Estados de Europa y Asia (habría asistido a los misterios de Eleusis) tratando de oír a los retóricos más famosos; a ello lo ayudaron sus conocimientos del griego, lengua en la cual llegó a escribir. Su fácil e ingeniosa oratoria –importante en juicios normalmente orales– y su conocimiento de las leyes y de los clásicos, le dieron justa fama.

Las escuelas de retórica –calcadas de las griegas– enseñaban reglas teóricas y ejercicios ficticios. Unas fomentaban un estilo recargado de adornos y metáforas: era el género llamado de *Pérgamo*, por el que fue muy admirado Hortensio; y otras el género *ático*, más seco, directo, agresivo, que, conforme con su temperamento, fue el preferido de Julio César (cuyas innegables virtudes literarias son evidentes en su libro sobre "La Guerra de las Galias").

Cicerón prefirió el primero de estos estilos, más acorde con sus habilidades profesionales y seguramente derivado de las lecturas de Hortensio, al que alude frecuentemente. VARRÓN recuerda la audacia de Cicerón al defender en los estrados a

Roscio, en su primera causa civil y penal a la vez; pues Roscio, el más brillante actor del teatro romano, había sido nada menos que el maestro de oratoria de Cicerón.

6. El estudio profesional del abogado.

Ya que nos hemos referido a la persona del defensor judicial, diremos algo del ambiente en que vivía y preparaba sus alegatos.

El local: Como ocurre con frecuencia, el abogado, si bien pertenecía a una familia patricia, solía provenir del interior. Cicerón –ya que lo tomamos de ejemplo– había nacido en Arpino, el año 648. Por ello, debió instalarse como arrendatario, en dependencias aceptables de la casa de algún patricio, en la capital del Imperio. Las ciudades romanas en esa época eran muy populosas (con ciudadanos y con *peregrinos,* extranjeros deseosos de comerciar con la floreciente población) y por ello, presentaban problemas similares a los de las urbes modernas, especialmente por lo subido de sus rentas. El precio de una habitación ordinaria en Roma –indica MOMMSEM– ascendía a seis mil sestercios "con árboles" y a la mitad sin ellos.

En la casa en que vivía Sila cuando era joven, pagaba por una habitación del piso bajo tres mil sestercios y por el locutorio del primer piso, dos mil. Es muy difícil establecer el valor adquisitivo de esa moneda en comparación con el actual, atento a las múltiples circunstancias económicas ocurridas entre tanto. Pero las sumas indicadas no debían ser bajas, si se tiene en consideración que la fortuna de Publio Craso, el hombre más rico a fines de la República, se estimaba en cien millones de sestercios, y que se consideraba integrante de los ricos, a los efectos fiscales, a quienes tenían más de doscientos mil sestercios: los *duocenarios*.

Como veremos más adelante, el emperador Claudio fijó en diez mil sestercios el máximo que los abogados podían reclamar por concepto de honorarios. (Cabe agregar, para mayor claridad, que las monedas más antiguas en Roma fueron –según GOWREINACH– los lingotes de cobre, los **aes**, que pesaban aproximadamente una libra inglesa. En el año 269 a.C. se acuñaron monedas de plata, a imitación de Sicilia; de las que las principales fueron el *sestercio*, que valía dos ases y medio, y el *denario*, que valía diez. En atención a las diferencias de cotización entre la plata y el cobre, a fines de la República se suspendió la acuñación del cobre y Julio César introdujo una moneda de oro: el *áureo*. Pero el sestercio fue la más usada).

El local debía, naturalmente, amueblarse y equiparse. Más allá de las indispensables mesas, sillas, armarios, lo fundamental debía estar constituido por los útiles de escribir y los libros en que informarse. (Diarios, claro, no había, por lo menos en el sentido moderno. Pero las noticias se obtenían personalmente en el Foro, por conversaciones, edictos pegados en los muros y hojas especiales con los edictos del Emperador y del Senado).

La escritura. Como es bien sabido, el primer material sobre el cual escribir fue un invento egipcio, el papiro, preparado con la membrana del tallo del *papiro*, una planta similar al junco que crece al borde del Nilo y con que formaban una especie de tejido que, secado y preparado, admitía la escritura. Sobre él se trazaban las reglas, usando una tinta preparada con agua, negro humo y goma arábiga, fácil de borrar con una esponja húmeda en seguida de la escritura, y para cuyos trazos se empleaba una ramita de madera aguzada en su extremo mediante un cortaplumas, como en el siglo pasado se hizo con las plumas de ave.

Cuando en Alejandría, entonces capital de Egipto, se temió por la competencia que a su biblioteca venía haciendo el reino de Pérgamo, se prohibió la exportación del papiro, por lo cual en esta ciudad se preparó un material, útil y menos frágil, trabajando el cuero de vacunos, al que, por su origen, se lo conoció por *pergamino*, y que pronto se generalizó.

Desde luego que, en un comienzo, tanto el papiro como el pergamino se usaban en hojas sueltas (las **karta**) para anotaciones importantes. Pero cuando la anotación no tenía tanta importancia –como para epístolas, recibos de comercio, clases escolares, etc.– se usaba un material más barato: tablillas de madera recubiertas con cera, sobre las que podía escribirse con un punzón metálico, cuyo extremo redondeado servía para borrar lo escrito.

Del mismo modo, como la tinta seca ya no podía borrarse con agua, se raspaba lo escrito sobre el pergamino con un raspador de metal, lo que permitía corregir lo escrito o volver a utilizar el material para una segunda escritura. En la Edad Media, se empleó mucho el pergamino de libros antiguos, raspándolos para nuevos escritos, lo que hizo perder muchas obras clásicas muy valiosas.

Hay que pensar, entonces, que en el estudio del abogado sería fácil hallar hojas sueltas de papiro, pero más frecuentemente de pergamino; tablillas enceradas, punzones de metal, tinta y esponjas pequeñas y raspadores.

Los libros, ya fueran preparados por el abogado, ya los que adquiría, en un comienzo se hicieron escribiendo en líneas paralelas sobre las hojas (sobre renglones trazados con trozos de plomo), formando una cuadro vertical. Luego se pegaban con cola (tanto las hojas de papiro como las de pergamino), para ir formando un rollo, que finalmente se unía a una tira de madera. De modo que primero el escritor y luego el lector iban desenrollando el cilindro así formado, tomándolo con la mano izquierda y enrollándolo en sentido contrario con la mano derecha. Al terminar ese volumen se le agregaba una etiqueta con el título de la obra y se guardaba, con otros, en un recipiente cilíndrico (las obras extensas a veces insumían varios rollos; en el recipiente, podían, además, reunirse varios libros diferentes).

Estos rollos, a los que se dio el nombre de *libros,* tal vez porque por su apariencia recordaban los círculos concéntricos de los tallos de madera, no eran, ciertamente, muy cómodos. Seguramente que pronto se tomó la costumbre de unir las hojas sueltas de pergamino cosiéndolas en un costado; y además recordaron la anterior costumbre de unir entre sí con un hilo las tablillas de madera: todo ello llevó a la convicción de que lo mejor era hacer los libros uniendo sus partes por un extremo, como los modernos cuadernos, y protegiendo sus hojas iniciales con tapas de cuero o de madera. Vale decir, que el libro tomó su forma actual, a la que se llamó **códex** (código).

El libro, con la reunión sistemática de las leyes (que por analogía se llamaron también *códigos*) y de las resoluciones de los magistados y de los jurisconsultos fue, entonces, un elemento más e imprescindible en la instalación del abogado, que reunió y guardó en muebles (las "bibliotecas").

Interesa agregar que ya desde la época de Cicerón el comercio de libros se había organizado muy bien, existiendo editores que, dictando a varios escribientes –generalmente esclavos– las obras, obtenían buen número de ejemplares, que luego vendían los libreros por precios razonables. De esos editores se conocen los nombres; basta recordar que el que frecuentemente servía a Cicerón se llamaba Ático (ateniense). Y no abusaban de sus precios, que podían no superar los cinco áureos. Pero hay que agregar que, en todo el Imperio (como en Grecia) abundaban las bibliotecas públicas.

7. En los tribunales.

Ciertamente, luego de describir la figura del abogado y de su ambiente doméstico-profesional, lo que nos interesará será el verlo actuar en su actividad laboral.

Los Tribunales romanos, cuando se constituyeron definitivamente, eran espaciosos edificios. Su nombre, *basílicas,* guarda la memoria de sus primeros jueces, pues proviene del griego, *basileus,* que significa "rey". Precisamente, eran las grandes salas o palacios en los que los primitivos jueces habían impartido –o se presume que allí lo hicieron– la justicia. Por ello, y para facilitar la asistencia de los ciudadanos (porque los procesos, tanto civiles como criminales eran públicos) tenían importantes dimensiones: lugares especiales, llamados *cátedras,* para que desde allí expusieran las partes o sus patrocinantes, los abogados; buena iluminación, y un lugar destacado para los magistrados. Estas ventajas serían más tarde aprovechadas, al legitimarse el cristianismo, para sus templos, pues los que pertenecieran a los antiguos dioses eran de interior tan reducido, que habían obligado a sus creyentes a realizar los ritos desde la parte exterior. Convertidos en templos cristianos, las basílicas pasaron, de su origen como tribunales judiciales, a ser sinónimos de iglesias o catedrales, como todavía se les considera. MOMMSEM nos ha dejado una viva descripción del lugar, mostrando al juez, en la época arcaica, sentado en su silla curul, con alguaciles a sus lados (los *líctores*) para que cumplan sus órdenes, y con el actor o el acusado frente a sí.

Organización de justicia. Estas figuras serán más tarde reemplazadas por el pretor (*urbano* para juzgar a los civiles; *peregrino* para entender en los conflictos entre extranjeros y de extranjeros contra ciudadanos) o el cónsul en asuntos más graves; ya que fueron los *cónsules,* durante la República, los que asumieron los antiguos poderes reales; con sus conjueces y asesores a los lados. Después de los cónsules, esa función pasó a los *censores,* a los *tribunos consulares,* a los *ediles curules* y, por último, definitivamente al *pretor,* con el concurso de los *decenviros* y *centuviros.* Durante la época republicana aparecieron nuevas magistraturas, tales como las de diez *tribunos plebeyos,* diciocho *pretores* y seis *ediles,* sin contar la figura principal de los dos cónsules. Luego de los cónsules, surgieron los *cuestores* para algunos asuntos penales, jueces que eran cuarenta, en tiempos de Julio César; y se confió la tarea de los cónsules, para casos de ausencia, a los *prefectos.*

Pero la figura judicial más común era la del *pretor urbano,* que duraba un año en su cargo, para los ciudadanos, y la del *pretor peregrino,* como ya se dijo, cuando intervenía un extranjero. En Italia, juzgaban los *diumviros* y *cuatrumbiros,* hasta fines de la República, en representación de la metrópolis, sólo en los municipios y en asuntos no mayores de quince mil sestercios. En las provincias senaturiales, la competencia correspondía al *pro-*

cónsul o al *propretor*, asistidos de sus representantes (los **legatus propraetores**).

Bajo el Imperio la justicia fue asumida por el emperador, asistido por el *prefectus urbi*, que era, además, el jefe de la ciudad. Cuando Constantino dividió el imperio, estableciendo la *diarquía* que ya dispusiera Dioclesiano, el antiguo Estado se dividió en *diócesis* –cada una con un *prefecto*, con jerarquía incluso mayor a la de los gobernadores– regidas por *vicarios*, que representaban al poder central; en todos los casos, con facultades judiciales. Los jueces de menor categoría eran los **defensoris civitatis**, para asuntos no mayores de 50 a 300 áureos, que con el tiempo se transformaron en magistrados permanentes. A los que había que agregar los *árbitros* y los *recuperadores*, órganos privados y de autocomposición.

Esta complicada organización de justicia –de la que sólo hemos mencionado la parte esencial, de acuerdo con el mero propósito complementario de este Apéndice– intervenía en un no menos complejo procedimiento.

Desde una primera etapa de composición –ya sea mediante la venganza, el duelo armado o el acuerdo económico– ya hemos dicho que, por razones de paz social, la justicia pasa, como función esencial del Estado, a los reyes. En opinión de RIZZI, la voluntad privada que predominó en el origen dejó sus huellas (sin contar con el simulacro de combate romano que fue el primer paso procesal): el proceso civil se muestra como un pacto arbitral –la **litis contestatio**– que se resuelve en una sentencia del Estado acatada por las partes y que les da protección judicial. Las autoridades intervienen, incluso en materia penal, a petición de parte interesada, salvo en los asuntos relativos a la hacienda pública (impuestos, reparto de tierras fiscales, etc.) que se siguen de oficio. Pero, previamente, debían acudir a *recuperadores* designados por el pretor, que se pronunciaban sobre las cuestiones de hecho (lo cual recuerda lejanamente la intervención del jurado en algunos derechos modernos) pero que no dictaban sentencia.

Durante la monarquía, el procedimiento era bien sencillo: en proceso normalmente público y a solicitud de parte, el juez abría el proceso; luego de oír a las partes, a sus testigos y a los asesores, pronunciaba sentencia. En materia penal, la prisión peventiva era la regla, pero a veces se admitía la libertad provisional bajo caución.

Como medidas preventivas, podía pedirse la detención del acusado, poniendo la mano sobre el mismo (la **manus iniectionem**) o el embargo de sus bienes (la **pignoris capionem**). El actor presentaba su demanda (la acción, la **actio**), que podía revestir variadas formas (procedimiento de las **legis actiones**). Pero el juez debía asegurarse que se cumpliera en forma estricta con las fórmulas previstas por la ley (es el llamado Derecho formulario), en forma tan rigorosa que, cuenta Gayo, no era válido usar la palabra "árboles" si se reclamaba por "vides". La realidad fue creando diversas ficciones para atemperar el rigor excesivo de la ley.

En el sistema de las **legis-acciones**, la parte debía comparecer personalmente y no podía designar representante; pero en el sistema formulario, se admitía que pudiera estar representada por un *procurador*. En el proceso mismo, podía confiarse la defensa a un abogado de profesión. Pero cualquiera podía ser "patrono" asesorando, prestando asistencia en forma gratuita (gratuidad que se obviaba en los hechos, por lo cual debió tomarse medidas contra los "obsequios de atención" exigidos en forma abusiva, como indicamos en otra parte de este trabajo).

En la materia penal, se intervenía ante los cónsules, y si la sentencia dictada era con pena de muerte, podía apelarse ante los comicios, incluso tribunicios. La ley **Aeternia Tarpeia** autorizó también esa forma de apelación por condenas superiores a los tres mil dos sestercios.

8. **Los honorarios.**

He aquí un problema que siempre ha preocupado muy especialmente a los hombres de Derecho... como a los restantes trabajadores: el de la justa y necesaria retribución de sus servicios. Y que tomó, entre los romanos, el contradictorio –en apariencia– nombre de *honorarios.* Porque, por lo menos hoy, entendemos por honorario lo gratuito, lo que se hace sin esperar un premio, en tanto que en la vida práctica nos referimos a lo que se paga por su trabajo a un profesional.

Y eso tuvo su explicación. Por honorario se conocía –y se conoce– a todo aquello que se relaciona con el honor. Así, por ejemplo, se llamaba *Derecho honorario* al de los magistrados, porque revestían su autoridad como una manifestación del honor que se les debía, y honraban con sus servicios a quienes los recibían. No se pagaba como una contraprestación, sino para agradecer el honor de haber sido atendidos por personas tan honorables.

"Hay cosas –decía Séneca– *que valen más que el precio por el que se compran. Compras al médico una cosa inapreciable: la vida y la buena salud; y del profesor de artes liberales, las buenas letras y la cultura del alma. Así que al uno y al otro no les pagas por lo que te dan, sino por la molestia que se toman: es por el ejercicio de su ministerio y el mismo tiempo que hurtan a otros quehaceres, que les indemnizas; llévanse el salario, no del servicio que te hicieron, sino de las horas que emplearon en él.* ("De los beneficios", libro IV, parág. V.)

Es por este motivo que, como hemos expresado ya, el cliente que hacía algún obsequio a su patrono no entendía que le indemnizaba el patrocinio (que bien pudo ser su asistencia en juicio) sino que le mostraba su gratitud y respeto. Pero, como también lo adelantamos, bajo esta máscara llegaron a ocultarse exigencias económicas tan desmedidas, que el emperador Claudio, reconociendo la naturaleza económica de los "honorarios", fijó, en el siglo I, en diez mil sestercios el monto máximo legal de los honorarios de los abogados.

Y, a partir del Bajo Imperio, el concepto de honorarios profesionales por el patrocinio jurídico ha coincidido con el que se estila en nuestros tiempos.

ÍNDICE TEMÁTICO

Las palabras, aforismos, reglas y otras manifestaciones extensas se distinguen alfabéticamente por su primera letra. Pero, como muchos de ellos contienen vocablos importantes o conceptos, se ha dispuesto este Índice para poder ubicarlos por su equivalente jurídico español. Los números que les siguen son la referencia que remite al texto que los contiene.

E

F

G

H

I

J

BIBLIOGRAFÍA

Son muy numerosos los diccionarios y tratados que se ocupan de la lengua latina en el Derecho. Es conveniente indicar, pues, algunos de ellos para facilitar la consulta y su ampliación.

Teniendo en consideración, empero, la dificultad –particularmente para el estudiante– de hallar esas obras, nos limitaremos a indicar algunas de fácil ubicación en el Río de la Plata, y que en algunos casos nos han servido de fuentes, *al extremo de reiterar sus propias traducciones, por ser muy exactas y las generalmente aceptadas en el ambiente jurídico, sin posibilidades de originalidad.*

ALCARAZ VARÓ, Enrique, y BRIAN, Hughes: *Diccionario de términos jurídicos*, Ariel, Barcelona, 1995.

CABANELLAS, Guillermo: *Repertorio jurídico*, Heliasta, Buenos Aires, 1976.

CICALESE, Vicente: *Nuestro viejo latín*, Montevideo, 1968, tomo I, "Vocabulario", ps. 153 y siguientes.

ESCRICHE, Joaquín: *Diccionario razonado de legislación y jurisprudencia*, varias ediciones, voz: "Reglas".

FERNÁNDEZ GIANOTTI, Enrique: *Repertorio de expresiones latinas*, "La Ley", Buenos Aires, año XLV, núm. 153, agosto de 1980.

HALPERIN, Gregorio: *Manual de latín para juristas*, Tea, Buenos Aires, 1946.

MANS, Jaime M.: *Repertorio de reglas, máximas y aforismos jurídicos*, Bosch, Barcelona, 1979.

NICOLIELLO, Nelson, y VÁZQUEZ PRADERI, L. N.: *Diccionario jurídico* (voces latinas), Amalio M. Fernández, Montevideo, 1986.

PAGANELLI, Leonardo: *Sic et simpliciter*, Avaliardi, Roma, 1996.

* * *

Los textos en latín –sin perjuicio de la consulta a las obras que se citan en la bibliografía– han sido comparados directamente con las versiones bilingües o monolingües del *Códex;* las de las *Institutas* de Justiniano y de Gayo, con las editadas por la Universidad de Montevideo; las glosas y expresiones latinas del viejo Derecho español, con los textos del *Fuero Juzgo*, las *Partidas*, etc., en versión preparada por la Real Academia Española, editada por San Martín, de Madrid, en 1873, con el nombre de *Los Códigos Españoles.*